中国隧道及地下工程修建关键技术及先进装备研发丛书

REMANUFACTURE TECHNOLOGY AND APPLICATION
OF FULL-FACE TUNNEL BORING MACHINE

全断面隧道掘进机再制造技术及应用

蒙先君　刘瑞庆　陈义得　李大伟　孙海波　等 编著

人民交通出版社股份有限公司
北　京

内 容 提 要

本书以近年来再制造产业发展与全断面隧道掘进机再制造工程实践为基础,全面客观地对全断面隧道掘进机再制造施工过程中的关键技术和应用案例进行梳理和总结。

全书共分为7章。第1章介绍了全断面隧道掘进机再制造乃至整个再制造行业的发展状况,全断面隧道掘进机再制造面临的问题及对策;第2~5章阐述了全断面隧道掘进机关键部件再制造技术,提出了全断面隧道掘进机再制造标准,重点对全断面隧道掘进机再制造适应性选型设计要点、设备状态检测与评估技术、无损拆解技术、绿色清洗技术、无损检测技术、剩余使用寿命评估技术、金属表面损伤修复技术、装配及调试技术等进行了分析和总结,并选取了土压平衡盾构和敞开式 TBM 两种机型的再制造典型案例进行全面系统的剖析总结;第6、7章创造性地提出了全断面隧道掘进机再制造"八步法"管理模式和质量管理措施,最后介绍了全断面隧道掘进机关键部件国产化和装备一体化研发应用情况。

全书图文并茂,深入浅出,资料翔实,参考性强。可供全断面隧道掘进机再制造及相关专业领域从事设计施工、装备研发制造、建设管理的专业人士学习参考,亦可作为高等院校相关专业师生的教学参考书。

图书在版编目(CIP)数据

全断面隧道掘进机再制造技术及应用 / 蒙先君等编著. — 北京:人民交通出版社股份有限公司,2021.11
ISBN 978-7-114-17499-5

Ⅰ.①全… Ⅱ.①蒙… Ⅲ.①隧道施工—全断面掘进机—研究 Ⅳ.①U455.3

中国版本图书馆 CIP 数据核字(2021)第 142372 号

Quanduanmian Suidao Juejinji Zai Zhizao Jishu ji Yingyong

书　　名:	全断面隧道掘进机再制造技术及应用
著 作 者:	蒙先君　刘瑞庆　陈义得　李大伟　孙海波　等
责任编辑:	谢海龙
责任校对:	孙国靖　宋佳时
责任印制:	张　凯
出版发行:	人民交通出版社股份有限公司
地　　址:	(100011)北京市朝阳区安定门外外馆斜街 3 号
网　　址:	http://www.ccpcl.com.cn
销售电话:	(010)59757973
总 经 销:	人民交通出版社股份有限公司发行部
经　　销:	各地新华书店
印　　刷:	北京印匠彩色印刷有限公司
开　　本:	787×1092　1/16
印　　张:	16.75
字　　数:	400 千
版　　次:	2021 年 11 月　第 1 版
印　　次:	2021 年 11 月　第 1 次印刷
书　　号:	ISBN 978-7-114-17499-5
定　　价:	128.00 元

(有印刷、装订质量问题的图书由本公司负责调换)

作者简介

蒙先君，2000年毕业于西南交通大学机械工程学院机械工程及自动化专业，教授级高级工程师，注册设备监理师，中国工程机械工业学会维修与再制造分会副理事长，《隧道建设(中英文)》期刊审稿专家，广州轨道交通盾构技术研究所机电专家。

现任中铁隧道局集团有限公司设备分公司党工委书记、总经理。长期从事全断面隧道掘进机设备使用管理、设备检测、设备监理、维修再制造、施工技术及科技研发工作，积累了丰富的理论和实践经验。积极推动行业内的再制造工作，创新提出掘进机再制造"八步法"工艺并全面推广应用。潜心研究设备检测和设备监理技术，成功将设备检测与监理技术应用于隧道掘进机行业，引领隧道掘进机检测与监理事业的发展。

主持参与20余项重大科研项目，获得省部级奖项6项，申报授权发明专利6项、实用新型专利18项，参与编制3项行业标准。

编审委员会

主 任 委 员：蒙先君
副主任委员：刘瑞庆　陈义得　李大伟　孙海波　张　磊
　　　　　　刘作威　张阐娟
审稿专家：洪开荣　易新乾　易国良　康宝生　吕建乐
　　　　　　郭卫社　刘东亮
编　　　委：李凤远　王纯亮　寇晓林　高　攀　李沿宗
　　　　　　杨露伟　黄大为　吴朝来　王春晓　张佳兴
　　　　　　赵　建　张红耀　马龙飞　李　怀　缪　楠
　　　　　　李陶朦　王丙超　沈桂丽　辛书杰　苏　东
　　　　　　张　萌　周远航　谢振国　李广旭　李　磊
　　　　　　张宏达　刘伟涛　刘焱焱　刘　帆　吴祖欢
　　　　　　石富明　齐展鹏　何建平　孟泽民　任永杰
　　　　　　洪　军　刘城奕　李林杰　李　原　刘雪源
　　　　　　张　伟　汪　毅　樊建生　陈乾坤　陈鑫鑫
　　　　　　毋焱磊　石安政　王响东　杨建权
统稿编辑：张阐娟

前言

Remanufacture technology and application of full-face tunnel boring machine

全断面隧道掘进机作为一种高技术含量、高可靠性、高效率、高附加值的专用隧道施工高端装备,在我国已得到越来越广泛的应用。中国工程机械工业协会掘进机械分会统计数据显示,2018 年我国全断面隧道掘进机(盾构 + TBM,含再制造产品)年产量为 606 台,2019 年产量为 610 台,2020 年为 655 台。预计近几年需求量将会以 15%/年的速度增长,市场发展空间巨大。为深入落实党的十九大提出的"加快生态文明体制改革,建设美丽中国"的重要举措,工业和信息化部组织出台了《高端智能再制造行动计划(2018—2020 年)》(工信部节〔2017〕265 号),对延长盾构/TBM 使用寿命、保障工程建设顺利进行、积极响应国家"绿色环保、节能减排"提出了要求。对已进入"老龄化"的全断面隧道掘进机实行全面整修、性能提升、再制造后再投入使用已是大势所趋。

在全断面隧道掘进机再制造领域,国内施工企业和专业生产厂家都在积极探索与实践。目前国内具备全断面隧道掘进机再制造试点资质的企业有三家,进入再制造产品目录的企业也有三家,这些企业都是经过了大量的市场锤炼和再制造资源投入发展起来的再制造企业。中铁隧道局集团有限公司作为国内全断面隧道掘进机保有数量最多的大型施工企业,也是面临全断面隧道掘进机"老龄化"压力最大的施工企业。针对全断面隧道掘进机再制造发展现状,本书以全断面隧道掘进机再制造技术为切入点,结合中铁隧道局集团有限公司现场管理及技术人员近 10 年实践经验及先进管理制度对全断面隧道掘进机再制造实施过程、验收标准、关键再制造技术及典型案例进行阐述,以促进全断面隧道掘进机再制造领域的创新交流和经验共享,以期该领域的整体专业技术水平提升。

本书依托近年来作者及其团队在全断面隧道掘进机再制造关键技术方面的自主创新成果及工程实践,重点介绍了全断面隧道掘进机关键部件再制造技术、验收标准和典型应用案例及成体系的先进管理模式。全书分为 7 章:第 1 章绪论,介绍了全断面隧道掘进机再制造乃至整个再制造行业的发展状况；第2章全断面隧道掘进机关键部件再制造，重点阐述了全断面隧道掘进机刀盘、主驱动系统、功能分系统、主结构件系统、液压系统、电气系统、流体系统、表面修复、适应性改造等再制造过程；第3章全断面隧道掘进机再制造验收标准，结合行业标准以及现场经验，总结了全断面隧道掘进机性能评估、拆解清理、零部件再制造加工、主机部件再制造、后配套设备再制造、表面涂装、组装调试验收等验收标准；第4章全断面隧道掘进机再制造关键技术，是本书的重点章节，深入探究了全断面隧道掘进机基于工程条件的再制造设计、设备状态检测与评估、无损拆解、绿色清洗、无损检测、剩余使用寿命评估、金属表面损伤修复、装配及调试等关键技术；第5章全断面隧道掘进机再制造典型应用案例，介绍了中铁隧道局集团有限公司盾构、TBM的再制造应用案例；第6章全断面隧道掘进机再制造先进管理模式，介绍了全断面隧道掘进机再制造项目化管理体系、再制造"八步法"管理模式、再制造质量管控措施、再制造产品认定；第7章全断面隧道掘进机再制造发展趋势及未来展望，结合当前市场上最新技术展示了全断面隧道掘进机的国产化关键部件、装备一体化研发应用情况，并对全断面隧道掘进机再制造未来发展进行展望。

  本书撰写过程中得到了中铁隧道局集团有限公司总工程师洪开荣，中国工程机械工业协会维修及再制造分会顾问易新乾等专家的指导和帮助。中铁隧道局集团有限公司设备分公司参与全断面隧道掘进机再制造及相关工作的全体技术人员为本书的编写倾注了大量的心血，在此由衷地感谢他们的努力与付出。

  期望本书能为我国全断面隧道掘进机再制造行业提供参考和帮助。限于水平，本书对有些问题的研究还不够深入，论述也未必得当，加之时间仓促，疏误之处在所难免，希望专家和读者批评指正。

作　者
2021年5月

目录

Remanufacture technology and application of full-face tunnel boring machine

第 1 章　绪论 ·· 001
1.1　再制造产业发展概述 ··· 001
1.2　全断面隧道掘进机再制造发展现状 ··· 003
1.3　全断面隧道掘进机再制造面临的问题及对策 ··· 005

第 2 章　全断面隧道掘进机关键部件再制造 ··· 008
2.1　刀盘再制造 ··· 008
2.2　主驱动系统再制造 ··· 010
2.3　功能分系统再制造 ··· 015
2.4　主结构件再制造 ··· 019
2.5　液压系统再制造 ··· 020
2.6　电气系统再制造 ··· 023
2.7　流体系统再制造 ··· 026
2.8　表面修复 ··· 028
2.9　适应性改造 ··· 029

第 3 章　全断面隧道掘进机再制造标准 ··· 030
3.1　性能评估标准 ··· 030
3.2　方案设计标准 ··· 030
3.3　拆解清理标准 ··· 031
3.4　零部件再制造加工标准 ··· 034
3.5　主机部件再制造标准 ··· 034
3.6　后配套设备再制造标准 ··· 038

3.7 表面涂装标准 ·· 051
3.8 组装调试验收标准 ·· 054

第 4 章 全断隧道掘进机再制造关键技术 066
4.1 基于工程条件的再制造设计技术 ·· 066
4.2 设备状态检测与评估技术 ·· 069
4.3 无损拆解技术 ·· 089
4.4 绿色清洗技术 ·· 095
4.5 无损检测技术 ·· 103
4.6 剩余使用寿命评估技术 ··· 125
4.7 金属表面损伤修复技术 ··· 127
4.8 装配技术 ·· 154
4.9 调试技术 ·· 170

第 5 章 全断面隧道掘进机再制造典型应用案例 177
5.1 盾构再制造案例 ·· 178
5.2 TBM 再制造案例 ·· 197

第 6 章 全断面隧道掘进机再制造先进管理模式 221
6.1 全断面隧道掘进机再制造项目化管理体系 ·· 221
6.2 全断面隧道掘进机再制造"八步法"管理模式 ·· 223
6.3 全断面隧道掘进机再制造质量管控措施 ··· 228
6.4 全断面隧道掘进机再制造产品认定 ·· 232

第 7 章 全断面隧道掘进机再制造国内发展趋势及未来展望 239
7.1 全断面隧道掘进机关键部件国产化研发 ··· 239
7.2 全断面隧道掘进机装备一体化研发 ·· 250
7.3 全断面隧道掘进机再制造未来展望 ·· 255

参考文献 ··· 258

第1章 绪论

全断面隧道掘进机作为一种高技术含量、高可靠性、高效率、高附加值的专用隧道施工装备,在我国已得到越来越广泛的应用。与此同时,全断面隧道掘进机再制造产业的发展也得到了快速发展。本章将围绕再制造产业的发展,介绍全断面隧道掘进机再制造发展现状、面临问题及对策。

1.1 再制造产业发展概述

1.1.1 再制造基本概念

2012 年,我国发布了国家标准——《再制造术语》(GB/T 28619—2012),对"再制造"的定义是:"对再制造毛坯进行专业化修复或升级改造,使其质量特性不低于原型新品水平的过程。"再制造过程一般包括再制造毛坯的回收、检测、拆解、清洗、分类、评估、修复加工、再装配、检测、标识及包装等,对再制造毛坯进行产品功能、技术性能、绿色性、经济性、耐用性等性能提升。

再制造的研究内容非常广泛,贯穿产品的全寿命周期,体现着深刻的基础性和科学性。在产品设计阶段,要考虑产品的再制造性设计;在产品的服役至报废阶段,要考虑产品的全寿命周期信息跟踪;在产品的报废阶段,要考虑产品的非破坏性拆解、低排放式物理清洗,要进行零部件的失效分析及剩余寿命演变规律的探索,要完成零部件失效部位的具有高结合强度和良好摩擦学性能的表面涂层的设计、制造与加工,以及对表面涂层和零部件尺寸超差部位的机械平整加工及质量控制等。

1.1.2 再制造与维修、翻新的区别

再制造与维修、翻新都是把不适宜使用的设备,通过技术措施恢复其使用性能,使之能够再次投入使用,达到节能减排、物尽其用的目的。其本质都是相同的,都是利国利民的,都属于循环经济的范畴。

再制造与传统的维修和翻新既有联系,又有本质区别。维修是维持机械设备处于良好技术状态的技术措施,其内容包括清洁、检查、紧固、调整,而不涉及设备的性能恢复,其目的就是

让设备能够继续保持良好的工作状态；翻新是在设备检测过程中发现哪一个部件将要发生故障之前，及时加以修理；而再制造是维修与翻新的高级形式。维修、翻新与再制造的主要区别见表1-1。

维修、翻新与再制造的主要区别　　　表1-1

项目	维修	翻新	再制造
应用对象	运行中的设备	废（旧）设备	废（旧）设备及运行中的设备
工艺技术	以换件和尺寸修复为主，辅以部分技术提升	简单拆解清洗和再装配等过程，无技术提升	采用高新技术进行修复改造和性能提升
质量标准	执行维修标准	达到新品质量和性能标准	不低于新品质量标准和性能指标

1.1.3　国内外再制造产业发展状况

以瑞典、英国、日本为代表的发达国家早在20世纪30年代就开始了产品再制造，现已形成一套完整的发展体系和较大的规模；在技术标准、生产工艺、配件供应及售后服务等方面都比较成熟，目前产业范围十分广泛，涵盖了汽车、机床、工程器械、家电、办公设备等，甚至电子元件、手机都能通过再制造技术修复再使用。

相较而言，我国再制造产业起步较晚。20世纪90年代末，徐滨士院士在国内首先提出了再制造的概念。经历了30多年的发展，再制造概念已得到普及。十一届全国人大四次会议明确提出"再制造产业化"，国家发展和改革委员会（以下简称国家发改委）、工业和信息化部（以下简称工信部）等部委推广机电产品再制造试点示范工作。国内多家单位，如装甲兵工程学院装备再制造技术国防科技重点实验室、上海交通大学、合肥工业大学、山东大学、中国科学院兰州化学物理研究所就再制造基础理论方面研究了涂层残余应力的计算方法，探索并初步建立了寿命预测评估模型，将高速电弧喷涂技术与粉芯丝材相结合的方法应用于再制造零部件的表面修复，发明"双通道、双温区"的超音速等离子喷涂新工艺等多项再制造修复关键技术。随着相关政策的支持，我国相继开展数批再制造试点工作，涉及上百家单位，涵盖工程机械、工业机电设备、机床、矿采机械、铁路机车装备、船舶、运输设备、内燃机及配件等领域。

作为大型系统化集成高价值设备，全断面隧道掘进机再制造涉及机械、电气和液压等方面。目前国内仅有中国铁建重工集团股份有限公司（以下简称铁建重工）、中铁工程装备集团有限公司（以下简称中铁装备）和中铁隧道局集团有限公司（以下简称中铁隧道局）等有所涉及。面对全断面隧道掘进机保有量不断增加、全断面隧道掘进机技术不断更新的局面，全断面隧道掘进机制造和使用单位相继开展了全断面隧道掘进机再制造工作。

1.1.4　再制造产业发展前景

再制造作为我国未来重点发展的新方向，以节约资源能源、保护环境为特色，以综合利用信息技术、纳米技术、生物技术等高科技为核心，契合了构建循环经济、实施节能减排的战略需求。放眼未来，国内再制造产业应从以下三个方面予以重点突破，即探索再制造的科学基础、创新再制造的关键技术、制定再制造标准体系。

1) 探索再制造的科学基础

探索再制造的科学基础,即深入探索研究以产品全寿命周期理论、废旧零件和再制造零部件的寿命评估预测理论等为代表的再制造基础理论,以揭示产品寿命演变规律的科学本质。

废旧零件的剩余寿命是否充足,再制造零件的使用寿命是否可保持一个完整的服役周期?由于缺少理论依据,这类问题有时仅凭简单的检测设备,甚至只靠工人师傅的目测或经验判断来完成。为解决这个重大难题,必须探索研究更有效的无损检测及寿命预测理论与技术。

目前相关研究已取得初步成效。在研究金属磁记忆理论评估剩余寿命时,发现金属磁记忆信号实质是铁磁材料表面的杂散磁场信号,通过梳理归纳金属磁记忆信号在疲劳损伤作用下的分布特征和变化规律,利用金属磁记忆信号法向分量初步构建了表征铁磁材料类废旧零件疲劳裂纹萌生及扩展的剩余寿命预测模型;在研究声发射理论预测服役寿命时,通过解决典型声发射信号特征参量的甄选及其指代信息分析问题,获得真实准确的反映再制造零件表面涂层内部微裂纹萌生、扩展及断裂等信息,初步实现对再制造零件表面涂层寿命演变规律的把握。

2) 创新再制造的关键技术

创新再制造的关键技术,即不断创新研发用于再制造的先进表面工程技术群,使再制造零件表面涂层的强度更高、寿命更长,确保再制造产品的质量达到或超过新品。

在维修与再制造行业相关领域,先后成功开发纳米表面工程技术和自动化表面工程技术,前者包括纳米颗粒复合电刷镀技术、纳米热喷涂技术、纳米减摩自修复添加剂技术等,后者包括自动化电弧喷涂技术、自动化纳米颗粒复合电刷镀技术等。这两项技术已应用于发动机再制造生产线,如纳米颗粒复合电刷镀技术成功修复了进口飞机发动机压气机叶片,300h 台架试验满足要求;自动化电弧喷涂技术用于重载汽车发动机缸体、曲轴箱体等零件的再制造,单件发动机箱体的再制造时间由 90min 缩短为 20min,且材料消耗仅为零件本体重量的 0.5%。

3) 制定再制造标准体系

先进的技术标准能够促使再制造企业以技术标准驱动工艺改进、带动技术进步、拉动管理提升,从而提高再制造企业的自主创新能力,推动再制造产业实现可持续发展,引领企业参与高水平竞争。

再制造标准体系包括:(1)再制造基础通用标准体系,如术语、标示、通用规范、技术要求、数据库等;(2)再制造关键技术标准体系,如再制造设计、拆解与清洗、损伤评价与寿命评估技术、成形加工等标准;(3)再制造管理标准体系,如再制造环境管理体系标准、能耗管理标准、绿色供应链管理标准、职业健康与安全管理标准、企业认证制度、市场监管制度、市场准入等标准;(4)再制造产品标准体系,如航空发动机、智能绿色列车、节能与新能源汽车、海洋工程装备及高技术船舶、高端数控机床、高端医疗设备以及电力、煤炭、冶金、钻井、采油、纺织等标准。

1.2　全断面隧道掘进机再制造发展现状

1.2.1　全断面隧道掘进机再制造背景和意义

全断面隧道掘进机作为国家重大地下工程施工的"大国重器",已越来越广泛地应用于地铁、铁路、水利、公路以及城市管道等工程。截至 2020 年,据不完全统计,我国全断面隧道掘进机的保有量已超过 3000 台。预计近几年需求量将会以 15%/年左右的速度增长,市场发展空间巨大。为有效延长全断面隧道掘进机设备使用寿命、保障工程建设顺利进行,对已进入"老龄化"的全断面隧道掘进机实行再制造后再投入使用是大势所趋。

开展全断面隧道掘进机再制造工作意义十分重大,可满足政府、企业和施工用户三方需求,最终实现"三赢"。对政府而言,鼓励和支持再制造产业是实现资源化利用的最佳途径,是节能减排的一项重要措施,是加快发展循环经济,建设资源节约型、环境友好型社会的重要举措,也有利于促进就业和扩大对外贸易;对企业而言,从事再制造工作盘活了企业固定资产,提高了资产利用率,节省了固定资产投资,最终使企业自身受益;对施工用户而言,使用再制造全断面隧道掘进机,可以节约一半甚至更多的设备使用成本,享用性能、质量和售后服务不低于新机的再制造产品,最终使用户和工程项目都受益。

1.2.2 全断面隧道掘进机再制造基本概念、原则及一般要求

1) 全断面隧道掘进机再制造基本概念

2019 年,我国发布了《全断面隧道掘进机再制造》(GB/T 37432—2019),对"全断面隧道掘进机再制造"的定义是:"基于废/旧全断面隧道掘进机资源循环利用的制造模式,应用新材料、新工艺、新技术对废/旧全断面隧道掘进机进行修复和改造,使其功能、性能、环保、经济及安全特性不低于原型新机的一系列技术措施或工程活动。"全断面隧道掘进机再制造过程一般包括废/旧全断面隧道掘进机性能检测及再制造性评估、再制造总体方案制定、再制造设计、拆解、清理、修复、组装与调试、验收等。全断面隧道掘进机再制造企业应将全断面隧道掘进机再制造当成一种长远发展的事业,它是一种产业化模式,其具有固定的再制造产品、合理的再制造生产计划、完善的再制造管理体系、先进的再制造生产设备和稳定的再制造逆向物流系统。

2) 全断面隧道掘进机再制造原则

全断面隧道掘进机属于庞大、复杂的工程机械,包含的零部件和技术领域较多,其设计使用寿命主要是针对主轴承、主驱动减速机和电机、主要液压部件,均按照 10000h 设计,对应掘进约 10km 的行程,其中一部分零部件需要报废、更换或维修,所以全断面隧道掘进机并不是所有的零部件都要再制造。全断面隧道掘进机零部件再制造的基本指导原则如下:

(1) 制订再制造工艺方案时,综合考虑经济性、技术和节能环保因素,节能环保优先,在实现再制造的同时,降低成本和对环境的负面影响。

(2) 对于高附加值、再制造难度大的核心精密零部件,如尺寸和质量较大,以磨损失效为主的机械零部件,结合自身新品制造优势,采用相应的再制造成形加工技术进行尺寸恢复和性能提升;并通过技术攻关,开发再制造新技术,形成具有自主知识产权的核心技术和产品,提高企业竞争力。

(3) 对于附加值较低、再制造难度大的外围零部件,如电机、减速机,可采用委托外协加工或合作进行再制造的模式,就修复过程中易形成二次污染的零部件可直接进行换件处理。

3) 全断面隧道掘进机再制造一般要求

(1) 应符合国家有关循环经济、环境保护法律法规及国家相关标准规定,以实现优质高

效、节能、节材和环保为准则,再制造后全断面隧道掘进机的各项功能、性能、环保、经济性及安全特性不低于原型新机。

(2)可再制造的产品零部件应进行再制造设计以满足后续使用要求,充分考虑新材料、新工艺、新技术的应用,并制订再制造技术方案及实施技术依据;再制造后全断面隧道掘进机功能应符合再制造设计要求。

(3)再制造全断面隧道掘进机出厂前应按照相应的新产品检测方法检测,添加符合同类新产品要求的随行文件,并对再制造产品附加符合《再生利用品和再制造产品通用要求及标识》(GB/T 27611—2011)规定的再制造标识。

(4)全断面隧道掘进机再制造应引进设备监理制度,保证再制造过程受控。

1.2.3 国内外全断面隧道掘进机再制造发展现状

1)国外全断面隧道掘进机再制造发展现状

现阶段,国外全断面隧道掘进机制造商和应用单位都有对全断面隧道掘进机进行成功再制造的案例。如美国罗宾斯(Robbins)公司每年生产的35~50台全断面隧道掘进机中有将近70%通过恢复性再制造实现设备重新利用;德国海瑞克公司(Herrenknecht AG)也有大量的全断面隧道掘进机通过再制造后继续投入施工使用。

国外全断面隧道掘进机制造商近40年的生产销售业绩,以及相关文献部分统计数据显示:702台全断面隧道掘进机在施工过程中,按使用台次统计,新机和再制造机投入使用次数分别为236次和466次,分别占比33.6%和66.4%;按掘进里程统计,新机和再制造机的掘进里程占比分别为44%和56%。

2)国内全断面隧道掘进机再制造发展现状

随着我国全断面隧道掘进机保有量的不断增加以及早期生产的全断面隧道掘进机存在着超期服役、在异地使用的不适应性等问题,国内全断面隧道掘进机制造、施工企业已开展全断面隧道掘进机再制造业务。2009年,从事轴承制造与再制造的洛阳LYC轴承有限公司被列入工信部机电产品第一批再制试点单位;2016年,铁建重工、中铁装备、中铁隧道局、安徽博一流体传动股份有限公司、蚌埠市行星工程机械有限公司等全断面隧道掘进机关键配套件单位被列入工信部机电产品第二批再制造试点单位;2017年和2018年,中铁装备、秦皇岛天业通联重工科技有限公司、中铁隧道局的再制造全断面隧道掘进机符合《再制造产品认定管理暂行办法》及《再制造产品认定实施指南》的要求,分别被列入第六批和第七批《再制造产品目录》。

2017年,为加快发展高端再制造、智能再制造,进一步提升机电产品再制造技术管理水平和产业发展质量,工信部发布了《高端智能再制造行动计划(2018—2020年)》(工信部节〔2017〕265号)。该计划提出:要加强全断面隧道掘进机整机及管件再制造技术的推广应用,建设高端智能再制造产业协同体系;培育全断面隧道掘进机高值关键件再制造配套企业,开展刀盘、主驱动变速箱、中心回转装置、减速机、高端液压件和螺旋输送机等关键件再制造,形成基本完整的全断面隧道掘进机再制造产业链;同时,探索基于电子商务的再制造产品营销新模式,逐步建立全断面隧道掘进机等再制造产品的市场推广新机制。

1.3　全断面隧道掘进机再制造面临的问题及对策

1.3.1　全断面隧道掘进机再制造产业面临的问题

1）对全断面隧道掘进机再制造认识不统一

全断面隧道掘进机再制造企业对可实施再制造产品、再制造范围以及再制造执行的标准存在不同的看法或偏见,将全断面隧道掘进机整修、项目维修(以下简称项修)都算作再制造。

2）全断面隧道掘进机再制造市场认知度较低

目前大多数施工用户从保障项目的角度出发,对全断面隧道掘进机状况关注度和要求较高,行业及客户对全断面隧道掘进机再制造产品仍未获得正确认知。如某地铁招标文件规定再制造盾构的使用时间不超过2年,掘进里程不得超过4km。显然此种规定是不甚合理的。

3）全断面隧道掘进机再制造关键技术亟待突破

全断面隧道掘进机核心部件的综合评价(如剩余使用寿命评估)与再制造技术、再制造后的整机验收等关键技术及相关领域前沿的再制造工艺技术在全断面隧道掘进机再制造领域中应用还相对较少,导致"换件"多、"再制造"少的情况普遍存在。

4）全断面隧道掘进机再制造技术标准体系尚未建立和完善

目前国内已发布的《全断面隧道掘进机再制造》(GB/T 37432—2019)虽然起到了引导作用,但各企业执行的全断面隧道掘进机再制造标准多为经验之谈,尚缺乏统一的全断面隧道掘进机再制造标准、检测验收标准和方法,难以规范再制造企业生产和再制造产品质量。

5）全断面隧道掘进机再制造专业分包企业认证认可困难

全断面隧道掘进机再制造涉及电气、机械和液压等多个专业技术领域,各分包企业需取得再制造的国家认可,导致全断面隧道掘进机再制造中大部分零部件再制造存在困难。

1.3.2　全断面隧道掘进机再制造产业发展对策与措施

1）完善政策法规,深化全断面隧道掘进机再制造试点示范

逐步建立全断面隧道掘进机再制造资源化政策性法规体系,构建全断面隧道掘进机再制造产品绿色制造专项资质认证体系,优化再制造产品标识信息备案制度;推动将全断面隧道掘进机再制造产品列入《国家工业固体废弃物资源综合利用产品目录》,加强全断面隧道掘进机旧件回收市场和产品销售市场的监管;财税政策上加大对全断面隧道掘进机再制造生产性、服务性企业的扶持力度,逐步对全断面隧道掘进机再制造产品试行减征或免征增值税政策;同时,继续深化全断面隧道掘进机再制造试点示范作用,发展全断面隧道掘进机再制造应用示范工程和产业化基地建设。

2）制定全断面隧道掘进机再制造标准和规范,完善市场监管机制和手段

依托国内全断面隧道掘进机制造企业、施工企业、再制造企业和行业协会,加快构建国家、行业和企业三位一体的全断面隧道掘进机毛坯检测与损伤评估、关键工艺技术、产品质量和生产管理标准等再制造标准体系;探索建立全断面隧道掘进机的生产者责任延伸制度和强制回

收（报废）制度，促使生产者的责任向前延伸到产品设计，向后延伸到废旧产品回收，打通制造与再制造间的融合关系，推进全断面隧道掘进机再制造产业链的形成；引入第三方专业监理和设备检测评估机构，确保再制造产品的质量不低于新机标准。

3) 加强全断面隧道掘进机再制造关键技术、关键设备的攻关和推广应用

全断面隧道掘进机中刀盘刀具、盾体、主驱动、液压系统和螺旋输送机等技术含量高、附加值大的重要部件，应在充分借鉴吸收先进的寿命评估技术、纳米表面技术和自动化表面技术等增材制造技术的基础上，加强全断面隧道掘进机虚拟拆机与无损拆解、全断面隧道掘进机再制造零部件绿色清洗、再制造损伤评价与寿命评估及先进智能再制造成形加工等关键技术攻关；研究再制造全断面隧道掘进机远程智能在线监测与状态评估技术，为全断面隧道掘进机再制造提供技术支撑和质量保障。

4) 积极运用"互联网+"，建立基于大数据的全断面隧道掘进机再制造信息平台

积极利用"物联网+"，建立基于大数据的集交易、租赁、施工远程监测、生产监测、逆向物流和再制造质量与责任溯源等于一体的全断面隧道掘进机再制造信息服务平台；建立旧件溯源、产品查询及追踪产品信息质量反馈机制，实现全断面隧道掘进机制造施工和专业分包（零部件再制造）等企业信息共享，为限制全断面隧道掘进机的高效利用、工程项目的施工设计、租赁与交易平台合理地评估全断面隧道掘进机和新机设计等提供依据。

5) 深化宣传引导，提升对全断面隧道掘进机再制造的认知度

要继续加大再制造宣传力度，鼓励社会团体和公众参与再制造产品的宣传、教育、推广、实施和监督。在销售网络和终端用户范围内推广普及再制造产品的知识，结合再制造全断面隧道掘进机的具体实例宣传再制造在建设节约型社会中的地位和作用，正确引导社会各界尤其是政府部门、新闻媒体对全断面隧道掘进机再制造的认知，形成推进全断面隧道掘进机产业发展的整体合力。

2020 年 9 月 13 日，盾构及掘进技术国家重点实验室在郑州成功主办了"2020 盾构 TBM 与掘进关键技术暨盾构 TBM 再制造技术国际峰会"。此次国际峰会搭建了一个相互交流、共同发展的国际合作平台，汇聚国内外最优秀的盾构设计、制造、应用和研发单位及关键配套厂家和科研院校的专家学者，探讨和研究盾构高端装备的设计、施工、制造、科研及全断面隧道掘进机再制造方面的技术创新，在行业内起到了很好的宣传引导效果，如图 1-1 所示。

a) 峰会展示

b) 院士讲座

图 1-1　2020 年盾构 TBM 与掘进关键技术暨盾构 TBM 再制造技术国际峰会

第2章　全断面隧道掘进机关键部件再制造

全断面隧道掘进机是依据工程地质和水文地质条件进行"量体裁衣"的大型专用设备,选择合适的机型并设计、制造符合地质特点的刀盘刀具、驱动系统、控制系统等将是再制造的关键,本章将对全断面隧道掘进机关键部件的再制造进行介绍。

2.1　刀盘再制造

全断面隧道掘进机刀盘长期处于拉、压、弯、剪、扭组合荷载的作用下,掘进过程中变形、开裂、磨损、刀具脱落等问题极易发生(尤其是 TBM 硬岩施工),刀盘外形轮廓的几何形状难以维持,再制造难度大,再制造重点有以下几个方面。

(1)刀盘面板、大圆环等处耐磨网格磨损(图 2-1),需要根据图纸要求,选用合适的焊材对磨损位置进行焊接恢复。

a)刀盘大圆环磨损　　　　　　　　　　b)刀盘面板磨损

图 2-1　刀盘耐磨网格磨损

(2)刀盘结构件出现裂纹,如牛腿焊接处、小面板薄弱部位等(图 2-2),需对裂纹处进行气刨、焊接等处理,同时进行着色探伤检查气刨、焊接效果;修复完成后应进行超声波无损探伤检测。

(3)使用三维摄像测量系统或全站仪检测刀盘面板的平面度以及椭圆度(图 2-3),变形量过大将影响使用甚至导致报废;对于局部凹陷及失圆,应测量相关尺寸,选取同材质材料进行焊接增材修复、打磨处理。

a) 刀盘小面板处裂纹　　　　　　　　　b) 刀盘牛腿焊接处裂纹

图 2-2　刀盘裂纹

 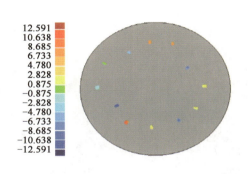

a) 刀盘平面度检测　　　　　　　　　　b) 刀盘平面度分析

图 2-3　刀盘平面度检测及数据分析

（4）使用全站仪、三维摄像测量（首选）、卷尺等测量大圆环直径磨损（图2-4），此时可采取同材质材料焊接增材修复。

a) 刀盘大圆环磨损　　　　　　　　　　b) 刀盘大圆环直径磨损检测

图 2-4　刀盘大圆环磨损

（5）切刀保护座和滚刀刀箱在硬岩、卵石地层容易磨损（图2-5），对磨损较轻微的可用同材质材料焊接增材修复，对磨损严重的刀座需进行刨除并重新焊接。

a）切刀保护座磨损

b）滚刀刀座磨损

图2-5　切刀保护座、滚刀刀座磨损

（6）使用游标卡尺、钢板尺、直角尺等工具检测搅拌棒尺寸及裂纹（图2-6），若本体磨损轻微可使用同材质材料焊接增材修复，若磨损量过大可直接更换，并焊接耐磨网格修复；如有裂纹则进行刨除、打磨、焊接。

a）搅拌棒磨损

b）搅拌棒变形

图2-6　搅拌棒磨损变形

（7）鉴于再制造工艺技术和修复成本等条件限制，针对滚刀刀圈磨损或损坏情况，一般直接更换刀圈、轴承以及密封件。

2.2　主驱动系统再制造

主驱动系统主要包括主轴承、主驱动密封、主驱动减速机、变频电机或液压马达、中心回转接头等。因受地下施工条件限制，主驱动故障具有不可拆解、难修复的特性，故其可靠性显得尤为重要。需对主驱动系统分别进行专项检测，合格后进行重新喷涂、组装。

2.2.1　主驱动附属环件再制造

再制造过程中,主驱动附属环件的问题主要集中在内、外密封跑道。为了避免外部杂物进入主驱动内部结构,全断面隧道掘进机普遍采用唇形密封与密封跑道相配合的结构。内密封跑道与内唇形密封配合形成密封结构,并通过油脂的注入防止外部渣土进入齿轮箱;外密封跑道与外唇形密封配合形成密封结构,并通过油脂的注入防止外部渣土进入主轴承结构。唇形密封与跑道环形成过盈配合,使用过程中密封跑道与刀盘一同转动,密封会在跑道接触面形成磨痕[图2-7a)],通常采用氩弧焊进行修复[图2-7b)],若磨损极为严重,不具备修复价值或修复成本较高,则整体更换密封跑道。此外,在部分地质条件下密封压环也存在磨损的情况,由于密封压环结构简单、制作成本较低,一般进行新制更换。

a) 密封跑道磨损修复前

b) 密封跑道磨损修复后

图2-7　主轴承密封跑道磨损修复前后状态对比

2.2.2　主轴承再制造

主轴承主要依靠全断面隧道掘进机主驱动密封与外界隔离,在长期使用中伴随着密封的老化、磨损,轴承内部不可避免地进入少量杂质、水分,使滚道面及滚子形成压溃及锈蚀缺陷,如果主轴承润滑不足则会加剧以上缺陷;齿轮油品质下降后未能及时更换,油液中的金属颗粒、水分会使轴承表面形成压坑及锈蚀;在全断面隧道掘进机上不合理地使用电焊机等设备,会使电流通过主轴承,产生电蚀缺陷;在复杂地层中掘进,主轴承长期经受较大的负载及冲击力,甚至会出现齿面压溃的现象。主轴承部件常见损伤情况如图2-8所示。

目前国内全断面隧道掘进机主轴承的再制造一般委托专业厂家进行,拆解前对轴承各项尺寸、游隙、跳动等数据进行检测记录;之后将轴承拆解至最小单元,采用着色、荧光磁粉、超声波无损探伤等方法检查主轴承滚道、滚子、保持架、大齿圈磨损及是否存在裂纹,并检测滚道、滚子表面硬度等。对各缺陷修复后进行组装,再次检测游隙、跳动等数据并与拆解前进行对比,确认其是否达到修复前预期数据范围。主轴承再制造后的状态如图2-9所示。

a)内部杂质、泥沙

b)表面锈蚀

c)保持架磨损

d)齿面压溃

图 2-8　主轴承部件常见损伤情况

a)主轴承再制造

b)主轴承安装

图 2-9　主轴承再制造后状态

2.2.3　主驱动电机

在电驱全断面隧道掘进机中，主驱动电机为刀盘转动提供驱动力。在电机拆解前需对绝缘阻值、轴承游隙等数据进行检测记录，并对外观进行清洁、清洗；拆解后对各部件进行观察、检测并确定存在的相关问题。

主驱动电机在再制造过程中主要的问题有轴承磨损游隙超标、冷却水道内部锈蚀堵塞、定子内部进入异物腐蚀损坏电机绝缘、定子表面锈蚀等。对线圈的绕制或蒸煮(处理油污等杂质)程序,以及后续的绝缘处理是主驱动电机再制造中的核心工作,直接决定了再制造电机的质量及性能。主驱动电机再制造拆解修复前后状态对比如图2-10所示。

a) 冷却水箱堵塞、锈蚀修复 　　　　b) 主驱动电机修复后

图 2-10　主驱动电机拆解修复前后状态对比

2.2.4　主驱动减速机

主驱动减速机作为全断面隧道掘进机主驱动系统的重要部件,其作用是将电机的扭矩及转速传递至刀盘,实现刀盘的转动。在恶劣的地质条件下,减速机承受着极大的负载或者冲击,随着时间积累会产生各种问题。在使用中减速机常出现的故障有轴承磨损游隙超标、行星轮齿面裂纹或剥落、行星架锈蚀、行星轮销轴松动、输出齿轮裂纹或剥落、齿圈产生压坑和磨损、保险轴产生裂纹等,极端情况下甚至会导致减速机齿圈、行星轮、行星架压溃等。主驱动减速机常见损伤情况如图2-11所示。

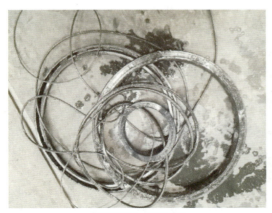

a) 轴承磨损、密封老化 　　　　b) 齿圈压坑、点蚀

图　2-11

c) 保险轴裂纹

d) 行星架、行星轮压溃

图 2-11　主驱动减速机常见损伤情况

因减速机结构的复杂性及专业性，为充分保障减速机再制造后的整体性能满足掘进要求，减速机的再制造多由专业厂家完成。减速机再制造完成组装后，加载测试较为困难，目前多进行空载测试，如噪声、振动、保压等。主驱动减速机修复后空载试验如图 2-12 所示。

a) 减速机空压试验

b) 减速机冷却室保压试验

图 2-12　主驱动减速机修复后空载试验

2.2.5　中心回转接头

中心回转接头为盾体向刀盘传输介质的唯一途径。刀盘面板的泡沫、膨润土注入，超挖刀、磨损检测的液压油流只能通过中心回转接头实现。因中心回转接头转子随着刀盘转动，运转时间长，内部流通带压力的流体，使密封件、转子表面易产生磨损。中心回转接头常见磨损状况如图 2-13 所示；密封结构失效后，中心回转接头内各通道发生串联，导致某一路泡沫或膨润土注入压力不足，影响掘进质量，严重情况下还会导致整机液压系统污染，影响掘进进度。

再制造过程中，对唇形密封、O 形密封、轴承等易损件进行更换；对定子及转子内部管路使用边冲敲打污垢并采用草酸冲洗的清洁方式；对法兰面进行清理、除锈，采取机加工的方式恢复平面度及密封槽；转子出现划痕时可采用氩弧焊、热喷涂、激光熔覆等技术修复。

a) 轴承、密封磨损

b) 转子表面磨损

c) 孔道、刀盘结合面、密封槽锈蚀

d) 液压回转接头密封损坏、内部有杂质

图 2-13 中心回转接头常见磨损状况

2.3 功能分系统再制造

针对管片拼装机、螺旋输送机、人舱、保压系统及导向系统等主要部件，需要进行专业检测与再制造；对于跨地区施工作业的再制造全断面隧道掘进机，除刀盘刀具适应地层改造外，当管片分度变化时，还需对推进液压缸位置、铰接拉力进行升级改造。

2.3.1 管片安装系统再制造

1) 管片拼装机再制造

管片拼装机在使用过程中因润滑不到位或防尘密封失效，回转腔内部易进渣土导致回转轴承产生过度磨损、锈蚀、压坑等缺陷，管片拼装机常见损伤情况如图 2-14 所示；再制造过程中需将回转轴承进行拆解并委托专业轴承厂家进行检测、修复或更换零部件；另外回转链条护板变形、行走轮磨损等问题也是管片拼装机再制造的重点，如图 2-15 所示。

a) 回转轴承压坑及挤压变形

b) 行走轮滚珠锈蚀

图 2-14 管片拼装机常见损伤情况

a) 行走轮滚珠组装

b) 回转轴承组装

图 2-15 组装中的行走轮对及回转轴承

2) 管片运输小车再制造

由于掘进过程中管片运输车使用极为频繁、作业环境较差,导致运输小车极易产生结构锈蚀、磨损、变形,行走轮轴承、销轴、轴承座损坏,行走轮包胶脱落,尼龙板磨损等现象。再制造中需对结构件进行校正、新制或更换易损件。管片运输小车常见磨损状况如图 2-16 所示。

2.3.2 螺旋输送机系统再制造

螺旋输送机再制造重点主要集中在前、后闸门、筒壁、螺旋叶片,这些部件在使用过程中极易产生磨损。后闸门在使用过程中频繁的开关,导致后闸门铜板导槽、尼龙条、后闸门板、密封槽等部件磨损严重,从而使渣土进入结构件,再制造中需对磨损部件进行焊接修复或机加工,恢复原有尺寸;筒壁在使用过程中出现筒壁变薄或磨穿,增大了安全风险,当筒壁出现磨损时需采取焊接、补焊钢板等方式进行修复,必要时可更换新制筒壁,螺旋输送机后闸门及筒壁损伤情况如图 2-17 所示;螺旋输送机叶片磨损导致螺旋叶片直径减小,影响系统出渣性能,可采用耐磨钢板或原装合金块进行焊接修复,螺旋叶片磨损修复前后情况对比如图 2-18 所示。

a) 结构件磨损   b) 行走轮胶皮脱落

图 2-16　管片运输小车常见磨损状况

a) 螺旋输送机后闸门磨损   b) 螺旋输送机筒壁磨损

图 2-17　螺旋输送机后闸门及筒壁损伤情况

a) 螺旋输送机叶片修复前   b) 螺旋输送机叶片修复后

图 2-18　螺旋输送机叶片磨损修复前后情况对比

2.3.3　人舱系统再制造

人舱是全断面隧道掘进机的重要组成部分,人员查看刀盘掌子面状况、更换刀具、测试压力传感器通常需要开舱查验。人舱是将人员从大气压环境下传送到另一个高压环境下的设备,是工作人员进入掘进机工作舱的通道,也是工作人员进行休息的场所,其安全性和功能稳定性对全断面隧道掘进机掘进至关重要。在全断面隧道掘进机掘进过程中,人舱的使用频率极低,由于保养及防护不善,人舱部件极易由于磕碰造成破损,在再制造过程中,主要对其外观进行清理,更换损坏或缺失的部件,之后进行整体功能测试。人舱属于特种设备,必须由具备相关资质的厂家进行再制造,故目前国内仅少数厂家可进行全断面隧道掘进机人舱的再制造工作。人舱再制造前后状况对比如图 2-19 所示。

a) 人舱再制造前　　　　　　　　　　　b) 人舱再制造后

图 2-19　人舱再制造前后状况对比

2.3.4　保压系统再制造

保压系统对于人舱功能的发挥起到极其重要的作用,属于精密仪器,必须由具备相关资质的厂家进行再制造。由于保压系统部件安装位置与工作区域之间有一定的安全距离,土压平衡盾构使用频率较低(泥水平衡盾构则需长期使用),故一般情况下设备保存较为完好,主要委托专业厂家对其进行测试检查,再根据结果进行相关再制造工作,如图 2-20 所示。

a) 保压系统执行机构　　　　　　　　　　b) 保压系统控制器

图 2-20　保压系统场地存放情况

2.3.5 导向系统再制造

导向系统是全断面隧道掘进机的"眼睛",用来监控全断面隧道掘进机精确姿态。系统为用户提供全断面隧道掘进机相对于隧道设计轴线(DTA)的详细偏差系统,便于操作人员及时纠正全断面隧道掘进机姿态。

导向系统由于其专业性及地铁建设单位的要求,目前在全断面隧道掘进机的再制造工作中,多委托原品牌厂家对导向系统进行检测、升级或更换,导向系统部件检测如图2-21所示。

a) 全站仪　　　　　　　　　　　b) 黄盒子

图 2-21　导向系统部件检测

2.4　主结构件再制造

主结构件主要包括盾体及拖车等部件,其主要问题在于结构件锈蚀、局部变形。前盾、中盾可使用全站仪、三维摄像测量系统(首选)进行椭圆度的检测,如图2-22所示。此外需使用测厚仪对盾体壁厚进行检测,盾体外环连接焊缝需进行超声波探伤检测。

 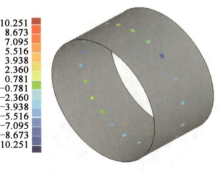

a) 盾体椭圆度检测　　　　　　　　　b) 盾尾椭圆度分析

图 2-22　盾体椭圆度三维摄影测量

后配套拖车主要对局部变形或锈蚀严重的位置进行校正或制作结构件进行更换,如有系统改造的可根据需要重新对拖车布局进行设计、改动,如图 2-23 所示。

a)拖车变形校正　　　　　　　　　　　b)盾体变形校正

图 2-23　拖车结构修复、尾盾变形校正

2.5　液压系统再制造

液压系统的再制造主要是将液压零部件进行拆解、清洗,并在液压综合试验台进行加载试验测试,根据测试结果确定再制造方案;液压部件再制造过程是将密封件、液压软管全部更换,同时做好管路接头、液压硬管的清洗、防护工作。

2.5.1　液压管路再制造

液压管路分为液压软管及液压硬管,由于长时间使用易老化、破损,通常对液压软管进行全部换新。可使用卷尺、压管机、切割机、剥皮机等工具,实地测量总长度,按照图纸要求选择合适压力等级的软管及接头进行扣压,压制后使用海绵球、液压油、高压风对管路进行清洗,清洗完成后方可安装使用;对液压硬管进行外观及内部检查,查看外观变形、锈蚀、油漆剥落以及内部锈蚀、异物等情况,并对液压硬管进行打磨清理,如图 2-24 所示。

a)液压管路梳理　　　　　　　　　　　b)液压管路清洗

图 2-24　液压管路表面油污、内部污染

2.5.2 液压泵、马达、阀组再制造

由于使用时间长,液压泵、马达、阀组多存在部件磨损、损坏、密封件老化的现象,如图2-25所示。首先进行外观检测,查看部件损坏及缺失情况;然后在液压综合试验台进行加载实验,检测压力、流量、噪声、温度、变量特性、容积效率、外泄露等参数并记录;设备拆解后,使用刀尺、游标卡尺、千分尺测量等工具对各部件进行检测,并根据检测情况进行再制造工作;部件再制造完成后组装,并再次在液压综合试验台进行加载试验,如图2-26所示。

a) 柱塞杆损坏

b) 球铰弧面磨损有凹坑

c) 轴承损坏

d) 柱塞、回程盘、球铰打碎

图2-25 液压泵、马达、阀组损坏情况

2.5.3 液压缸再制造

液压缸是全断面隧道掘进机的重要执行部件,其性能的好坏直接影响到掘进的质量和速度。在使用中常存在缸杆磨损、划伤、点蚀,缸体漆层脱落、锈蚀、弯曲、活塞、导向套锈蚀、划伤等情况,密封也存在老化、损坏,从而导致液压缸有渗漏、内泄等严重问题,如图2-27所示。目前再制造工作中液压缸一般委托专业厂家进行再制造,对部件修复或更换后进行组装,并进行加载试验,如图2-28所示。

a) 泵测试　　　　　　　　　　　b) 阀组测试

图 2-26　液压试验台测试液压泵、阀组

a) 缸杆表面划痕　　　　　　　　b) 缸筒丝扣损坏

c) 缸筒内部划伤　　　　　　　　d) 密封组件划痕

图 2-27　液压缸损坏情况

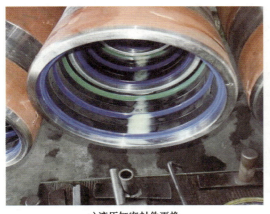 

a) 液压缸密封件更换　　　　　　　　　　b) 液压缸加载试验

图 2-28　液压缸密封件更换、加载试验

2.6　电气系统再制造

电气及控制系统是全断面隧道掘进机的神经系统,具备信号传输及控制功能,对全断面隧道掘进机的性能起着至关重要的作用。电气系统经过长时间的使用,线路存在老化、破损,线路触点、电气部件动作迟缓或接触不良现象,会导致故障层出不穷。

对于低压设备,使用兆欧表、绝缘电阻摇表、开关电源、数字万用表等工具进行检测,并根据检测结果进行相应的再制造措施;对于高压设备,需由具备相关资质的检测单位进行检测,并出具检测报告,然后根据检测结果制订再制造方案。

2.6.1　电机再制造

1) 定子转子修复

若电机机座内腔、定子绕组表面附着有大量外加油脂,应将定子机座及定子绕组放入清洗池(温度100℃,加入清洗剂溶液),将其表面上的油污清洗干净;若电机定子铁芯内部存在湿气,采用烘箱烘潮处理的办法,将烘箱温度调至180℃,把电机的定子绕组送入烘箱中烘烤4h,使内部湿气去除干净;若电机拆解后发现定子绕组铁芯内圆面有锈迹,采用细砂纸打磨,将铁芯内圆面锈蚀处打磨干净。若水管卷筒电机、齿轮油泵电机转子铁芯表面存在点状锈迹,可采用细砂纸打磨,将铁芯表面的点状锈蚀去除,如图 2-29 所示。

2) 端盖及轴承的修复

对于电机两侧端盖和轴承室上附着的失效油脂,需用汽油对拆解下来的两侧端盖和轴承室进行清洗,再使用无纺布将其擦拭干净。若拆检时发现各电机的蝶形垫圈、橡胶密封圈均存在不同程度的变形、锈蚀、破损,无法继续使用,应更换所有变形破损的蝶形垫圈和橡胶密封圈;若拆检时发现电机的轴承均出现外圈表面有轻度圆周向拉痕、烧损发黑、被失效油脂附着、轻度锈蚀等现象,应更换所有电机轴承,如图2-30所示。

a) 擦拭定子绕组

b) 转子表面点状锈迹

图 2-29　电机定子、转子修复

a) 测绘电机端盖轴承位

b) 轴承密封圈失效,润滑油脂附着

图 2-30　电机端盖、轴承修复

2.6.2　电气低压配电盘、柜再制造

1) 低压配电盘、柜元器件修复

拆解时发现低压配电盘、柜体内污染严重,存在部分电气元器件污染严重、局部电气元件表面泥浆溅射痕迹的现象,采用无水酒精清洗被污染的电气元件,清洗表面污垢后将电气元件送入烘箱进行烘干处理(烘箱温度不超过60℃)。对于低压配电盘、柜内导电部件接触面处锈蚀,使用细砂纸打磨去除表面氧化层,并用无水酒精清洗干净,之后送入烘箱进行烘干处理(烘箱温度不超过60℃)。对处理完的电气元件通电检测电气性能,最后将新购的器件以及维修后性能完好的器件重新组装在柜体内。

2) 低压配电盘、柜外观修复

对控制柜变形柜体进行整形校正,变形严重的重新测绘订制;对于控制柜内损坏的门锁、铰链、门挡等配件,应全部换新;针对柜体内外表面旧漆,先使用千叶片配角磨机分别对各控制柜进行外部旧漆打磨处理,再用塑料、报纸、美纹纸、胶带等对各控制柜内部进行防护,最后由专业人员对控制柜进行喷漆处理;喷漆完成后,用塑料薄膜对整机进行防护。低压配电盘、柜再制造过程如图 2-31 所示。

a) 电气控制柜设备拆检

b) 高压水枪清洗拆空后的柜体

c) 擦拭变频柜内电抗器

d) 变频器内模块除尘

图 2-31 低压配电盘、柜再制造过程

2.6.3 变频柜再制造

对于变频柜内部存在的大量灰尘,使用压力风枪对变频柜内各个元件、变频器内部及线路仔细进行除尘。若拆解时发现变频柜柜体内污染严重,存在部分电气元件污染严重、局部电气元件表面泥浆溅射痕迹的现象,应采用无水酒精清洗被污染的电抗器、变压器,清洗表面污垢后将电气元件送入烘箱进行烘干处理(烘箱温度不超过60℃)。烘干完成后,对所有电气元件进行绝缘检测,元件检测合格后重新组装回变频柜内部。若拆解时发现其他电气元件有损坏现象,为保证变频柜电气系统的稳定,应更换所有故障的电气元件,并将新购电气元件组装回变频柜内部。

2.6.4 高压变压器再制造

对于高压变压器表面存在的大量灰尘,使用压力风枪对变频柜内各个元件、变频器内部及线路仔细进行除尘。对于拆解时发现柜体内部分元件污染严重的现象,采用无水酒精对其进行清洗、擦拭,烘干后重新组装回柜体内部。

2.7 流体系统再制造

2.7.1 风、水、气系统再制造

风、水、气系统主要指内循环水、外循环水、工业气系统，与全断面隧道掘进机的其他系统相比，其再制造过程较为简单。上述系统的问题主要集中在管路外观、接头老化，工业空压机的保养维修或再制造，工业储气罐使用年限超标，循环水卷盘回转接头的密封失效，热交换器检测维修或再制造等方面（图2-32），需要对整个系统外观进行清理、喷砂（打磨）、喷漆处理。

a）水管、气管　　　　　　　b）水管接头法兰

图2-32 管道接头密封性失效

2.7.2 油脂系统再制造

油脂系统主要包括EP2系统、HBW系统、盾尾油脂、齿轮油系统。油脂系统易发生油脂泵密封件损坏失效，EP2、HBW油脂分配器轴承易失效、油脂通道易堵塞，EP2多点泵变形等损坏情况，如图2-33所示。由于油脂系统多易损件多以更换部件为主。

a）损坏油脂配套件　　　　　　　b）清理油脂分配阀

图2-33 油脂泵损坏、油脂分配阀堵塞

2.7.3 注浆系统再制造

注浆系统负责掘进施工同步注浆工序,传送介质为砂浆,故其部件如进出料阀盘、活塞、缸筒,以及砂浆罐搅拌轴密封件、搅拌叶片等磨损较为严重(图2-34),再制造过程中需要进行拆解、清洗、检测、更换或维修。部件拆解后对进出料阀盘、活塞、缸筒等部件使用游标卡尺、圆度仪、撕裂强度测试仪、圆锥量规、锥度塞规等工具进行测量,并根据测量结果实施相应的修复、升级或更换措施。

a)活塞筒损坏

b)活塞磨损

c)砂浆罐轴端密封件磨损

d)砂浆搅拌叶片

图2-34 注浆系统损坏情况

2.7.4 渣土改良系统再制造

渣土改良系统包括泡沫、膨润土系统。泡沫、膨润土系统易发生泡沫混合液箱、管路破损、膨润土挤压泵及搅拌叶片磨损、管路流量计失效等损伤,如图2-35、图2-36所示。再制造过程中需要对泡沫原液箱、泡沫混合液箱以及膨润土罐进行清洗,对泡沫混合液泵和膨润土泵变频器进行检查、维修,对泡沫及膨润土管路流量计进行测量,并根据设备使用方需求进行相应的单管单泵改造。

a) 泡沫原液箱破损

b) 泡沫管路破损

图 2-35　泡沫原液箱破损和管路破损

a) 膨润土挤压泵污染

b) 膨润土搅拌叶片磨损

图 2-36　膨润土挤压泵和膨润土罐搅拌叶片磨损

2.8　表面修复

全断面隧道掘进机经过长时间的使用或存放,表面难免堆积泥污渣土,产生锈蚀、变形、割焊疤等缺陷(图 2-37、图 2-38)。

a) 盾体表面锈蚀

b) 螺旋机伸缩套变形

图 2-37　盾体表面锈蚀,螺旋输送机伸缩套变形

a）结构件表面焊接疤痕　　　　　　　　b）结构件焊接疤痕修复

图 2-38　结构件表面割焊疤

按照再制造的要求，全断面隧道掘进机外观同样要达到新机标准，通过清洗、除锈、校正、喷砂、喷漆等步骤对所有结构件进行重新涂装，保证产品的外观质量，如图 2-39 所示。

a）拖车喷砂前　　　　　　　　　　　b）拖车喷砂后

图 2-39　拖车喷砂、喷漆前后对比

在喷砂、喷漆之前需对结构件进行外观清理，并修复变形、锈蚀、割疤、焊疤等缺陷。各系统部件颜色需按照原机或指定的颜色进行喷涂，便于系统区分以及美观。

2.9　适应性改造

全断面隧道掘进机在再制造前已经历了若干项目实践的检验，可能会发现一些设计或者制造方面的缺陷和不足，同时由于后续目标工程的隧道设计尺寸、地质水文条件、编组运输方式等方面的新要求，再制造时需在原型机基础上进行部分系统的适应性改造及性能提升，以更好地适应新目标工程施工需求。

常见的改造升级内容包括刀盘适应性改造/新制、推进液压缸分度适应性改造、皮带输送机出渣系统适应性改造、泡沫系统性能提升、膨润土系统性能提升、铰接系统性能提升、油脂系统性能提升、上位机性能提升、管片吊机操作性能提升及增加在线监测功能等。

第3章　全断面隧道掘进机再制造标准

我国已经发布《全断面隧道掘进机再制造》（GB/T 37432—2019），虽然对再制造工作起到了一定引导作用，但目前行业内仍执行各企业内部标准或依靠经验对设备进行修复和质量评价，尚缺乏统一的全断面隧道掘进机再制造标准、检测验收标准和方法，对再制造产品难以全面检测其性能，从而难以规范再制造企业生产和再制造产品质量。为统一说明全断面隧道掘进机再制造相关标准规范，本章将主要介绍全断面隧道掘进机再制造整个流程中所涉及的相关标准规范内容。

3.1　性能评估标准

（1）应对废/旧全断面隧道掘进机的整机性能进行检测与评估，一般包括整机参数、功能和安全性能。

（2）应按照全断面隧道掘进机性能参数进行数据核对，性能参数应包括开挖直径、推力、推进速度、刀盘扭矩、刀盘转速、转弯半径、结构尺寸等重要参数。

（3）应在考虑技术、经济、环境、资源等因素的基础上，结合应用需求针对废/旧全断面隧道掘进机的再制造性进行评估，评估一般应包括废/旧零部件失效分析、剩余寿命评估、环境影响分析、资源利用及成本分析、能效分析等。

3.2　方案设计标准

3.2.1　再制造总体方案制订

（1）再制造总体方案的制订应包含全断面隧道掘进机再制造性评估结果及再制造要求。

（2）再制造总体方案应明确给定再制造全断面隧道掘进机的总体要求。

（3）再制造总体方案应包含目标工程概况、设备履历、技术方案、质量和安全保障措施、成本预算、周期等内容。

（4）再制造总体方案由设备所有权单位组织实施并进行专项论证，图 3-1 所示为南昌地铁

3号线五标盾构选型方案及适应性分析会。

图3-1　盾构选型方案及适应性分析会

3.2.2　再制造设计标准

（1）根据全断面隧道掘进机再制造总体方案要求，对机械、结构、液压、电气等系统进行再制造设计并形成设计文件，设计文件应满足再制造产品、检验、标志、安全及环境保护要求。

（2）应结合废/旧全断面隧道掘进机实际情况进行优化设计。

3.3　拆解清理标准

3.3.1　拆解

（1）拆解前应充分了解废/旧全断面隧道掘进机的结构特点、工作原理和状态，并编制拆解作业指导书，内容应符合《土方机械　零部件再制造　拆解技术规范》（GB/T 32804—2016）及《再制造　机械产品清洗技术规范》（GB/T 32809—2016）要求。

（2）拆解前应对其功能或性能状态进行确认，并根据各单元的不同功能、性能状态采用不同的拆解方案，如拆解刀盘、轴承、驱动等内部结合较紧或用专用螺栓连接的结构件，应采用专门工具（拉拔器、扭矩扳手）等进行拆除。

（3）一般应拆解成基本零件和部件，拆解过程中应避免损坏零部件，并按照弃用、可重用、再制造、再生利用等类别对零部件进行分类。

（4）拆解过程应符合《土方机械　零部件再制造　拆解技术规范》（GB/T 32804—2016）的规定。

（5）拆解应满足以下要求：

①拆解时应严格按照作业指导书的规定操作，使用适当的方法和工具，具体参照《再制造　机械产品清洗技术规范》（GB/T 32809—2016）标准要求。

②拆解前应排空各系统、零部件中的液体。

③拆解结构件前应先拆卸仪器仪表、管路及线缆。

④拆解旋转件和不能互换的零件前应先完成定位标识。

⑤拆解过程中对产生的固体废弃物和废液的处置应符合国家标准的相关规定。全断面隧道掘进机再制造相关部件拆解过程如图 3-2、图 3-3 所示。

a) 盾体部件拆除

b) 管线拆除

c) 主驱动拆解前放空齿轮油

d) 拉拔器拆除主驱动连接螺栓

图 3-2　再制造相关部件拆解过程

a) 跑道测量

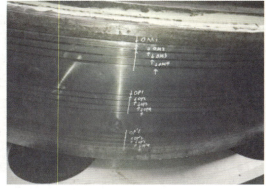

b) 跑道标记

图 3-3　主驱动密封拆除后跑道位置测量标记

3.3.2 清理

（1）拆解后应对非弃用件进行清理。

（2）根据污垢、零部件的物理及化学性质采用相应的清理方法，具体参照《再制造 机械产品清洗技术规范》（GB/T 32809—2016）标准要求。

（3）清理作业应不影响零部件标识、标记的可辨识性能。

（4）清理后的零部件应清洁无污物，无有害清理残留。

（5）清理过程中产生的废液、废渣、废气应进行无害化处理，并符合国家相关标准规定。全断面隧道掘进机再制造清理方法见表 3-1，全断面隧道掘进机再制造清理过程如图 3-4 所示。

再制造常用清洗方法　　　　　　表 3-1

方法	清洗工具	适用污染物	适用盾构部件
手工清洗	吹风机、金属刷、砂轮、刮刀、砂纸、布料等	灰尘、油污、氧化层、涂装物（油漆、塑胶、橡胶）等	盾体、主驱动箱、主轴承、刀盘、米字梁、管片机结构件、螺旋输送机等结构件、液压及电气部件涂装表面
溶剂清洗	有机溶剂（如汽油、柴油、乙醇、丙酮等）	灰尘、油污、涂装物（油漆、塑胶）等	轴承、主驱动附属件等精密件、液压件、电气系统部件
喷砂、喷丸清洗	喷砂机（磨料：石英砂、金属砂等）、喷丸机	氧化皮、锈蚀、涂装物（油漆、塑胶）等	盾体、刀盘、米字梁、管片机行走梁、螺旋输送机壳体、拖车等结构件
高压水射流清洗	高压水枪	水垢、泥沙、灰尘等	盾体、刀盘、米字梁、管片机行走梁、螺旋输送机壳体、拖车等结构件、流体管路
抛光研磨清洗	抛光机	氧化层、锈蚀、涂装物（油漆、塑胶）等	轴承、驱动附属件、液压缸筒内壁等精密件

a）主驱动环件手工打磨清理

b）减速机柴油清洗

图 3-4

c) 螺栓、螺帽柴油清洗　　　　　　　d) 动力电缆洗衣粉水清洗

图 3-4　再制造清理过程

3.4　零部件再制造加工标准

由于全断面隧道掘进机本身系统复杂、零部件较多，因此对其零部件的再制造加工，要在遵循全断面隧道掘进机零部件再制造加工的相关原则下，对废旧和失效的零部件，通过修复、重新加工和改造等手段，使其恢复使用性能。

全断面隧道掘进机零部件再制造加工原则：

(1) 再制造零部件加工在保证性能的前提下，要遵循节能环保、经济的原则。

(2) 对于需要再制造加工的零部件，形成专项方案，包括零部件图纸、制造工艺、验收标准等内容。

(3) 根据零部件的失效特点和损伤程度，采用修复、机加工或改造等相应的技术手段，恢复其性能。

(4) 再制造加工的企业要具备专业的技术能力。

(5) 再制造零部件的功能和性能应满足再制造设计要求。

3.5　主机部件再制造标准

3.5.1　刀盘再制造标准

(1) 刀盘本体材料、结构形式、结构强度、直径及开口率等基本尺寸及性能应符合再制造设计要求，否则根据使用项目水文地质等情况进行重新设计制造，并符合再制造设计规定。

(2) 拆卸检查刀具，如刀具及螺栓存在磨损或损坏，则进行更换，并符合再制造设计规定。

(3)检查刀盘基本尺寸,如刀盘直径、面板、牛腿以及刀盘本体存在磨损情况,则通过补焊耐磨层或耐磨钢板恢复至原尺寸;如刀盘存在严重变形,视情况进行校正或重新设计制造。

(4)内部管路应进行密闭性试验及壁厚检测,如存在泄漏则进行更换。

(5)超挖刀、仿形刀、液压缸应由权威机构按《液压缸试验方法》(GB/T 15622—2005)进行试验,符合《液压缸》(JB/T 10205—2010)的要求;若活塞杆、筒出现划痕、锈蚀或压痕等情况,可视情况进行焊接、刷镀或更换。

(6)检查刀盘、刀座等焊接质量,否则刨除重新焊接,焊接质量应符合《钢结构工程施工质量验收标准》(GB 50205—2020)的规定。

(7)刀盘螺栓抽样检测由权威机构进行抗拉强度、屈服强度、断后伸长率、断面收缩率、常温冲击及疲劳实验等检测,抽样率不低于3%,检测报告应符合《紧固件机械性能 螺栓、螺钉和螺柱》(GB/T 3098.1—2010)的规定;如合格率≤95%,则对刀盘螺栓进行整体更换,更换后的螺栓性能参数应符合原设计要求。

(8)刀盘最大转速、扭矩应符合再制造设计要求,否则对主驱动系统进行更换。刀盘再制造过程如图3-5所示。

a)刀盘管路修复

b)刀盘大圆环耐磨块修复更换

c)刀盘刀具拆检

d)刀盘表面耐磨网格修复

图3-5 刀盘再制造过程

3.5.2 盾体再制造标准

(1) 盾体本体材料、直径、盾尾刷布置、注浆方式等基本尺寸及性能应符合再制造设计要求,否则进行改造或重新设计制造。

(2) 检查盾体基本尺寸,如盾壳等结构件厚度,通过补焊耐磨层或耐磨钢板使厚度恢复至原尺寸,并将切口环耐磨网格补焊至原尺寸;若盾体存在严重变形,视情况进行校正或重新设计制造。

(3) 检查盾体焊接质量,焊接质量应符合《钢结构工程施工质量验收标准》(GB 50205—2020)的规定,否则刨除重新焊接。

(4) 盾体外表面不应有锈迹、伤痕、沙眼等缺陷,否则进行除锈或补焊至原尺寸。

3.5.3 主驱动单元再制造标准

(1) 应对主驱动电机外观、绝缘、水冷密封、风扇、测温电阻、加热器、接线端子、两端支撑轴承等进行检查或测试,对不合格的零部件进行修复或更换,如图 3-6a) 所示。

a) 主驱动电机检测

b) 马达检测

c) 主驱动减速机检测

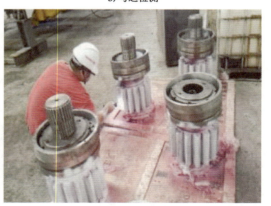

d) 主驱动小齿轮检测

图 3-6 主驱动单元再制造

(2)液压马达应由专业人员进行拆解和检测,并提供检验报告,如图 3-6b)所示。

(3)液压马达应更换密封件和连接件,更换或修复有缺陷的零部件。修复后的液压马达应出具专业能力企业出厂检验合格报告或按照《液压泵、马达和整体传动装置 稳态性能的试验及表达方法》(GB/T 17491—2011)进行性能试验并出具检验报告。

(4)应对驱动单元内部的轴承、内部传动齿轮、传动轴及其连接件进行检查,更换受损的零部件及易损件;轴承应按照《滚动轴承 测量和检验的原则及方法》(GB/T 307.2—2005)的规定进行检查。

(5)主驱动减速机应由具有专业能力的企业进行再制造,再制造的减速机应进行至少两个实验:空载和负载实验,检测噪声、温升、加速器以及振动值指标,如图 3-6c)所示。

(6)应对各驱动减速机输出小齿轮进行无损检测,校核齿轮啮合情况,并根据检测和校核情况对齿轮进行修复或更换,如图 3-6d)所示。

(7)主驱动单元紧固件的预紧力应满足设计要求,组装后配合齿轮的侧隙应满足再制造设计要求。

(8)主轴承应由专业人员进行拆解和检测,并出具检验报告,依据检验报告修复或更换。

(9)应检查滚道、滚柱、保持架的磨损情况,对损坏件进行修复或更换。

(10)应检查大齿轮的齿面、齿根受损和啮合情况,并进行无损检测,对损坏部位进行修复或更换。

(11)拆解后的主轴承应更换主驱动唇形密封。

3.5.4 推进及铰接液压缸

(1)推进及铰接液压缸应由权威机构按《液压缸试验方法》(GB/T 15622—2005)进行试验,试验结果应符合《液压缸》(JB/T 10205—2010)的要求,出具检测报告,确保液压缸的密封性、运动平稳性和耐用性满足要求。如活塞杆、筒出现划痕、锈蚀或压痕等情况,可视情况采用堆焊法、刷镀法等工艺采用修复或更换,如图 3-7 所示。

a)液压缸活塞杆修复　　　　　　　　b)液压缸外观处理

图 3-7

c) 铰接液压缸保压试验　　　　　　　d) 拼装机液压缸保压试验

图 3-7　推进及铰接液压缸再制造

(2) 推进液压缸动作时,全程伸缩的时间应符合再制造设计要求,否则视情况调整推进系统压力、流量等设定值或重新设计液压系统。

3.6　后配套设备再制造标准

3.6.1　撑靴系统再制造标准

(1) 撑靴本体材料、结构形式、接地比压等基本尺寸及性能应符合再制造设计要求,否则进行改造或重新设计制造。

(2) 检查撑靴基本尺寸及耐磨厚度,若有偏差则通过补焊耐磨层或耐磨钢板恢复至原尺寸;如撑靴存在变形,视情况采用校正或重新设计制造。

(3) 检查撑靴焊接质量,应符合《钢结构工程施工质量验收标准》(GB 50205—2020)的规定,否则刨除重新焊接。

(4) 外表面不应有锈迹、伤痕、沙眼等缺陷,否则进行除锈或补焊至原尺寸。

(5) 内部平衡液压缸应由权威机构按《液压缸试验方法》(GB/T 15622—2005)进行试验,试验结果应符合《液压缸》(JB/T 10205—2010)的要求,出具检测报告,确保液压缸的密封性、运动平稳性和耐用性满足要求。如活塞杆、筒出现划痕、锈蚀或压痕等情况,可视情况采用堆焊法、刷镀法等工艺进行修复或更换。

3.6.2　管片安装系统再制造标准

1) 管片拼装机再制造标准

(1) 管片拼装机的中心轴线与盾构轴线的平行度公差应符合再制造设计要求,且两提升导向杆之间的平行度公差不大于 0.4mm,否则需进行校正或更换。

(2) 管片拼装机挡托轮的安装间隙应符合再制造设计要求,否则需运用垫片进行调整或重新定位。

(3) 管片的夹持装置及回转应可靠、平稳,并符合技术参数的要求。

(4) 制动器动作迅速、可靠,回转轴承内部无泥沙、锈蚀或压痕。

(5) 真空吸盘压力应符合再制造设计要求,否则需进行改造或更换。

(6) 液压缸应由权威机构按《液压缸试验方法标准》(GB/T 15622—2005)进行试验,试验结果应符合《液压缸》(JB/T 10205—2010)的要求,出具检测报告,确保液压缸的密封性、运动平稳性和耐用性满足要求。如活塞杆、筒出现划痕、锈蚀或压痕等情况,可视情况采用堆焊法、刷镀法等工艺进行修复或更换。

(7) 传动齿轮应由权威机构对轴承、密封及齿轮等情况进行检测,并对所有结构件进行无损检测。如齿轮出现裂纹或断裂,则需进行更换;如齿轮出现锈蚀、压痕或剥落,可视情况进行磨削或更换;内部轴承检测应符合《滚动轴承 测量和检验的原则及方法》(GB/T 307.2—2005)要求;更换传动齿轮机构所有密封。管片拼装机再制造如图3-8所示。

a) 拼装机主结构件探伤检测

b) 回转轴承检测

c) 拼装机动作测试

d) 真空吸盘保压测试

图3-8 管片拼装机再制造

2) 管片吊机再制造标准

(1) 单双梁结构件应按照《钢结构工程施工质量验收标准》(GB 50205—2020)的要求进

行验收,安装精度和挠度应符合再制造设计要求,否则进行校正或更换。

(2)传动链或齿条在工字梁上焊接应牢固;限位及制动可靠、准确,否则进行重新焊接或更换。

(3)电动葫芦应具备权威机构的检测报告,并符合再制造设计要求,否则进行更换。

(4)行走轮外观尺寸符合再制造设计要求,否则进行更换,如图3-9所示。

a)管片吊机行走限位测试　　　　b)管片吊机动作测试

图3-9　管片吊机动作测试

3)管片小车再制造标准

(1)小车结构件应按照《钢结构工程施工质量验收标准》(GB 50205—2020)的要求进行验收,安装精度和挠度应符合再制造设计要求,否则进行校正或更换。

(2)液压缸应由权威机构按《液压缸试验方法》(GB/T 15622—2005)进行试验,试验结果应符合《液压缸》(JB/T 10205—2010)的要求,出具检测报告,确保液压缸的密封性、运动平稳性和耐用性满足要求。如活塞杆、筒出现划痕、锈蚀或压痕等情况,可视情况采用堆焊法、刷镀法等工艺进行修复或更换,如图3-10所示。

图3-10　管片小车动作测试

3.6.3 出渣系统再制造标准

1) 螺旋输送机再制造标准

(1) 应对螺旋叶片、螺旋轴及其焊缝进行探伤检测,损坏件应修复或更换。

(2) 应恢复叶片外圆和端面的耐磨功能。

(3) 应检查筒体内壁磨损情况,及时更换筒体或修复其损伤部位。

(4) 应检测排渣门闸板和滑道的平整度、平行度,若不满足再制造设计要求应调整或修复;双液压缸控制装置应做同步性检查,若不满足要求应调整或更换。

(5) 蓄能器应由具有专业能力的企业进行检测,并依据检测结果进行修复或更换。

(6) 减速机应由专业人员进行拆解和检测,并提供检验报告。螺旋输送机再制造过程如图 3-11 所示。

a) 螺旋输送机叶片检测与修复

b) 螺旋输送机轴检测与修复

c) 螺旋输送机筒节壁厚检测与修复

d) 螺旋输送机后闸门检测与修复

图 3-11　螺旋输送机再制造

2) 皮带输送机再制造标准

(1) 电机或液压马达应由专业人员进行拆解和检测,依据检验记录修复或更换。

(2) 电机或液压马达应更换密封件和连接件,并更换或修复有缺陷的零部件。修复后的液压马达应按照《液压泵、马达和整体传动装置 稳态性能的试验及表达方法》(GB/T 17491—2011)进行性能试验,出具检验报告。

(3)应对主、被动滚筒进行检查,若存在滚筒表面脱胶及胶面磨损,应由具有专业能力的企业进行重新包胶或修复。

(4)应对托辊、刮板进行检查,修复或更换损坏的元器件。

(5)应对结构件进行检查,对损坏或变形结构件应进行更换或修复。皮带输送机再制造如图 3-12 所示。

a)皮带从动轮拆检　　　　　　　　　　b)托辊检查修复

图 3-12　皮带输送机再制造

3)泥浆循环系统再制造标准

(1)泥浆泵应由专业人员进行拆解和检测,并提供检验报告。

(2)修复后的泥浆泵应进行专业检测,并出具检验报告。

(3)泥浆阀应由专业人员进行拆解和检测,并提供检验报告,更换或修复损坏的零部件。

(4)应更换软管总成及密封件。

(5)应更换有缺陷或壁厚不符合要求的硬管。

(6)应对破碎装置进行检测,更换或修复损坏的部件。泥浆管路再制造如图 3-13 所示。

a)泥浆管路厚度检测　　　　　　　　　　b)碎石机拆检

图 3-13　泥浆循环系统再制造

3.6.4 电气系统再制造标准

1)低压用电柜再制造标准

(1)应对低压配电盘、柜的外观质量、密封性能进行检查,对破损部位进行修复,并更换密封件。

(2)电气元件应进行外观清理、检查并绝缘电阻。对绝缘阻值不合格、外观破损、动作卡滞的元器件应进行更换。

(3)低压电气元件应进行功能试验,功能试验宜采用单独通电的方式进行,并做好检测结果记录。

(4)内部线束、控制线路宜全部更换。

(5)再制造的低压配电盘、柜应满足再制造设计要求,并符合《电气装置安装工程 盘、柜及二次回路》(GB 50171—2012)相关规定,如图3-14所示。

a)检测低压配电箱　　　　　　　　　　b)土压传感器检测

图3-14　低压控制系统再制造

2)变频器控制柜再制造标准

(1)变频器应由具有专业能力的企业进行检测,并出具检验报告,依据检验报告修复或更换。

(2)修复的变频器性能应满足再制造设计要求。

(3)应对变频器控制柜进行外观及密封性能检查,对破损部位进行修复,并更换密封件。

3)电机再制造标准

应对电机进行清理检查,更换轴承润滑油,检测绝缘阻值,并对电机进行空载运行测试。有下列情况之一的应更换或由具有专业能力的企业修复(图3-15),要求出具出厂检验合格报告并满足《弹性柱销齿式联轴器》(GB/T 5015—2017)的相关规定:

①机座或端盖出现裂纹。

②绝缘部件存在龟裂、软化、损伤、焦化、脱落、缺失现象。

③电机冷却风扇破损、缺失,冷却水回路打压测试有泄漏。

④电机轴承手动盘车时有异响、卡滞。

⑤电机轴承径向窜动量大。
⑥运行时有异响。
⑦空载电流异常。
⑧电机绕组、轴承温升异常。
⑨各相对机壳和各相间的绝缘电阻小于0.5MΩ,转子绝缘小于0.5MΩ。
⑩三相空载电流不平衡,且任意两相电压之差超过三相平均值的5%。
电机再制造如图3-15所示。

a) 更换电机轴承

b) 电机转子动平衡试验

c) 电机绕组清洗

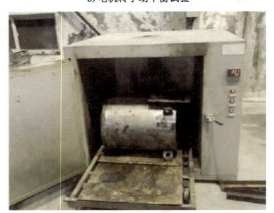

d) 电机烘焙处理

图3-15 电机再制造

4) 电缆再制造标准

(1) 控制电缆宜全部更换。

(2) 对动力电缆进行检测,有下列情况之一的应更换:

①外护套龟裂、发脆、破损或磨损程度超过设计厚度1/3。

②电缆芯线间,导体与绝缘间,绝缘与护套间有变质、黏合或龟裂、软化现象。

③电缆的绝缘阻值不满足《电气装置安装工程电气设备交接试验标准》(GB 50150—2016)的相关要求。电缆绝缘、耐压测试如图3-16所示。

a) 动力电缆绝缘检测

b) 高压电缆耐压检测

图 3-16　电缆绝缘、耐压测试

3.6.5　控制系统再制造标准

1) 主控室再制造标准

(1) 应进行外观检查，对失效的部件进行修复或更换。

(2) 内部电气元件应通电检查，修复或更换失效元件。

2) 可编程逻辑控制器 (PLC) 系统再制造标准

(1) 应对 PLC 系统的电源模块、中央处理器 (CPU) 模块、通讯模块、输入/输出 (I/O) 模块进行拆解，并按原图纸编号做好标记。

(2) 用专业清洗剂对 PLC 系统进行清洗、外观检查、通电测试。

(3) 应更换外观破损或工作异常的元器件。

3) 传感器、工控机人机界面及相关系统再制造标准

(1) 应对传感器进行拆卸、分类，并按原图纸编号做好标记。

(2) 应更换外观破损、电缆接头失效的传感器。

(3) 对传感器进行通电检测，对失效的进行更换。

(4) 土压传感器、流量计、行程传感器、倾角传感器等模拟量传感器应由具有专业能力的企业进行计量标定后再投入使用，不满足要求的应修复或更换。

(5) 根据再制造设计要求对各项系统软件进行功能检测和升级。

3.6.6　液压系统再制造标准

1) 油箱再制造标准

(1) 应清洗油箱，若有破损应进行修复或更换，如图 3-17 所示。

(2) 应拆解检查油箱辅件，修复或更换失效的零部件。

2) 液压泵再制造标准

(1) 应由具有专业能力的企业进行拆解检测，并出具检验报告，依据检验报告修复或更换有缺陷的零部件。

a）油箱内壁清洗　　　　　　　　　　b）油箱插件清洗

图 3-17　液压油箱清洗

（2）修复的液压泵应由具有专业能力的企业出具出厂检验合格报告，或按照《液压泵、马达和整体传动装置 稳态性能的试验及表达方法》(GB/T 17491—2011)、《液压传动　电控液压泵　性能试验方法》(GB/T 23253—2009)进行试验并出具试验报告，如图 3-18 所示。

图 3-18　液压泵拆检

3）热交换器再制造标准

应对热交换器进行清理检查。热交换器的设计、制造、检验与验收应按照《热交换器》(GB/T 151—2014)进行，如图 3-19 所示。

4）过滤装置再制造标准

（1）应对过滤器进行清理检查，更换有裂纹或缺陷的过滤器，并更换所有滤芯，如图 3-20 所示。

（2）堵塞指示器应用专业清洗剂进行清理检查、通电测试、外观泼酸，若存在工作异常的元器件应更换或由具备专业能力的企业修复。

5）阀组再制造标准

（1）应由专业人员对阀组进行外观清理检查、拆解和检测，并依据检验记录修复或更换，如图 3-21 所示。

(2)修复或更换的阀组应满足再制造设计要求。

(3)液压阀应由具有专业能力的企业出具检验报告。

a)清洗

b)保压

图 3-19　热交换器清洗、保压试验

图 3-20　过滤器滤芯更换

图 3-21　推进阀组检测

6)管路再制造标准

按照再制造设计要求对所有管路进行清理、检查,并更换损坏的管路,如图 3-22 所示。

a)清洗

b)防护

图 3-22　液压硬管内部清理及防护

3.6.7 流体系统再制造标准

1）风系统再制造标准

（1）压缩空气系统再制造

①应由有相应资质的企业对空气压缩机（以下简称"空压机"）、储气罐、干燥器及附件进行拆解和检测并出具检验报告，并依据检验报告进行修复或更换。压力容器应由具有专业资质的企业修复，修复后的压力容器应满足再制造设计要求。

②应对过滤器进行外观清理检查，如有缺陷应更换。

（2）通风系统再制造

①应对通风系统进行清理检查、拆解，依据检查记录进行修复或更换。

②修复后应满足整套设备符合环保要求并出具检验报告。

③对风管进行外部清理和检修，应无泄漏。

④对腐蚀、破损严重的硬风管和全部软风管进行更换。

（3）除尘系统再制造

①应对除尘器外观进行清理、检查、拆解、检修，对不满足要求的部位进行修复或更换。

②除尘器壳体如存在磨损应进行矫正修复。

2）水系统再制造标准

（1）再制造后的水系统应满足设计验收要求。

（2）水泵应拆解、清洗、修复或更换，如图 3-23 所示。

（3）水箱和硬管应清洗或更换。

a）隔膜泵拆检

b）增压泵拆检

图 3-23　隔膜泵与增加泵拆检

3）注脂及润滑系统再制造标准

（1）应由专业人员对注脂泵、分配器进行外观清理检查、拆解和检测，并依据检验记录修复或更换。

（2）修复后的注脂泵、分配器应满足再制造设计要求，如图 3-24 所示。

a) 注脂泵拆检

b) 注脂泵清洗

图 3-24 注脂泵再制造过程

4) 注浆系统再制造标准

(1) 再制造后的注浆系统应满足设计验收要求。
(2) 对浆液罐部位进行清理检查,并修复变形及磨损部位。
(3) 注浆泵应由专业厂家进行拆解检修。
(4) 对注浆主管路和密封进行更换,如图 3-25 所示。

a) 砂浆灌清理与外观处理

b) 更换砂浆灌搅拌叶片

c) 更换砂浆灌主、从动总成

d) 注浆泵修复

图 3-25 注浆系统再制造

5)渣土改良系统再制造标准

(1)再制造后的渣土改良系统应满足设计验收要求。

(2)所属的泵、阀应按照拆检结果进行修复或更换。

(3)泡沫系统应采用单管单泵,如图3-26所示。

a)泡沫泵拆解

b)膨润土泵拆检

图3-26 泡沫、膨润土泵拆检

3.6.8 物料运输系统再制造标准

(1)应对系统外观进行清理、检查、拆解、检修,对不满足要求的部位进行修复或更换。

(2)拆解并清洗轨道梁、齿条、吊轨和链条,不符合再制造设计要求的应进行修复或更换。

(3)应更换真空吸盘处的橡胶密封条。

(4)应对行走构件和电动葫芦进行检查,修复或更换损坏的零部件和元器件。

(5)应更换损坏的销轴、轴承、齿轮、链条、链轮。

(6)应检查有线和无线两种控制功能,保证两者能正常工作,如图3-27所示。

a)吊机行走链条清理

b)吊机行走链条清理安装

图 3-27

c) 吊机电缆卷筒更换　　　　　　　d) 管片小车尼龙板更换

图 3-27　物料运输系统再制造

3.6.9　人舱系统再制造标准

（1）应对压力调节系统进行检测，更换损坏的零部件。
（2）应由具有相应资质企业对人舱系统进行检测、修复并出具检验报告。

3.6.10　导向系统再制造标准

（1）应由具有专业能力的企业对导向系统进行检测，并出具检验报告。
（2）对不满足再制造设计要求的导向系统应升级或更换。
（3）应重新设置参考点，并测量和确定参考点与全断面隧道掘进机的相对位置。

3.7　表面涂装标准

再制造过程中的全断面隧道掘进机外观形态已不符合现有设备标准，结构件表面存在油漆脱落、表面锈蚀等现象，为了保证再制造全断面隧道掘进机的涂装质量，再制造单位需要对整个涂装过程进行监控。

3.7.1　涂装前的表面处理

（1）先将设备上的所有部件拆除，液压钢管采用堵头进行封堵，之后用铁铲等工具将设备上的泥土、砂浆、油泥、油脂等清除干净，确保结构件钢材表面无泥土、锈蚀、酸、碱、油脂等污物。
（2）污物清除后对整机结构件表面一律喷砂处理，不易喷砂的地方需进行手工除锈。
（3）除锈后，要对结构件上的凹坑部位于喷漆前进行打腻子补平。
（4）经喷砂或手工除锈后，应立即涂底漆，其间隔时间不得大于 6h（空气相对湿度大于 70% 的环境区域，间隔时间不得大于 4h），否则涂漆后表面会出现返锈和污染现象。结构件涂装表面处理如图 3-28 所示。

a) 拖车焊疤处理

b) 拖车喷砂

图 3-28　结构件涂装表面处理

3.7.2　涂装工艺标准

1) 涂层设计

全断面隧道掘进机的涂装漆种、涂层厚度的设计应依据产品的使用环境及运输途径、目的地等情况决定。

根据全断面隧道掘进机的作业环境、包装运输途径、停港时间等，一般将其环境腐蚀类别定级为 C5I 级别，即高湿度的工业园区域及严酷环境。涂装范围包括全断面隧道掘进机主机部分（如刀盘、盾体、管片拼装机、连接桥、拖车等）非加工表面，全断面隧道掘进机使用的所有涂料，原则上应是统一厂家的产品。涂层油漆厚度检测如图 3-29 所示。

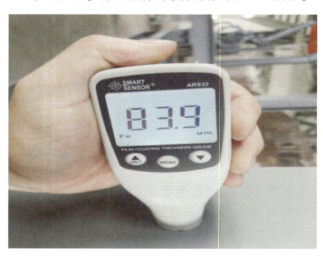

图 3-29　油漆厚度检测

2) 不进行涂装的部分

（1）机械加工的配合面、工作面、摩擦面，如图 3-30 所示。

(2) 非金属制件表面。
(3) 封闭的箱体。

a) 拼装机连接配合面

b) 拼装机行走梁工作面

图 3-30　拼装机连接配合面、行走梁工作面

3.7.3　涂装施工要求

1) 环境要求

(1) 一般情况下,涂装施工环境不得低于 5℃、高于 35℃。相对湿度应不大于 85%。
(2) 雨、雪、雾天以及风力超过 4 级时,禁止在室外施工。若待涂表面有结霜、结露现象,不允许施工。
(3) 在夏季,漆膜不能被太阳直射。
(4) 涂装区域应无二氧化硫等腐蚀性气体以及易挥发的大量腐蚀性液体。
(5) 涂装施工的区域必须保持空气流通,且涂装及固化过程中要求无粉尘及其他异物飞扬。

2) 施工要求

(1) 涂装时,应严格按照各种涂料对温度、湿度等的要求,符合重涂间隔时间以及涂料的调配方法的有关规定。
(2) 施工前如发现涂料出现胶化、结块等异常现象,应停止调配及施工。
(3) 涂装施工过程中,应注意各种施工方法对漆膜的影响,要尽量保证漆膜的均匀,不可以漏涂。
(4) 对焊后或装配后无法涂装的部位,尤其后配套拖车部分,应在焊前或组装前涂装。
(5) 两种颜色的涂层交界处,其交界面必须明显、整齐。
(6) 需要经常拆装的零件,其相互连接处的油漆面必须平整。缝线应明显,不得出现漆膜崩落、界限不分或漆成一片等现象。
(7) 对装配、调试过程中损坏的漆膜应进行修补。修补前应对表面进行清理;修补部分对周围涂层的覆盖宽度不小于 50mm(损坏面积较小时,修补的面积应比损坏的面积多达一倍以上);补漆部位的颜色、涂层厚度应与周围一致。

3)涂装安全及通风要求

(1)涂装预处理的施工安全及通风要求按《涂装作业安全规程 涂装工艺安全及通风净化》(GB 7692—2012)的有关规定执行。

(2)涂装施工中的安全及通风要求按《涂装作业安全规程 涂装工艺安全及通风净化》(GB 6514—2008)的有关规定执行。

4)涂装质量控制与检测

涂料质量的检测按涂料说明书规定的方法进行：

(1)涂料说明书中规定的检测方法，必须符合相关国家标准的规定。

(2)对于配套漆系中的涂料，应提供由国家质量技术监督部门出具的该项目或指标的检测报告。

(3)涂料厂家在提供涂料时，必须附带本批次涂料产品合格证和检验报告。

3.8　组装调试验收标准

开展全断面隧道掘进机厂内组装与调试工作，是确保全断面隧道掘进机再制造后的质量及性能能够满足设备正常运行的关键，如果该环节没有严格把控，在后续的掘进过程中将逐渐出现多种问题。只有制订科学合理的组装调试方案，才能保证全断面隧道掘进机再制造后的质量与安全。

3.8.1　组装与调试总则

1)装配过程要求

(1)外观、清洁检查：精加工和装配表面应没有缺陷、毛刺或损伤；各部件安装前装配表面、内部结构表面应确保没有油污、杂尘、铁渣等。

(2)管路通道检查：各部件管路通道标识应与设计图纸一致，对接的管路应无明显错位。

(3)密封圈安装检查：密封圈进行现场安装粘贴的接口数量不宜超过两个且应对齐粘贴牢固，安装过程中需涂抹油脂或凡士林；若安装过程中出现密封圈挤压损坏现象应更换新的密封圈。

(4)平面胶检查：根据设计图纸要求，各部件安装过程中对需要涂抹平面胶的部位进行涂抹时，涂抹状态应均匀覆盖标记区域。

(5)螺栓安装检查：螺栓安装前应充分清洁螺栓及螺栓孔，根据设计图纸要求涂抹螺纹紧固胶；根据螺栓的强度和规格及设计图纸要求，采用专用工具对螺栓扭矩进行对角预紧。

(6)整机组装前需对各系统组成部件首先进行装配，如空压机、管片拼装机等；并对刀盘、前体、中体、拖车等各总成部件首先完成内部组装，整机组装完成后只连接管线路即可。

2)调试过程要求

(1)整机调试前需对各系统组成部件首先进行独立调试。

(2)整机(除被动铰接系统)调试应模拟隧道施工现场进行,除刀盘旋转外,其他系统调试应包括负载调试。

3.8.2 组装标准

参照直径6~7m再制造土压平衡盾构组装过程,车间整机组装流程:车间内整机布局规划→附属件预组装→整机工位组装。

1)整机工位支撑标准

(1)拖车支撑除带液压泵站拖车布置6件外,其余每节拖车布置4件,如图3-31a)所示。

(2)对于尾盾工厂内不组装的情况:盾体支撑共布置4件,其中前盾、中盾各布置2件,如图3-31b)所示。

a)拖车布置示意图

b)前盾、中盾组装示意图

图3-31 整机工位组装示意图

(3)尾盾厂内组装的情况:盾体支撑共布置6件,其中前盾、中盾、尾盾各布置2件,采用标准盾体支撑。

(4)注意事项:

①盾体支撑避免全部垫于前盾切口环下。

②拖车在上工位过程中若出现拖车偏载现象,需根据实际情况增加拖车支撑。

③如发现示例盾体支撑不能满足工位总装需求,需及时向技术人员反馈并进行处理。

2)附属件预组装

(1)前盾预组装

①预装前盾体吊具参数:钢丝绳 $\phi=43mm$,$L=6m$,$N=4$;35t卸扣,$N=4$。

②主驱动组装:主驱动吊装采用平置平移,安装时,桁车缓慢落钩,配合千斤顶将主驱动进行调平安装;安装到位后,注意双头螺柱安装方向,并对螺柱外露尺寸进行测量,按照主驱动组装工艺进行螺栓拉紧工作,如图3-32a)所示。

③人舱预组装:检查铜套、轴承等配件厂家是否已安装;按照图纸要求安装密封、黄油嘴等;使用2根10t吊带、4个6t卸扣进行人舱安装,人舱安装需平吊,可使用10t手拉葫芦辅助安装,连接前需在盾体人舱法兰面均匀涂抹乐泰587平面密封胶,如图3-32b)所示。

④按照图纸要求安装保压总成,定位连接齿轮油系统、冷却水系统、润滑油脂系统管路,并安装土压传感器、电液通道、水气通道、电气接线盒等。

⑤前盾组装时注意各工序,人舱安装前保压总成需定位,安装油脂管路前主驱动螺栓需先行拉拔紧固。

⑥注意事项:所有连接螺栓安装齐全,不得缺失;各零部件定位焊接应保证与盾体或盾体附件中结构主体相连(如型钢等),不得焊于走道板、防滑板、防护盖板等部位。

a) 主驱动吊装　　　　　　　　　b) 人舱吊装

图 3-32　前盾预组装

(2) 中盾预组装

①预装前推荐吊具参数:钢丝绳 $\phi=43\mathrm{mm}$, $L=6\mathrm{m}$, $N=4$;35t 卸扣 4 个。

②推进液压缸安装:在推进液压缸上安装橡胶圈及限位环;使用 3t 吊带吊装推进液压缸,注意吊装时需用软性材料进行防护,一端穿入撑靴链条孔,一端缠绕在液压缸缸体凸出部位,防止吊装过程中液压缸伸出;液压缸安装参照推进液压缸系统布置图,注意行程传感器液压缸及双油口液压缸安装位置;液压缸安装完成后安装弹簧及撑靴,并进行推进液压缸总成安装,如图 3-33a) 所示。

③铰接液压缸安装:使用 3t 吊带吊装铰接液压缸,液压缸安装参照铰接液压缸系统布置图,注意行程传感器液压缸安装位置,如图 3-33b) 所示。

④定位焊接推进阀组,阀组需焊接至平台 H 型钢上,如图 3-33c) 所示。

⑤制作铰接连接装置,连接推进管路,注意管路连接整齐美观。

⑥定位盾体控制柜、流体总成件、多点泵等,如图 3-33d) 所示。

(3) 尾盾预组装

①尾盾预装前推荐吊具参数:钢丝绳 $\phi=32\mathrm{mm}$, $L=6\mathrm{m}$, $N=4$;25t 卸扣 4 个。

②铰接密封、紧急气囊、压块需厂内试装,如图 3-34 所示。

(4) 拼装机预组装

①清理回转环并在下部做好支撑加固。

②拼装机大轴承与回转环装配,并按标准扭矩紧固连接螺栓。

③回转环与大轴承整体翻身。

④回转环与大轴承整体与固定环装配,并按标准扭矩紧固连接螺栓。

⑤安装驱动减速机、液压马达和编码器结构,并按标准扭矩紧固连接螺栓。
⑥安装两个大臂液压缸,并按照标准扭矩紧固连接螺栓。
⑦安装配重块和行走轮,并按照标准扭矩紧固连接螺栓。
⑧安装剩余其他附件。拼装机预组装如图3-35所示。

a) 推进液压缸吊装

b) 铰接液压缸吊装

c) 推进阀组安装

d) 多点泵安装

图3-33 中盾预组装

图3-34 铰接密封、紧急气囊及压块厂内试装

a) 回转轴承装配

b) 减速机安装紧固

c) 回转环整体翻身

d) 大臂液压缸安装

图 3-35　拼装机预组装

(5) 螺旋输送机预组装

①螺旋输送机前闸门安装(蝴蝶门)：按照图纸要求定位安装耳座、铜套、销轴等；按照图纸要求点焊液压缸座；安装液压缸并进行伸缩测试，满足性能要求后可满焊液压缸座；盾体翻身后安装并焊接闸门，左右两半闸门定位时，闸门应处于闭合状态；最后按照图纸要求定位焊接限位块。

②螺旋输送机后闸门安装(抽拉门)：按照图纸要求依次定位焊接门框、限位块；按照图纸要求依次安装限位块，密封槽及密封，安装压块时为防止密封被挤压变形，暂不将压块螺栓紧固，松紧度以密封刚好不会从沟槽内脱落为宜；装配闸门一、二，安装前需要按照图纸要求在限位块的三个接触面上均匀涂抹黄油润滑，装配完成后将门一、二闭合，并将密封压块处的螺栓紧固；安装闸门液压缸，将液压缸伸出，连接闸门后点焊定位耳座，进行伸缩实验，确定闸门能够正常开关后将耳座满焊。

③螺旋输送机预组装现场过程如图 3-36 所示。

(6) 后配套预组装

①对后配套部分进行装配定位，液压管路、流体管路、电气线路敷设连接，后配套焊接作业要求参考设备图纸及相关国标。

②预组装上工位前，对后配套配件安装焊接等进行检查，避免出现漏焊和脱落现象。

③预组装上工位前,拖车间铺设走道踏板。
④工位组装前,复检起吊吊点焊接质量和螺栓紧固是否符合作业要求。

a) 螺旋输送机安装驱动马达

b) 螺旋输送机安装筒节

图 3-36 螺旋输送机预组装

3) 整机工位组装

(1) 整机工位组装顺序

①整机工位组装顺序:后配套拖车→设备桥→中盾→前盾→拼装机→螺旋输送机→刀盘
②注意事项:具体组装顺序可根据现场情况进行调整。

(2) 后配套工位组装

①推荐吊具参数:钢丝绳 $\phi=32\mathrm{mm}$, $L=6\mathrm{m}$, $N=4$, 17t 卸扣 4 个。
②后配套采用整体平置平移的方式进行工位组装,上工位前需根据整机布置图提前测量好 1 号拖车到盾体的距离,确保为设备桥及管片拼装机的工位组装预留合适的距离。
③拖车上工位顺序按照从前到后,1 号拖车首先进行工位组装,拖车上工位时可采用卷尺测量或使用摆锤等辅助手段,保证所有拖车中心线在同一条直线上。
④拖车上工位时,在前后拖车立柱拴上长绳进行拖车调向;桁车吊装拖车四个主吊耳,待拖车连接销穿入后,摆放拖车支撑并缓慢落钩,吊装过程中若出现偏重现象可使用 10t 手拉葫芦进行调平,如图 3-37 所示。
⑤注意事项:后配套前后连接时应按图纸要求安装连接销等零件。

(3) 设备桥工位组装

待拖车上工位结束后,为不影响后配套管路敷设连接,先进行设备桥上工位作业;设备桥上工位使用两桁车共同进行工位组装,如图 3-38 所示,后端按图纸要求架置于 1 号拖车上,前端使用工装进行支撑,待拼装机上工位并连接完成后拆除此工装。

(4) 前盾工位组装

前盾上工位共经历平置平移、翻转、立置平移三个阶段,翻转过程需主、副钩配合完成,提前将盾体支撑摆放到位,如图 3-39 所示。

(5) 中盾工位组装

①推荐吊具参数:a. 主钩钢丝绳 $\phi=65\mathrm{mm}$, $L=7\mathrm{m}$, $N=2$, 配合两个滑轮使用, 55t 卸扣 4 个; b. 副钩钢丝绳 $\phi=55\mathrm{mm}$, $L=12\mathrm{m}$, $N=1$, 35t 卸扣 2 个。

图 3-37 拖车上工位

图 3-38 设备桥上工位

a) 前盾平置平移

b) 前盾翻转

c) 前盾立置平移

图 3-39 前盾平置平移、翻转、立置平移过程

②中盾上工位共经历平置平移、翻转、立置平移三个阶段,翻转过程需主、副钩配合完成,并提前将盾体支撑摆放到位。

③中盾翻身时主钩吊装中盾四个焊接主吊耳,副钩吊装辅助吊耳,用胶皮保护副钩钢丝绳旁推进液压缸;水平吊起中盾后,通过主钩升钩、副钩落钩,并不断调节主、副钩间距来进行盾体翻身。

④盾体翻身后,立置平移中盾,使其缓慢靠近前盾,此时需在中盾内观察重合过程中是否

有干涉现象;待二者逐渐靠拢后,于盾体两侧使用10t手拉葫芦,一端挂于中盾吊耳处,一端挂置于前盾切口环处,通过手拉葫芦辅助,逐渐使两盾体贴合,在此过程中穿入盾体定位销,同时注意中盾、前盾止口是否贴合,若未完全贴合,则用螺栓在各个方向不断拉紧调整。完全贴合后,穿入全部中盾、前盾连接螺栓并紧固(要求紧固数量不少于总螺栓数量的四分之一),其中人舱内双头螺栓需全部紧固,如图3-40、图3-41所示。

⑤注意事项:中盾立起后应保证前盾法兰面相对地面垂直度(90°±0.5°)。

a) 中盾平置平移

b) 中盾翻转

c) 中盾立置平移

图3-40 中盾平置平移、翻转、立置平移过程

a) 前盾、中盾对接

b) 前盾、中盾支撑

图3-41 前盾、中盾连接

(6) 管片拼装机工位组装

① 推荐吊具参数：$\phi = 32\text{mm}, L = 6\text{m}, N = 4$；17t 卸扣 4 个。

② 采用平置平移进行管片拼装机工位组装，管片拼装机上工位前提前先将管片小车与调试用管片放置于管片拼装机下。

③ 拼装机上工位时，使用手拉葫芦调节移动架至拼装机能够自行水平位置，固定移动架；桁车分别吊装前部及尾部主吊耳，使其缓慢靠近中盾，通过调节手拉葫芦，使拼装机调平；靠近中盾米字梁后，分批穿入螺栓，并用气动扳手紧固，在托梁后侧使用工装支撑，如图 3-42 所示。

(7) 螺旋输送机工位组装

① 吊具参数：

a. 螺旋输送机前部：钢丝绳 $\phi = 43\text{mm}, L = 6\text{m}, N = 1$，双股使用；32t 卸扣 1 个。

b. 螺旋输送机后部：钢丝绳 $\phi = 32\text{mm}, L = 2\text{m}, N = 1$，32t 卸扣 1 个，20t 手拉葫芦 1 个。

② 待拼装机、设备桥上工位并将管线部分连接后进行螺旋输送机上工位工作，螺旋输送机安装时将拼装机顶部平台拆除并保证拼装机在靠近盾体一侧。

③ 螺旋输送机工位组装时，桁车分别吊装前部及尾部主吊耳，前部使用钢丝绳，后部钢丝绳与手拉葫芦结合使用，将螺旋输送机调节至如图 3-43 所示位置。挂装过程注意螺旋输送机与设备桥及盾体干涉现象，可通过手拉葫芦及桁车进行调节，安装到位后，穿入连接螺栓，并用气动扳手紧固，将螺旋输送机拉杆座焊接至螺旋输送机上并静置 8h 后松钩。

图 3-42 管片拼装机吊装

图 3-43 螺旋输送机吊装

(8) 刀盘工位组装

① 推荐吊具参数：

a. 平置平移：$\phi = 42\text{mm}, L = 6\text{m}, N = 4$，35t 卸扣 4 个。

b. 翻转：

a) 软土刀盘：主钩 $\phi = 42\text{mm}, L = 6\text{m}, N = 2$，双股使用，35t 卸扣 2 个；副钩 $\phi = 42\text{mm}, L = 6\text{m}, N = 2$；35t 卸扣 2 个。

b) 复合刀盘：主钩 $\phi = 55\text{mm}, L = 6\text{m}, N = 2$，双股使用，55t 卸扣 2 个；副钩 $\phi = 42\text{mm}, L = 6\text{m}, N = 2$；35t 卸扣 2 个。

c. 立置平移：

a) 软土刀盘：主钩 $\phi = 42\text{mm}, L = 6\text{m}, N = 2$，双股使用，35t 卸扣 2 个。

b）复合刀盘：主钩 $\phi=55\mathrm{mm}$，$L=6\mathrm{m}$，$N=2$，双股使用，55t 卸扣 2 个。

②刀盘工位组装前主驱动各点需有油脂溢出，且刀盘能够旋转，并采用立置移动。

③刀盘挂装时缓慢旋转主驱动至刀盘定位销连接位置，使用手拉葫芦辅助刀盘靠拢工装，待穿入定位销后再穿入双头螺柱，并使用气动扳手进行临时紧固作业，如图 3-44 所示。

3.8.3 调试标准

在盾构主机、后配套及其附属设备组装就位、管线连接完毕，盾构供电、供水到位后分别进行设备系统调试工作，需单独调试合格后，才联机调试。

图 3-44 刀盘吊装

1）电气部分运行调试

盾构现场组装和连接完成后，需进行各部分间的调试，特别是电气部分，其调试的步骤如下：

（1）检查送电。

检查主供电线路，看线路是否接错、是否有不安全因素，确认无误后，逐级向下送电：配电站 10kV 配电→盾构上 10kV 开关柜→10kV/400V 变压器→盾构动力柜。

（2）检查电机。

电送上后，全面检查电机能否运转正常，并于启动电机之前检查线路是否接错、电机是否反转。

（3）试运行分系统参数设置与试运行完成后就进入各个分系统参数设置与试运行阶段。各种控制器的参数设置与调整显示仪表校正包括控制电路板校准、PLC 程序的变动等；盾构系统一般包括管片安装、管片运输、出渣系统、油脂系统、注浆系统、刀盘驱动系统、推进及铰接系统等。除了管片运输外，其他系统都相互联系，例如：油脂和刀盘系统关联，皮带输送机和螺旋输送机关联。另外，调试之前要注意系统调试的条件是否具备。

2）整机试运行

完成分系统调试后，对整机试运行、液压部分的运行调试在进行了电气部分的调试后或同时就可以进行。运行调试前应注意：

（1）油箱油位正常。

（2）所有油泵进油口均处于开启状态。

（3）所有控制阀门处于正常状态。

（4）液压泵驱动电机转向正确。

（5）冷却、油脂系统正常工作。

3）运行调试

（1）分系统检查各系统运行是否符合要求，速度是否满足要求。对不满足要求的，要查找原因。

（2）推进系统：检查推进液压缸的伸缩情况，管路有无泄、漏油现象，及其泵站的运转。

(3)管片拼装机:检查拼装机各机构运转及自由度情况,查看管路排序、有无泄漏油现象,及其泵站的运转情况。

(4)管片吊机和管片拖拉小车:操作遥控手柄检查其运转情况。

(5)注浆系统:检查注浆泵运转和管路连接情况。

(6)螺旋输送机、皮带输送机出渣系统:查看有无泄、漏油现象,及其泵站的运转情况。

3.8.4 验收标准

为了加强全断面隧道掘进机再制造质量管理,保证再制造质量,需对全断面隧道掘进机进行再制造质量的验收,验收过程分为四步,分别为再制造过程验收、工厂验收、外部验收和工地试掘进验收。每次验收需依据相对应的标准规范和验收大纲进行,验收完成后应形成会议纪要并附签到表,并出具再制造内容质量确认单和验收质量证明书。其中再制造内容质量确认单需有第三方监理人员签字确认。

1)安全环保要求

(1)再制造企业应建立健全质量管理体系、质量控制和检验制度,并制订安全生产和绿色生产制度。

(2)再制造企业应采取必要的防火、防高压流体伤害的措施。

(3)各零部件拆解前应有效收集元器件内残留液体,不应随意排放。

(4)再制造企业应减少噪声和振动影响,必要时采取相应的隔音与减振措施。

(5)作业环境条件等要求应符合《职业健康监护技术规范》(GB2 188—2014)的规定。

(6)再制造企业产生的废液、废渣、废气及固体废弃物的处理应符合国家环保相关法律法规及标准的规定。

(7)应对安全装置、警戒报警装置进行检查,对失效的安全装置、报警装置及时进行更换或修复。

(8)再制造全断面隧道掘进机的安全环保要求应符合《全断面隧道掘进机 盾构安全要求》(GB/T 34650—2017)和其他相关专业标准的规定。

2)验收方法

(1)性能验收

①再制造全断面隧道掘进机的技术性能指标和安全质量指标应符合新机的相关标准要求,结合目标工程的需求及再制造特点,应增加整机性能指标和安全指标要求。

②再制造全断面隧道掘进机应按新机相关标准进行验收,增加整机性能指标和安全指标要求。

(2)外观验收

再制造后的全断面隧道掘进机视为新机,表面质量应符合新机的外观标准要求。

3)再制造标识验收

再制造全断面隧道掘进机标识应符合《再生利用品和再制造品通用要求及标识》(GB/T 27611—2016)的规定。

4) 再制造设备标识

(1) 全断面隧道掘进机出厂时,应喷涂或粘贴产品标牌和有关标识,产品标牌和标识应符合厂家要求,在标牌上至少应标出如下内容:

① 规格型号。
② 出厂编号。
③ 出厂日期。
④ 再制造商名称及地址。
⑤ 装机功率。
⑥ 供电电压。
⑦ 整机重量。
⑧ 原制造商名称。

(2) 标志应符合相关标准的规定,起吊标志、润滑指示标记、操作及工作位置指示标记、警示标志应位置明显,易于辨识,如图 3-45 所示。

a) 电缆卷筒警示

b) 高压电缆警示

c) 高压开关柜警示

图 3-45　警示标示

第4章　全断隧道掘进机再制造关键技术

本章介绍了全断面隧道掘进机再制造技术与工艺体系，阐述了再制造技术与工艺的典型工程应用方法。具体内容包括基于工程条件的再制造设计、设备状态监测与评估技术、无损拆解技术、绿色清洗技术、无损检测技术、剩余使用寿命评估、金属表面损伤修复技术、装配技术与调试技术等，对全断面隧道掘进机再制造生产实践具有较强的指导意义。

4.1　基于工程条件的再制造设计技术

4.1.1　再制造设计特点

全断面隧道掘进机再制造设计采用基于不同工程条件下"量体裁衣"式的设计理念，即设备类型、工作模式、关键性能参数的选取与工程地质条件息息相关。并根据再制造原型机（即废旧设备）实际机况，结合目标工程适应性条件，评估策划再制造具体实施方式。

4.1.2　再制造设备选型

在全断面隧道掘进机选型前召开专家研讨会，汇集众智，共同研究复杂地质情况下的全断面隧道掘进机选型。同时，与各全断面隧道掘进机厂家进行技术交流，广泛邀请对类似项目、类似设备有经验的技术人员进行充分讨论。全断面隧道掘进机选型流程，一般分为四个阶段，如图 4-1 所示。

1）确定全断面隧道掘进机类型

根据工程地质条件，一般山岭隧道或岩石强度高、围岩稳定性好等掘进机工作面上不需要压力支护的隧道工程采用硬岩掘进机（TBM）；软土地层、富水、透水地层等掘进机工作面需要压力支护的隧道工程则采用盾构施工。

2）确定全断面隧道掘进机模式

对于岩石强度高，岩石完整性好的工程，一般选用敞开式 TBM 掘进模式；对于含破碎带的硬岩地层，选用双护盾 TBM 掘进模式；对于粉土、粉质黏土、粉砂层等黏稠地层，一般采用土压平衡盾构掘进；对于粉砂、砂、砾砂、弱固结的涂层以及含水率高的地层，选用土压—泥水双模式盾构掘进。

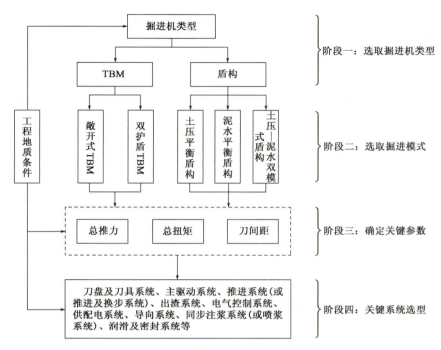

图 4-1　全断面隧道掘进机选型流程

3）确定关键参数

全断面隧道掘进机关键参数有总推力、总扭矩和刀间距,这些参数的确定与工程地质紧密相关,根据工程地质勘察报告可计算全断面隧道掘进机所需的关键参数,并结合工程经验确定最终的参数值。

4）关键系统设计类型

全断面隧道掘进机关键系统有刀盘及刀具系统、主驱动系统、推进系统（或推进及换步系统）、出渣系统、电气控制系统、供配电系统、导向系统、同步注浆系统（或喷浆系统）、润滑及密封系统等。根据全断面隧道掘进机掘进模式及关键参数,确定关键系统组成及性能参数。

在全断面隧道掘进机选型时,还需要解决理论与实际可能性之间的矛盾,同时充分考虑环保、地质和安全等因素。特别是在河湖等水体下、密集的建筑物或构筑物下及上软下硬的地层中等特殊环境施工时,保障施工过程的安全性是全断面隧道掘进机选型时着重考虑的原则。例如,出于施工安全性的考虑,针对北京铁路地下直径线,最终选择应用了泥水平衡盾构。

4.1.3　再制造评估与策划

目标工程一旦确定,需要结合全断面隧道掘进机后续施工地质需求（工程需求）、项目及业主方需求、设备本身需求及设备累计掘进里程等因素进行再制造必要性、可行性及经济性分析。同时,为满足并适应目标工程实际需求,需对再制造原型机进行相应的升级改造和性能恢复。

1）改造升级

全断面隧道掘进机再制造前已经历了若干项目实践的检验，过程中可能存在一些设计或者制造方面的缺陷和不足；同时由于后续目标工程的地质水文条件、隧道设计、支护方式、支护强度、编组运输方式、业主等方面的新要求，再制造时需要在原型机基础上进行部分系统的适应性改造及性能提升，实现再制造产品部分系统性能超过原型新机，以更好适应新工程施工需求，如常见的直径 6～7m 级盾构改造升级项目见表 4-1。

直径 6～7m 盾构改造升级项目　　　　　　　表 4-1

序号	改造系统	改造内容	结构	流体	电气	PLC	上位机
1	增加刀盘额定扭矩	增加一组驱动（电驱）	√	√	√	√	√
2		扩展主轴承直径（液驱）	√	√	√	√	√
3	推进系统管片分度适应新改造	推进液压缸分区布置、控制点位重新调整	√	√	√	√	√
4	螺旋输送机	中间周边驱动形式改为尾部周边驱动形式	√				
5		原带式改轴式螺旋轴	√				
6		原单闸门改为双闸门	√				
7	盾尾铰接系统	增加总铰接拉力	√	√			
8	皮带输送机	斜坡段坡度减小、皮带输送机延长	√				
9		驱动改变频控制	√		√	√	
10	泡沫系统	"单管单泵"形式	√	√			
11	膨润土系统	原离心泵/螺杆泵改主流挤压泵，增加膨润土注入路径	√	√			√
12	盾尾油脂/EP2/HBW	气动泵总成升级换代	√	√			
13		油脂注入手动变自动	√	√	√	√	√
14		油脂注入点增加	√	√			
15	中心回转接头	通道数量增加	√				
16		增加旋转编码器	√		√	√	√
17	管片吊机	有线改无线控制	√		√	√	
18	水系统	增压改造	√	√			
19		局部开式冷却改闭式冷却形式	√	√			
20		增加刀盘冲水	√	√			
21	拖车	增加拖车数量	√				
22		抬升拖车高度、人行通道位置调整	√				
23	盾体	扩径	√	√			
24		盾尾延长或缩短	√				
25	注浆系统	盾尾注浆点位增加	√	√	√	√	√
26		增加二次注浆系统	√	√	√	√	√

续上表

序号	改造系统	改造内容	结构	流体	电气	PLC	上位机
27	泥水环流系统	增加刀盘冲刷轨迹、冲刷力度	√	√	√	√	
28		碎石机改搅拌器	√	√	√		√
29	SAMSON系统	控制、执行部件位置优化调整	√	√			
30	小项目改进	开挖仓可视化	√		√		√
31		人舱可视化、人舱自动喷淋	√	√	√	√	√
32		盾尾间隙实时自动监测	√		√	√	√
33		皮带输送机自动称重监测	√	√	√	√	√
34		盾尾改造(3道尾刷变4道)	√	√			

2)性能恢复

再制造后的全断面隧道掘进机要求性能不低于原型新机,目前全断面隧道掘进机再制造行业内主要采取"尺寸修理法"和"换件法"工艺技术进行再制造零部件性能恢复,常见系统修复方法如下:

(1)进口、复杂、精密零部件(如主轴承、减速机、变频器、变压器、SAMSON保压系统、导向系统、围岩支护设备等)一般委托专业厂家进行再制造。

(2)易损件、再制造难度大、附加值较低、修复成本接近新件、易形成二次污染的零部件(如密封、球阀、流体软管、液压滤芯、控制/信号电缆等)一般采用换件方式。

(3)对于剩余设计寿命富全、可继续利用的零部件(以结构件为主,如刀盘、盾体、螺旋输送机、安装机、主驱动箱、主梁、鞍架、设备桥等),根据原型机设计图纸要求,经尺寸配合公差、无损探伤等检测后确定修复方案。一般采用"焊接/熔覆/喷涂增材 + 机加工减材"相结合的"四新"(新材料、新设备、新工艺、新技术)工艺技术进行修复,以保证全断面隧道掘进机零部件再制造质量不低于原型新机。

4.2 设备状态检测与评估技术

4.2.1 油液检测技术

油液检测技术是通过检测设备对润滑油的质量来预测故障,并确定故障原因、类型和故障零部件的技术。这一技术适用于低速重载、环境恶劣(如噪声大、振动源多、外界干扰明显)、往复运动和采用液体或半液体润滑剂,且以磨损为主要失效形式的设备的检测。通常油液检测可以延长设备的换油周期,更重要的是能够及时预测设备潜在的故障,避免灾难性损坏或者使处于正常运转的设备减少不必要的维修而增加产值和效益。油液检测的一般内容是:取样、检测分析和提出维修建议。

1)取样

设备运转30min后,在运转中或刚停机情况下取样,以保证颗粒处于悬浮状态。油箱取样部位应在摩擦附件之后、滤清器之前,减速机取样部位为底部放油口或者液位观察管,如图4-2所示,且接样前要先排出油道中残留的污物。油样瓶和取样管为一次性用品,用后废弃。

2)油液检测的方式

(1)实验室分析

依托油液检测实验室精密的测试仪器和专业经验,准确获得设备的润滑磨损状态参数,并给出相应的维修建议,如图4-3所示。

图4-2　全断面隧道掘进机设备油品取样　　　　图4-3　油品检测实验室

(2)现场测试分析

利用便携式设备在现场对油样进行测试,这种方式检测速度快,而且能结合现场工艺参数和故障信息,快速判断设备状态。

(3)在线检测分析

为实时、连续有效进行油液检测,一般在全断面隧道掘进机重要系统(如主油箱液压系统、主驱动齿轮油系统)引入油液在线检测系统,包括硬件和软件测试,如图4-4所示。

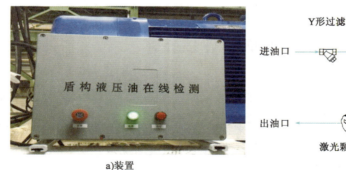
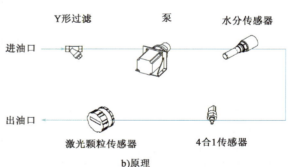

a)装置　　　　　　　　　　　　　　b)原理

图4-4　油液在线检测系统

3)油液检测内容和标准

(1)铁谱分析

铁谱分析技术是利用磁场的作用将在用设备润滑油中产生的磨损颗粒分离出来,形成谱片,再利用显微镜对谱片上的磨屑进行大小、形状、色泽、表面纹理等的观察和磨损类型的识别,从而判断设备的运转状态、磨损趋势、磨损机理。铁谱仪如图4-5a)所示。

(2)光谱分析

Q100光谱仪检测:Q100油料光谱仪采用成熟可靠的旋转盘电极技术(RDE),对溶解或悬浮在油液中的微小颗粒进行元素及浓度分析,从而实现对润滑油中金属磨粒、污染物和添加剂快速定量检测。

ICP光谱仪检测:ICP光谱仪即以电感耦合高频等离子体为激发光源,利用每种元素的原子或离子发射特征光谱来判断物质的组成,从而进行元素的定性与定量分析的仪器。光谱仪如图4-5b)所示。

a)油液铁谱分析仪器

b)油液光谱分析

c)油液机械杂质检测仪

d)油液水分测定仪

e)油液运动黏度检测仪

f)油液酸值检测仪

图4-5 油液检测示意图

(3) 油液污染度检测

污染度检测通过将检测油样经真空过滤,使油样中的颗粒平均分布于微孔滤膜上,再利用显微镜对微孔滤膜的污染物的尺寸与颗粒数进行观察,确定油样的颗粒污染度等级。

(4) 油液机械杂质检测

机械杂质离心法检测:离心即是运用离心机转子高速旋转产生较强的离心力,加速液体中颗粒的沉降速度,令样品中不一样沉降系数和浮力密度的物质脱离。

机械杂质称重法检测:机械杂质称重法是选取干净的滤纸并将其烘干,称其质量,然后将检测油样进行真空过滤,使油样中的颗粒留存在滤纸上,再烘干滤纸称重,算出机械杂质含量。机械杂质测定仪如图4-5c)所示。

(5) 水分检测

水分检测是基于两种互不相溶的液体二元体系的沸点低于各组分的沸点,将样品中的水分与稀释剂的共沸液蒸出,冷凝并收集馏液。由于密度不同,馏液在接收管中分层,根据馏出液中水的体积可计算样品中水分的含量,水分测定仪器如图4-5d)所示。

(6) 油液运动黏度检测

油液运动黏度检测是在某一恒定温度下,测定一定体积液体在重力作用下流过一个标定好的玻璃毛细管黏度计的时间。毛细管黏度计的常数与流动时间的乘积,即为该温度下测定液体的运动黏度。油液运动黏度检测仪器如图4-5e)所示。

(7) 油液酸值检测

油液酸值检测是用沸腾的乙醇抽出试样中的酸性成分,根据中和法原理,用氢氧化钾乙醇溶液完成滴定。酸值自动测定仪如图4-5f)所示。

(8) 油液检测内容和检测方法(表4-2)

油液检测内容和检测方法　　　　表4-2

序号	检测内容	检测方法具体标准	备注
1	运动黏度	《石油产品运动黏度测定法和动力黏度计算法》(GB/T 265—1988)	液压油、齿轮油
2	酸值	《石油产品酸值测定法》(GB/T 264—1983)	齿轮油
3	水分	《石油产品水含量的测定蒸馏法》(GB/T 260—2016)	液压油、齿轮油
4	污染度	NAS 1638《油液清洁度标准》《液压传动 油液固体颗粒污染等级代号》(GB/T 14039—2002)	液压油
5	闪点	《石油产品闪点的测定-克利夫兰开口法》(GB/T 3536—2008)《闪点的测定 宾斯基-马丁闭口杯法》(GB/T 261—2008)	液压油、齿轮油
6	铁谱分析	《在用润滑油磨损颗粒试验法(分析式铁谱法)》(SH/T 0573—1993)	齿轮油
7	光谱分析	《使用过的润滑油添加剂元素、磨损金属和污染物以及基础油中某些元素测定法(电感耦合等离子体发射光谱法)》(GB/T 17476—1998)	液压油、齿轮油
8	机械杂质	《石油和石油产品及添加剂机械杂质测定法》(GB/T 511—2010)	液压油、齿轮油
9	硬度	《地下水质检验方法 乙二胺四乙酸二钠滴定法测定硬度》(DZ/T 0064.15—1993)	冷却介质

续上表

序号	检测内容	检测方法具体标准	备注
10	pH 值	《地下水质检验方法 玻璃电极法测定 pH 值》(DZ/T 0064.5—1993)	冷却介质
11	悬浮物	《地下水质检验方法 悬浮物的测定》(DZ/T 0064.8—1993)	冷却介质
12	浊度	《水质 浊度的测定》(GB 13200—1991)	冷却介质

4) 油液检测周期

油液检测周期见表 4-3。

油液检测周期表(d/m) 表 4-3

取样部位	检测项目			
	水分、黏度、机械杂质、酸值	污染度	铁谱分析	光谱分析
主轴承	30/300	30/300	30/300	90/900
变速箱	30/300	30/300	30/300	90/900
主泵站	30/300	30/300	30/300	90/900
其他泵站	30/300	30/300	30/300	90/900
混凝土输送泵	30/300	30/300	30/300	90/900
螺旋输送机	30/300	30/300	30/300	90/900

注：日历天和掘进里程，以先到为准。

5) TBM 主驱动损坏对比案例

2011 年 10 月某隧道左线 TBM 在运转过程中进行油液检测发现主轴承润滑油中粉尘含量异常，并且日趋增多，油品颜色也随着油液杂质含量的增多而逐渐变黑；铁谱分析显示主轴承润滑油内粉尘及磨粒含量较以往明显增加，且磨屑颗粒上升，如图 4-6、图 4-7 所示。经检查发现 TBM 主驱动密封磨损严重，故在洞内进行了密封更换。

同年该隧道右线 TBM 在掘进过程中未进行油液检测，掘进至 9.966km 时出现主驱动内密封故障，于是对内密封进行了更换，更换不久后在主轴承润滑系统内发现大量铁屑，经排查发现是主轴承出现了故障，经专家会确认后对主轴承进行了更换，共耗时 3 个多月，如图 4-8 所示。

综合两台 TBM 故障的处理，说明了油液检测的重要性。

图 4-6 油液对比

4.2.2 振动检测技术

振动检测按照《机械振动—通过非转动件的测量进行机械振动的评估 第 3 部分：现场测量时标称功率为 15kW 和标称速度为 120～1500r/min 的工业机械》(ISO 10816-3—2009) 进行。

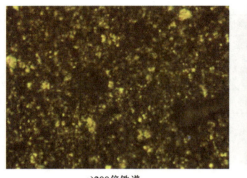

图 4-7 在高倍显微镜下的铁谱片

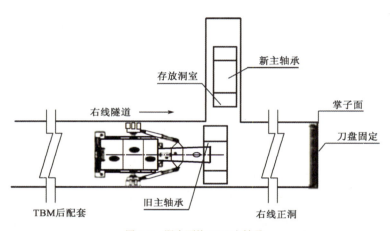

图 4-8 洞内更换 TBM 主轴承

1) 检测周期

对于全断面隧道掘进机大型设备,其振动检测周期见表 4-4。

振动检测周期表　　　　　　　　　　　　　　　　　　　　表 4-4

振动检测部件名称	振动检测周期(d)
主轴承	30
主电机	30
变速箱	30
主泵站	30
其他泵站	30
混凝土输送泵	30
水泵电机	15
皮带输送机	15

2）测点选择

振动检测点应为电机的前后轴承位置、减速机的齿轮箱位置和主轴承部位,如图 4-9 所示。

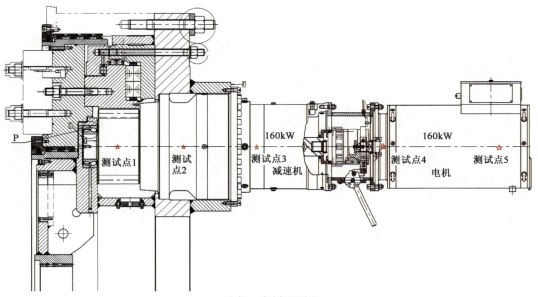

a) 电机、减速机测试点

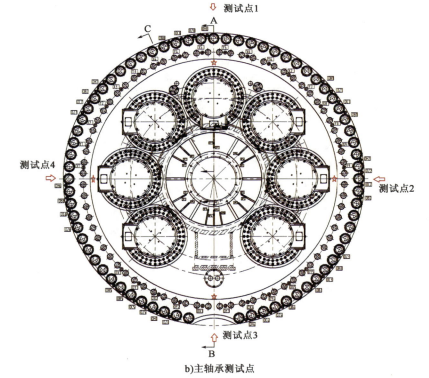

b) 主轴承测试点

图 4-9　电机、减速机、主轴承振动测点布置示意图

3）振动检测方法

（1）常规检测

设备正常运转时，使用便携式振动测试检测设备旋转部位的振动值，主要是振动加速度、振动速度及位移并记录，如图4-10所示。

a) 减速机振动测试

b) 电机振动测试

图 4-10　现场振动测试

（2）精密检测

精密检测是通过振动频谱仪检测设备得到振动频谱图，分析各频率对应的振动速度分量，如某一频率的振动速度分量超限，可对比常见振动故障识别表判断故障点。

4）振动检测分析

振动检测标准和机器分类分别见表4-5和表4-6。

振 动 检 测 标 准　　　　　表 4-5

振动速度均方根值（mm/s）	I 类	II 类	III 类	IV 类
0.28	A	A	A	A
0.45	A	A	A	A
0.71	A	A	A	A
1.12	B	A	A	A
1.8	B	B	A	A
2.8	C	B	B	A
4.5	C	C	B	B
7.1	D	C	B	B
11.2	D	D	C	B
18	D	D	D	C
28	D	D	D	D
45	D	D	D	D

机 器 分 类　　　　　表4-6

类　别	分 类 依 据
Ⅰ类	发动机和机器的单独部件,它们完整地连接到正常运行状况的整机上(15kW以下的电机是这一类机器的典型例子)
Ⅱ类	无专门基础的中型机器(具有15~75kW输出功率的电机),在专门基础上刚性安装的发动机或机器(300kW以下)
Ⅲ类	具有旋转质量安装在刚性的重型基础上的大型原动机和其他大型机器,基础在振动测量方向上相对是刚性的
Ⅳ类	具有旋转质量安装在基础上的大型原动机和其他大型机器,其基础在振动测量方向上相对是柔性的(如输出功率大于10MW的汽轮发电机组和燃气轮机)

注:1. 评价区域A:优,新交付使用的机器的振动通常属于该区域。
　　2. 评价区域B:良,通常认为振动值在该区域的机器可不受限制地长期运行。
　　3. 评价区域C:较差,通常认为振动值在该区域的机器不适宜于长期持续运行。一般来说,该机器可在这种状态下运行有限时间,直到有采取补救措施的合适时机为止。
　　4. 评价区域D:差,振动值在这一区域中通常被认为振动剧烈,足以引起机器损坏。

5) 水泵电机故障案例

自2001年5月下旬以来,某盾构水泵电机由于连续工作时间过长,电机机身出现振动、噪声偏大问题,故对该水泵电机进行了振动数据采集,见表4-7。

某盾构水泵电机整体振动测试情况　　　　　表4-7

电机基座		前　端		后　端	
加速度 (m/s^2)	速度 (cm/s)	加速度 (m/s^2)	速度 (cm/s)	加速度 (m/s^2)	速度 (cm/s)
16	0.09	13	0.11	26	0.66

通过以上的数据发现其振源来自电机后端,便对电机后端的检测数据进行了连续的分析,见表4-8。

某盾构水泵电机后端振动测试情况　　　　　表4-8

日期	3.11	3.22	3.30	4.7	4.15	5.29	6.13	7.2	7.8	7.19
加速度 (m/s^2)	22.6	18	14.3	11.5	11.5	11.9	11.7	17.3	17.6	26.6
速度 (cm/s)	0.42	0.49	0.54	0.67	0.70	0.78	0.63	0.94	1.05	0.66

由表4-8可知,电机在3月、4月50Hz处振动幅值较小,最大为11.5m/s^2,在7月时达到26.6m/s^2,相比3月、4月的振动幅值增大了2倍。经过分析该频率为电机的基频,故认为引起电机转子故障主要原因为:

（1）电机的轴松动。

（2）电机轴承轴颈出现偏心。

（3）转子上的零部件碎片严重磨损。

因此，在保养时，立即对电机进行停机检查，经过拆检发现电机尾端轴承保持架已严重磨损，电机的风扇叶有部分折断，所幸事态处理及时避免了大的事故发生。

4.2.3　温度检测技术

温度检测由检测人员采用手持式红外线测温仪对预先设定的测点进行数据采集。一般来讲，电动机、液压泵及液压马达的高温部位可能发生在轴承、铁芯、绕组或集电环、换向器等部位；主驱动及主驱动减速机的高温过热部位随减速机的结构型式、冷却方式、运行工况不同而异。

1）温度检测周期

全断面隧道掘进机设备温度检测周期见表4-9。

温度检测周期表　　　　　　　　　　表4-9

设 备 名 称	温度检测周期(d)
主轴承	30
主电机	30
变速箱	30
主泵站	30
其他泵站	30
混凝土输送泵	30
水泵电机	15
皮带输送机	15

2）测点选择

常见温度检测点应为主驱动减速机的齿轮箱位置、电机的前后轴承及中间壳体位置、液压泵/马达壳体表面，如图4-11所示。

4.2.4　内窥镜检测技术

1）内窥镜检测应用

全断面隧道掘进机在使用和运行过程中，主轴承和主驱动减速机齿轮箱内部容易出现齿轮磨损、齿轮锈蚀、咬合不良及油道堵塞等问题，情况严重的甚至会导致齿轮箱报废和脱轨。使用工业内窥镜通过主轴承和主驱动减速机齿轮箱的油量观察口，进入齿轮箱内部，能够非常直观地了解齿轮箱内部的情况，检查齿轮情况和齿轮箱底部是否有异物存在，如图4-12所示。

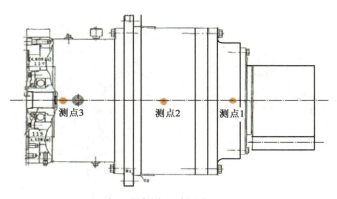

a)主驱动减速机温度测试

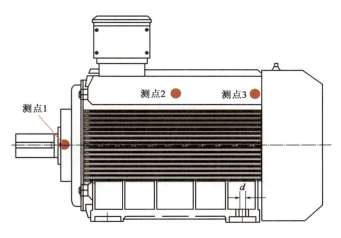

b)主驱动电机温度测试

c)主驱动泵温度测试

图 4-11　主驱动减速机、电机、液压泵温度测点

 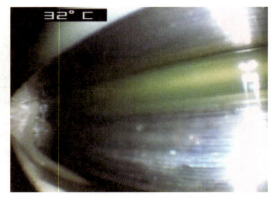

a) 主轴承齿轮面检测　　　　　　　　b) 主驱动减速机齿轮面检测

图 4-12　主轴承齿面、主驱动减速机齿面检测情况

2) 内窥镜检测案例——掘进机主轴承故障

(1) 情况说明

某掘进机在施工中发现主轴承有异响,停机对设备进行了检查,发现齿轮箱内全是泥浆。

(2) 故障分析

在该项目 2018 年 7 月 1 日的油液检测报告里,运动黏度为 320mm²/s 的油液已达到 4094mm²/s,且油液中水分含量超过 0.2%,机械杂质含量超过 0.1%,Si 元素含量达到 141.3mg/kg,Al 元素含量达到 54.8mg/kg,Fe 元素含量达 155.6mg/kg。

4.2.5　动平衡技术

1) 动平衡技术定义及意义

旋转机械是机械系统的重要组成部分,在掘进机再制造过程中发挥着巨大作用,对开展掘进机再制造动平衡技术研究具有重要的学术和工程应用价值。掘进机旋转机械部分主要包括运行中的各类电机、主轴承、主变速箱、二次风机等,这类机械的主要功能都是由旋转动作完成。由于旋转机械的转子和轴承等部件存在制造误差、装配误差、材质不均匀等问题,会使其产生质量偏心,且转子在运行中由于腐蚀、磨损、介质结垢、疲劳作用,使转子的零部件(如叶轮、叶片等)局部损坏、脱落、碎片飞出等,造成转子不平衡;回转体在旋转时,其上每个微小质点产生的离心惯性力不能相互抵消,会通过轴承作用到机械及其基础上,从而引起振动、产生噪声、加速轴承磨损、缩短机械寿命,严重时能造成破坏性事故。为此,对转子进行平衡处理,使其达到允许的平衡精度等级,或使因离心惯性力产生的机械振动幅度值降在允许的范围内,有效地保障掘进机设备正常运行。其中,设备转子的平衡分动、静平衡。

(1) 静平衡

在转子一个校正面上进行平衡校正,校正后剩余不平衡量,以保证在静态时,转子在允许不平衡量的规定范围内,此为静平衡又称单面平衡。

(2) 动平衡

在转子两个校正面上同时进行平衡校正,校正后剩余不平衡量,以保证在动态时,转子是在允许不平衡量的规定范围内,此为动平衡又称双面平衡。

2)转子平衡的选择与确定

设备在使用过程中,如何选择转子的平衡方式,是一个关键问题。由于静平衡要比动平衡容易做且省功、省力、省费用,故其选择原则为:只要在满足转子平衡后用途需要的前提下,能做静平衡的,不要做动平衡,能做动平衡的,不要做静、动平衡。

各类设备所使用的平衡方法较多,使转子在正常安装与运转条件下进行平衡的方式通常称为"现场平衡"。现场平衡不但可以减少拆装转子的劳动量,且不再需要动平衡机;同时由于试验的状态与实际工作状态不一致,采用现场平衡有利于提高测算不平衡量的精度,降低系统振动。根据《刚体旋转体的平衡精度》(ISO 1940—1973)中规定,平衡精度为 G0.4 的精密转子必须使用现场平衡,否则平衡毫无意义。

结合掘进机工作原理及性质,其旋转部件宜采用整机现场动平衡法,即将组装完毕的旋转机械在现场安装状态下进行的平衡操作称为整机现场平衡。这种方法是令整机作为动平衡机座,通过传感器测得转子有关部位的振动信息,进行数据处理,以确定在转子各平衡校正面上的不平衡量及其方位,并通过去重或加重来消除不平衡量,从而达到高精度平衡的目的。由于整机现场动平衡是直接在整机上进行,不需要动平衡机,只需要一套价格低廉的测试系统,因而较为经济。此外,由于转子在实际工况条件下进行平衡,不需要再装配等工序,整机在工作状态下就可获得较高的平衡精度。

3)检测方法

采用现场动平衡测试仪,测量转子质量偏心及转子部件出现的缺损故障,发现其设备不平衡主要振动特征如下:

(1)动态时域波形为正弦波。

(2)频谱图中,谐波能量集中在基频。

(3)工作转速一定时,相对稳定。

(4)转子的轴心轨迹为椭圆。

4)转子质量偏心故障的治理措施方法

(1)转子除垢。

(2)按技术要求对转子进行动平衡。

(3)修复转子,重新动平衡,正确操作。

5)动平衡检测案例

动平衡检测案例可参考 4.2.2 振动检测技术的水泵故障案例。

4.2.6 状态评估技术

1)状态评估意义和内容

(1)状态评估意义

为确保全断面隧道掘进机设备机况符合施工的要求,设备不带"病"作业,应提前预防施工过程中的安全风险,准确把控掘进机使用过程中出现的各种故障,实现快速、安全掘进的目标;在全断面隧道掘进机始发、到达、穿越重大风险的地段(如穿江、越海、困难地段、重要建筑物)等关键节点前,要做好设备机况的检查、评估和调整工作,确保设备的运行状态良好。

(2)状态评估内容

全断面隧道掘进机状态评估主要内容见表4-10。

全断面隧道掘进机状态评估主要内容　　　　　　表 4-10

序号	评估时机	检测内容
1	全断面隧道掘进机维修前	若动态检测则同上标段接收前状态评估;若静态检测则同进场前状态评估
2	全断面隧道掘进机进场前	刀盘、吊耳、螺旋输送机筒体及叶片焊缝探伤
3		刀盘、螺旋输送机筒体、螺旋轴及叶片磨损检测
4		主驱动密封保压试验
5		盾体圆度测试
6		液压缸泄漏和耐压检测
7		冷却器密封性能检测
8	全断面隧道掘进机始发前	土压传感器检测及液压缸行程传感器性能检测
9		整机状态监测、功能测试、系统检查
10	全断面隧道掘进机使用过程中	整机状态监测、功能测试、系统检查
11	全断面隧道掘进机接收前	整机状态监测、功能测试、系统检查

2)状态评估方法

全断面隧道掘进机状态评估主要包括:功能测试、系统检查、油液检测、状态检测,具体介绍如下:

(1)功能测试和系统检查

功能测试和系统检查主要内容有:主驱动、推进、铰接、管片吊装、注浆、渣土改良、出渣、液压、电气及掘进操作、压缩水及保压、油脂及润滑、监视系统等各系统的参数。

(2)油液检测

全断面隧道掘进机中液压油、润滑油(主要包括主驱动减速机润滑油、主轴承润滑油、螺旋输送机润滑油等)、集中润滑油脂和内循环冷却介质等应在设备始发前、试掘进结束时和接收前各进行一次检测分析。具体检测内容、方法详见4.2.1油液检测技术。

(3)状态检测

盾构、TBM状态检测内容见表4-11和表4-12。

盾构状态检测内容　　　　　　　　　　　　　　　　　　　　　　表 4-11

检测部位	检测项目（使用仪器）					
	温度检测（红外测温仪）	内部结构检查（内窥镜）	振动检测（振动测试仪）	压力检测（压力表）	噪声检测（噪声计）	壁厚检测（超声波测厚仪）
主轴承	√	√	√			
主驱动马达或主电机	√		√			
主驱动减速机	√	√	√			
液压泵站	√			√	√	
螺旋输送机筒体						√
螺旋输送机驱动	√					
泥浆输送管路						√

TBM 状态检测内容　　　　　　　　　　　　　　　　　　　　　　表 4-12

检测部位	检测项目（使用仪器）				
	温度检测（红外测温仪）	内部结构检查（内窥镜）	振动检测（振动测试仪）	压力检测（压力表）	噪声检测（噪声计）
主轴承	√	√	√		
主驱动马达或主电机	√		√		
主驱动减速机	√	√	√		
液压泵站	√		√	√	√
混凝土输送泵	√		√	√	
皮带输送机滚筒	√				

设备机械状态检测方法：

①振动检测。

振动检测按照《机械振动，通过非转动件的测量进行机械振动的评估 第 3 部分：现场测量时标称功率为 15kW 和标称速度为 120r/min～15000r/min 的工业机械》（ISO 10816-3—2009）进行。

②压力检测。

a. 压力流量检测使用仪器为压力表。

b. 压力检测点应为液压泵的出口管路。

c. 压力检测结果须达到设备说明书要求。

③噪声检测。

a. 现场噪声检测，常用普通声级计检测设备的噪声。

b. 根据设备尺寸，确定测点位置。设被检测的设备最大尺寸为 D，其测试点的位置如下：

$D<1m$ 时，测试点离设备表面为 30cm。

$D=1m$ 时，测试点离设备表面为 1m。

$D>1m$ 时，测试点离设备表面为 3m。

c. 检测结果应符合旋转机械振动诊断的相关标准。

④温度检测。

a. 温度检测由检测人员采用手持式红外线测温仪对预先设定的测点进行数据采集。

b. 温度检测结果应符合该设备设计要求。

⑤内部结构检测。

采用内窥镜对零部件内部结构进行磨损情况检测,从而对磨损状况进行判别。

⑥壁厚检测。

采用超声波测试仪对螺旋筒体及管道进行内部磨损测试,从而判断管道内部的磨损情况。

(4) 状态评估用仪器、仪表

全断面隧道掘进机状态评估用仪器、仪表包括振动测试仪、超声波测厚仪、钢卷尺、钢板尺、直角尺、秒表、压力表、兆欧表、接地电阻仪、照度仪、声级计、内窥镜、红外线温度计、气体检测仪、温湿度计等。

(5) 数据采集要求

全断面隧道掘进机设备进行状态评估时,原始记录必须完整,不得擅自涂改,并由检测人员签字。

3) 状态评估案例

(1) 发现问题

某掘进机在始发时因盾构刀盘受偏载导致刀盘结构变形,在处理刀盘变形过程中因担心主轴承受损,另对主轴承进行了检测。

(2) 分析问题

设备状态评估专业厂家对主轴承进行内窥镜检查,发现齿轮油道被泥浆堵塞,滚珠表面泥巴较多并存在磨损现象,如图 4-13 所示;主轴承齿轮油液检测发现油液运动黏度、水分机机械杂质实测含量严重超标,如图 4-14 所示;对主轴承的径向和刀盘推向进行振动检测,发现润滑状态差,见表 4-13。以上检测结果显示主轴承存在异常情况。

a) 滚珠表面泥巴　　　　b) 滚珠磨损

图 4-13　滚珠表面泥巴和滚珠磨损

检 测 结 果

项目名称：某项目盾构机　　　　　**检测时间**：2018.6.29-7.1
取样部位：主轴承　　　　　　　　**油液名称**：320#齿轮油

油液粘度：4094 mm²/s　　水 分>0.2%　　颜色：红褐色不透明
污 染 度： /　　　　　　机械杂质：>0.1%

光谱分析		元素含量极限值	主轴承	检测方法
铁 Fe	mg/kg	70	155.6	
铜 Cu	mg/kg	25	10.4	
铅 Pb	mg/kg	20	/	
铬 Cr	mg/kg	10	<1	
锡 Sn	mg/kg	—	/	
硅 Si	mg/kg	15	141.3	ICP 光谱分析仪
钼 Mo	mg/kg	—	/	
铝 Al	mg/kg	15	54.8	
镍 Ni	mg/kg	10	/	
钠 Na	mg/kg	—	/	
钒 V	mg/kg	—	/	
硼 B	mg/kg	—	/	
钡 Ba	mg/kg	—	/	
钾 K	mg/kg	—	/	
锰 Mn	mg/kg	—	/	
镁 Mg	mg/kg	—	/	
锌 Zn	mg/kg	—	/	
磷 P	mg/kg	—	/	

a) 油液光谱检测

铁谱分析

直读数据（每毫升）　　　取样部位：主轴承
磨损烈度：　　　　　　　稀 释 比：3:1
制谱用油样量：3mL

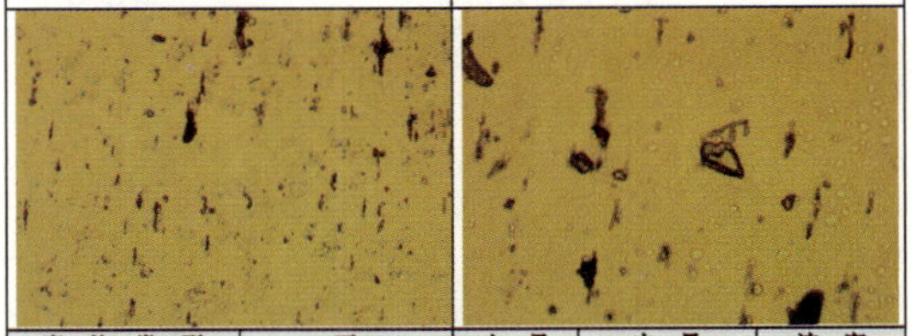

磨粒类型	无	少量	中量	浓密
正常磨粒			✓	
严重滑动磨粒	✓			
切削磨粒	✓			
片状磨粒	✓			
疲劳磨粒	✓			
球 粒			✓	
有色金属磨粒	✓			
红色氧化铁	✓			
黑色氧化铁	✓			
腐蚀磨损颗粒	✓			
摩擦聚合物	✓			
非金属结晶体	✓			
其 他	✓			

磨损状态判断：　极低　　正常　　注意　　极高（报警）

结论
润滑状态：油液运动黏度严重超标，水分及机械杂质测试含量超标。
磨损状态：油液中含有少量球粒、黑色氧化铁，在光谱分析中铁元素含量严重超标（155.6mg/kg），硅元素含量严重超标（141.3mg/kg），铝元素含量严重超标（54.8mg/kg）。
建议措施：检查齿轮箱是否有 EP2 进入并更换油液，加强油液检测。

b) 油液铁谱检测

图 4-14　油液检测报告

主轴承状态评估情况　　　　　　　　　　　　表 4-13

测量位置	加速度包络值 E1(g)	加速度包络值 E2(g)	加速度包络值 E3(g)	设备状态及建议
轴承径向	0.053/0.040	0.098/0.030	1.049/0.3524	主轴轴承存在故障，从分析情况看，轴承润滑状态差，属较严重磨损或轻度剥离。建议拆检轴承，如果轴承在公差范围内则清洗干净，换润滑油后使用，如果超差则需维修
刀盘推向	0.469/0.40	0.165/0.256	0.369/0.146	

注：以上表格内的振动值分别是同方向上下两个测量位置的振动值。

4) 故障处理

现场清理齿轮箱，疏通油道后，进行试运转，发现运转时异响较大，无法正常运转。经过项目部组织专家会讨论，决定打竖井吊出掘进机，在掘进接收端重新始发一台掘进机进行救援。

检测评估反映出问题后，项目部将全断面隧道掘进机主机退后拆解并拆检主轴承。项目部委托专业厂家在现场对主轴承进行拆解、清理发现：主轴承密封损坏，齿轮油道全部堵塞、滚珠磨损严重，大齿圈泥巴较多，如图 4-15 所示；拆解过程中还发现 6 号主驱动减速机驱动小齿轮轴承损坏，主轴承滚道和滚子也存在严重压痕和剥落现象；在修复6号主驱动减速机轴承及更换主轴承后，掘进机重新组装始发并顺利完成工程施工任务。

a) 大齿圈表面泥巴

b) 主驱小齿轮轴承损坏

图4-15　主轴承故障拆解状况

4.2.7　在线监测技术

在线监测技术是利用物联网技术，在设备上安装传感器、通讯机等设施，对其运行状态参数进行实时采集、传输、分析和诊断，并通过利用计算机和网络技术进行本地或远程监控设备状态。随着投入施工的全断面隧道掘进机数量越来越多，为了保障其安全、可靠运行，往往需要耗费大量的人力对设备进行巡检、检验、测试。而依靠传统方式对设备进行巡视及测试，很难保证实时性，且工作强度大。因此在线监测系统逐步开始在全断面隧道掘进机施工管理中应用，以实现对设备工作状态的实时监测，为更加安全、可靠地施工提供技术保障，并提高工程管理的信息化水平。

1）系统总体架构

在线监测系统主要由状态监测模块、数据调取模块、油液监测模块、数据处理部分、工作站和远程监控中心组成，共同实现数据采集、数据处理和远程监控等功能，在线监测系统框架如图4-16所示。

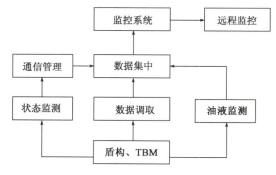

图4-16　在线监测系统的总体架构图

2）系统模块介绍

（1）状态监测模块

状态监测模块主要是对全断面隧道掘进机主轴承、主驱动减速机和液压系统等关键部件在运行过程中的振动信号、温度等参数进行实时采集、分析。在各监测部位安装振动采集器（同时能够进行温度信号采集），将采集的振动和温度信号通过通信管理机传递至上位机（主控室），其中主轴承和主驱动减速机的所有振动采集器数据由 CS1 通信管理机进行数据处理，液压系统的振动采集器数据由 CS2 通信管理机进行数据处理并集中传输至上位机。状态监测模块主要由振动采集器、通信管理机和上位机组成，如图 4-17 所示。

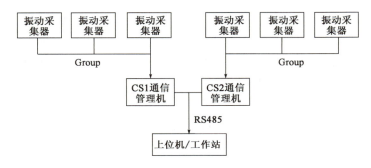

图 4-17　状态监测模块结构图

（2）油液监测模块设计

油液监测模块是对全断面隧道掘进机液压系统和主轴承润滑系统的温度、介电常数、水分、黏度、污染度和铁磁颗粒度各项指标进行实时监测和分析，将采集的各项数据通过控制器处理后传输到现场监控站进行显示、存储和分析，同时通过互联网技术将数据传输至远程监控中心。油液监测模块主要由齿轮油监测模块、液压油监测模块和交换机上位机/工作站组成，如图 4-18 所示。

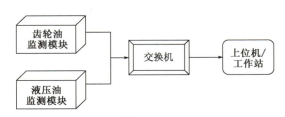

图 4-18　油液在线监测模块结构图

（3）数据调取模块

盾构/TBM 都配备了 PLC，故监测参数中压力、流量、刀盘扭矩等关键参数可通过数据调取模块进行调取，而数据调取模块主要通过规约通信的方式从全断面隧道掘进机的 PLC 系统中进行调取。

3）软件配置

在线监测系统的软件架构主要分为四层：采集层、基础层、诊断层和报警层，通过四层的数据采集、数据存储、数据分析和故障提醒，最终达到在线监测目的。软件架构如图 4-19 所示。

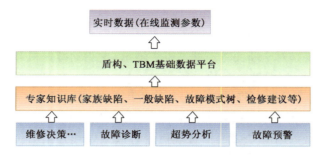

图 4-19　在线监测软件架构图

4)测点选择及连接

(1)状态监测部分

主轴承部位测点选择:在主轴承圆周方向选取 4 个点位,分别是:12 点、3 点、6 点和 9 点,对每个点位分别选取轴向和径向两个测点,共 8 个测点对主轴承运转状态进行监测。

主驱动电机及减速机部分测点选择:在主驱动电机(马达)和减速机各选取一个点进行数据采集,减速机传感器水平安装于减速机三极端,电机(马达)和减速机传感器安装在其输出端轴承位置,具体测点布置和传感器安装如图 4-20 所示。

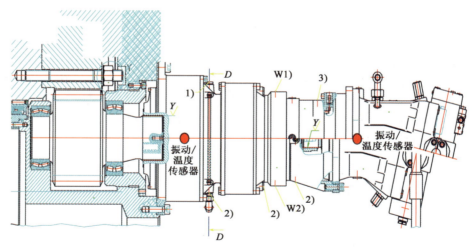

图 4-20　主驱动电机(马达)和减速机振动/温度传感器布置图

主液压泵站部位测点选择:对主液压泵站中功率较大的推进泵、管片安装机泵和螺旋输送机泵输入端轴承位置及其电机输出端轴承位置进行振动和温度监测,具体测点布置如图 4-21 所示。

(2)油液监测部分

①齿轮油监测模块连接技术:全断面隧道掘进机主轴承齿轮油监测模块连接在其主轴承润滑回路中。它的工作原理是先从主轴承润滑系统回路中取油,待油液流经齿轮油监测模块内部各个传感器,完成各项指标的实时监测后,将监测过的油液再通过主轴承齿轮箱呼吸口流入齿轮箱。

图 4-21　主泵站输入端轴承位置及其电机输出端轴承振动/温度传感器布置图

②液压油监测模块连接技术：全断面隧道掘进机液压油监测模块连接在其液压系统回油管路中。它的工作原理是先从液压系统回油管路中取油，待油液流经在线监测模块内部各个传感器，完成对各项指标的实时监测后，令监测过的油液流入液压油箱，并与液压油监测设备连接。

4.3　无损拆解技术

设备无损拆解技术的应用目的是结束设备零部件之间的约束、固定关系，把零部件无损、有效、正确地拆除下来。拆解工作作为全断面隧道掘进机再制造工作中重要的一环，如果操作不当，不但会对零部件造成损坏，还会降低甚至丧失设备的精度。

设备拆解的一般原则：

（1）拆解前首先必须清楚设备的结构特点，对各零部件之间的装配关系、连接形式有清楚的认识，以便正确地拆卸设备各零部件。

（2）设备的拆卸顺序与装配顺序相反。在切断电源、做好防护等安全措施到位后再行拆卸，先拆除外部附件再拆除内部附件，并对附件进行分类归整，妥善清理保管。

（3）选择合适的拆卸方法，使用正确的拆卸工具。

4.3.1　通用工具法

通用工具法是利用扳手类、手钳类与螺丝刀类等通用工具对全断面隧道掘进机再制造进行拆装的一种方法，通用拆装工具见表 4-14。

全断面隧道掘进机通用拆装工具　　　　表 4-14

类　型	工　具　名　称	应　用　场　合
扳手	呆头扳手、梅花扳手、两用扳手、活口扳手、内六角扳手、套筒扳手、棘轮扳手、扭矩扳手	常用于全断面隧道掘进机螺栓连接部件及液压阀组/管线位置接头拆解作业场合

续上表

类　型	工具名称	应用场合
手钳	钢丝钳、尖嘴钳、扁嘴钳、圆嘴钳、弯嘴钳、剥线钳、压线钳等	在全断面隧道掘进机电气线缆剥除及弹簧钢带安装作业等场合经常使用
螺丝刀	一字形螺丝刀、十字形螺丝刀、夹柄螺丝刀、多用螺丝刀等	在全断面隧道掘进机再制造拆装作业中，螺丝刀主要用于配电柜接线端子、电气控制盒等的拆装

4.3.2　敲击法

敲击法是利用手锤、铜棒、木棒等打击物在敲击或撞击零件时产生的冲击力将零件拆卸下来的方法，常用于全断面隧道掘进机主驱动系统密封安装、轴承外圈冷装、板材/结构件局部校正（如拖车走道板、盾尾等变形处局部校正）等场合，详见表4-15。

全断面隧道掘进机通用敲击工具　　表4-15

类　型	工具名称	应用场合
硬锤	斩口锤、圆头锤、钳工锤、羊角锤	在全断面隧道掘进机零部件拆解过程中主要是用于敲击或者顶压，操作简单，适用于结合力不大的零部件拆解
软锤	铜锤、胶木棒、木板	常用于拆解精细零件，使用时应选取正确的作用点，避免损伤零件或对人体造成伤害

4.3.3　拉卸法

拉卸法是利用专用工具（如拉马、液压拉伸器）与零部件相互作用产生的静拉力或不大的冲击力拆卸零部件的方法，一般用于精度较高不允许敲击或过盈量较小的零部件，如电机轴承及主驱动部件拉拔螺栓。

1）拉马拉卸法

拉马是机械维修中经常使用的工具，多用于将损坏的轴承从轴上沿轴向拆卸下来，主要由旋柄、螺旋杆和拉爪构成，有两爪、三爪之分。一般通过调节拉爪长度、拉爪间距、螺杆长度以适应不同直径及不同轴向安装深度的轴承螺栓；使用时，将螺杆顶尖定位于轴端顶尖孔调整拉爪位置，使拉爪挂钩于轴承外环，旋转旋柄或按动液压手柄使拉爪带动轴承沿轴向向外移动拆除。利用拉马进行拆卸电机轴承如图4-22所示。

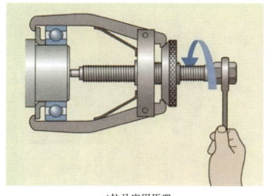
a) 拉马应用原理

b) 拉马电机拆解

图 4-22　拉马拆卸电机轴承

拉马工具使用注意事项：装置拉轴承器时，顶头要放铜球，初拉时动作要缓慢，不要过急过猛，在拉拨过程中不应产生顿跳现象；拉轴承器的拉爪位置要正确，拉爪应平直地拉住内圈，为防止拉爪脱落，可用金属丝将拉杆绑在一起；各拉杆间距离及拉杆长度应相等，否则易产生偏斜和受力不均情况；拉出轴承时，要保持拉轴承器上的丝杆与轴的中心一致，且不要碰伤轴的螺纹、轴颈、轴肩等。

2）液压拉伸器拉卸法

在全断面隧道掘进机再制造拆装作业过程中，拆装主驱动系统或刀盘拉拨螺栓时需要使用专业液压拉伸器，常见拉伸器一般分为一体式和拆分式两种，如图 4-23 所示。

a) 一体式

b) 拆分式

图 4-23　液压拉伸器

工作原理：螺栓液压拉伸器一般由液压泵、高压软管、压力表和拉伸体组成；其中，液压泵为动力源；压力表反映泵的输出压力；高压软管联接液压泵和拉伸体；拉伸体是实现螺栓拉伸的执行元件，主要由活塞缸、活塞、支承桥和拉伸螺母组成。螺栓液压拉伸器它借助液力升压泵（超高压油泵）提供的液压源，根据材料的抗拉强度、屈服系数和伸长率决定拉伸力，利用超高压油泵产生的伸张力，使被施加力的螺栓在其弹性变形区内被拉长，螺栓直径轻微变形，从而使螺母易于松动，其工作原理如图 4-24 所示。

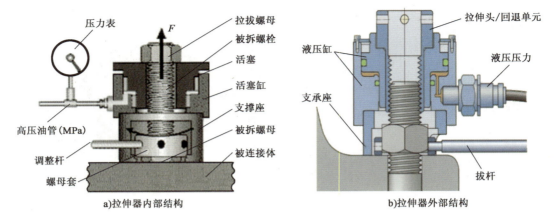

图 4-24　液压拉伸器工作原理

使用注意事项：使用拉伸器是首先要明确螺栓预紧力，避免超出螺栓塑性变形极限，造成螺栓损坏。

主轴承 M36 双头螺柱液压拉伸器拆除作业过程如图 4-25 所示。

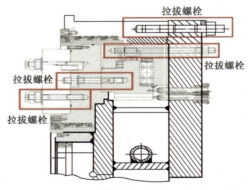

a) 主轴承拉拔螺栓

b) 拉伸器拆除螺栓

c) 拆除后的螺栓

图 4-25　主轴承 M36 双头螺柱液压拉伸器拆除作业过程

4.3.4 顶压法

顶压拆解技术主要利用机械式压力机、液压压力机或千斤顶等设备工具对连接部件施加顶压外力,以克服部件间由于过盈配合产生的摩擦力来实现部件的拆解分离。较适用于连接件的销轴等形状简单的过盈配合部件的拆解。

以一台直径 6m 级海瑞克土压平衡盾构螺旋输送机伸缩节拆解为例,螺旋输送机伸缩节由于使用过程中发生磨损变形等问题,并且受恶劣工况影响致使内外筒体间隙减小、内部润滑情况较差、锈蚀严重,单纯通过手拉葫芦、倒链等工具较难拆解;现场采取在筒体上焊接临时工装的方式,使用一组 50t 液压千斤顶配合 20t 手拉葫芦对伸缩节内外筒体进行拆解,如图 4-26 所示。

图 4-26　拆解螺旋输送机伸缩节

4.3.5 热胀法

热胀法是利用材料热胀冷缩的性能来加热包容件,使配合件在温差条件下失去过盈量,以实现部件的拆装;如对于轴承或轴衬与轴的配合较紧且装配时间过长的情况,一般若直接采取敲击或顶压法可能造成拆解过程较吃力和机械损伤问题。因此,对配合部件进行局部或整体加热,即令包容件与被包容件之间产生一定的缝隙,再利用普通工具便可比较顺利地完成部件的拆解。

以主驱动弹簧钢带拆装为例介绍热胀法工艺,由于耐磨钢带的材质特性(兼备耐磨性与强韧性),一般耐磨钢带冷装是无法与内外密封环进行正常装配的,需要先对耐磨钢带整体进行加热,使其受热膨胀再与密封环进行组装,最后待其自然冷却达到耐磨钢带与密封环紧密配合。

采取加热方式一般包括火焰加热和热油加热,其中火焰加热主要使用烤枪多点均匀预热(图 4-27);热油加热主要采用高温液压油对耐磨钢带整体加热(图 4-28),一般需将耐磨钢带加热至 150℃ 以上,再进行拆除、装配。

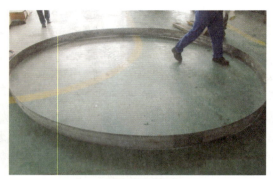

a) 耐磨钢带加热　　　　　　　　　b) 拆除的耐磨钢带

图 4-27　"火焰加热法"拆除主驱动旧耐磨钢带

a) 加热油池　　　　　　　　　b) 耐磨钢带热装过程

图 4-28　主轴承密封跑道耐磨钢带热装

热胀法拆解技术在部件拆解过程中大多被用于辅助拆解,虽然应用起来较为有效,但在采取此种方法拆解时,需保证加热装置的安全性且操作人员应具备相关资质,以确保加热过程安全可控。采取此种方法时,若包容部件作为主要加热对象在拆解后其外形变化较大,通常被判定为需更换部件。所以,在采取热胀法拆解时应考虑被拆解部件的可更换性。

4.3.6　渗液法

全断面隧道掘进机零部件拆解过程中以连接螺栓的拆除最为常见。由于全断面隧道掘进机施工工况十分恶劣,其大部分连接螺栓均存在不同程度的锈蚀,若直接采取冷拆卸方式可能造成螺栓断裂及螺孔损伤,因此,采取滴少许润滑油、喷涂松动剂或清洗剂等渗液法辅助拆解较为合适。通过向螺栓丝孔中喷涂松动剂,待其渗透到螺栓丝扣之中,能够松动生锈的螺栓,清除金属表面的铁锈和油垢,并能渗透到润滑油不易浸到的部位进行润滑,在金属表面上作用后形成一层油膜,便于螺栓整体拆除。

以液压管路接头的拆解为例,通过向堵头与对丝接头喷涂螺栓松动剂,缓解因长时间锈蚀致使堵头拆解困难,最终顺利完成拆解,如图 4-29 所示。

图 4-29 拆除液压管路接头

渗液法拆解技术同热胀法一样,在全断面隧道掘进机再制造过程中主要用于部件的辅助拆解。但采取此种拆解方式时,应考虑经济因素,故在喷涂松动剂前对需拆解部件表面进行预先清理,以保证松动剂较容易渗透到部件连接面,从而起到较好的润滑效果。因松动剂、清洗剂等皆具有一定的化学腐蚀性,在喷涂使用过程中需要做好自我防护,以免溅入口鼻及眼睛内造成伤害。

4.4 绿色清洗技术

在再制造全断面隧道掘进机被回收之后,首先要进行清洗工作,清洗作业主要分为两个步骤:一是拆解前的初步清洗,主要是去除全断面隧道掘进机零部件表面堆积的泥沙、尘土与油泥,以便于拆解零部件,减少带入车间污染物;二是拆解后的深度清洗,主要是去除拆解后零件表面上的锈蚀、油漆、粉尘与油污,并对各个零件进行彻底清洁,以便于进行后续零件表面磨损量测量、变形量测量及关键焊缝探伤等工作,并便于进行必要的再制造加工。

4.4.1 全断面隧道掘进机再制造清洗技术现状

清洗体系一般包括 4 个要素,即清洗对象、零件污垢、清洗介质及清洗力。按照零件污垢的类型不同,将清洗分为渣土清洗、油污清洗、锈迹清洗、表面涂装物清洗和水垢清洗等。

1) 渣土清洗

全断面隧道掘进机在贯通后刀盘、盾体、螺旋输送机和皮带输送机的表面会黏结很多泥沙、渣土,一般采用 1~10MPa 的高压水进行表面冲洗,并用刮刀、刷子等工具配合进行,对于散落在电气部件上的灰尘,一般利用压缩空气吹扫。

2) 油污清洗

主驱动、管片拼装机、螺旋输送机等安装密封、轴承和齿轮等位置易黏结有防锈油、润滑油和密封油。在清理表面油脂时,一般先用小刮板轻轻刮掉表面堆积油脂,再用棉布和柴油擦拭干净。清洗主轴承滚道面、保持架和滚子时,使用不掉绒的布、专用工业擦拭布或其他更好的除油工具蘸取煤油或专用工业清洗剂,反复擦拭直到完全光亮为止,主轴承表面清洗如图4-30所示。液压阀块、液压马达、液压泵等液压相关部件,通常采用煤油或液压油进行清洗,清洗结束后利用压缩空气将其吹干,如图4-31所示。

a) 主轴承套圈清洗　　　　　　　　　　b) 主轴承滚道面清洗

图 4-30　主轴承表面清洗

a) 液压件清洗　　　　　　　　　　b) 液压件清洗后

图 4-31　液压件零部件清洗

3) 锈迹清洗

刀盘、盾体和螺旋输送机等大型机械结构件表面的锈迹,通常是采用喷砂处理,对于不能除掉的地方利用钢丝刷、角砂轮和打磨机等工具进行手工打磨。

4) 表面涂装物清洗

全断面隧道掘进机表面涂装物主要是清漆、油漆和胶漆等。对于磨损不严重的部件,可以直接去除表面灰尘,并在磨损掉漆部位补刷油漆;对于磨损特别严重的部件,需要先清理掉原涂刷物再重新涂刷。

5) 水垢清洗

水垢的主要成分为碳酸盐、硫酸盐和二氧化硅等,存在于全断面隧道掘进机循环冷却系统水管和水箱内壁,一般采用草酸溶液进行清除。

采用传统清洗方式清洗,往往需要消耗大量人力、物力,且使用大量清洗剂,对环境造成很大污染;如果想要对其中有害物质进行无害化处理,往往成本很高。为适应绿色环保及循环经济发展需求,在全断面隧道掘进机再制造清洗领域,目前已开始逐步引进一些高效、绿色清洗工艺技术,将在下节中展开介绍。

4.4.2 超高速喷砂清洗技术

1)超高速喷砂清洗技术简介

超高速喷砂清洗是利用压缩空气做动力,将硬质砂粒以超高速喷射到基体表面,通过砂粒对基体表面的机械冲刷作用而使基体表面的氧化层、附着物、污染物等脱离基体表面的清洗技术。

以超声速喷砂粗化法为例,超声速喷砂速度为 300～600m/s,其效率是传统喷砂的 3～5 倍以上,常用于对喷涂效果要求高的零件或大型设备喷涂前的表面粗化,以及受各种自然污染较重(如油漆、水泥、有机与无机积垢)的设备表面清理,如图 4-32 所示。

图 4-32　超声速喷砂

2)超高速喷砂清洗优势

超高速喷砂在涂层制备工艺(如热喷涂、涂装及粘涂工艺)中,能增加涂层与基体的"锚钩"效应,减少涂层的收缩应力,从而提高涂层与基体的结合强度。喷砂所用的砂粒,要求硬度高,密度大,抗破碎性好,含尘量低,其粒度大小按所需的表面粗糙度而定。常用的砂粒有刚玉砂(氧化铝)、硅砂、碳化硅、金刚砂等。

4.4.3 激光除锈技术

1)激光除锈技术简介

激光除锈(激光清洗)指利用激光的高能量、高集中性的特点照射被加工的工件,使得基体表面的氧化层、附着物、污染物等吸收激光能量后,熔化、气化挥发、瞬间受热膨胀并被蒸气带动脱离基体表面,从而得以净化基体表面的清洗技术。因此应用激光除锈必须考虑到材料的材质、污迹的厚度、激光功率与能量适度等因素。激光清洗不但可以用来清洗有机的污染物,也可以用来清洗无机污染物,如金属的锈蚀、金属微粒、灰尘等。

激光清洗在很多领域发挥着重要作用,例如在汽车制造、半导体晶圆片清洗、精密零件加工制造、军事装备清洗、建筑物外墙清洗、文物保护、电路板清洗、精密零件加工制造、液晶显示器清洗等领域均可采用激光清洗技术,如图4-33所示。

图4-33 激光除锈

2)激光清洗优势

激光清洗与机械摩擦清洗、化学腐蚀清洗、液体固体强力冲击清洗、高频超声清洗等传统清洗方法相比,具有明显的五个优点:

(1)环保优势:激光清洗是一种"绿色"的清洗方法,不需使用任何化学药剂和清洗液,清洗下来的废料基本上都是固体粉末,体积小、易于存放、可回收、无光化学反应、不会产生污染,可以轻易解决化学清洗带来的环境污染问题,往往一台抽风机即可解决清洗产生的废料问题。

(2)效果优势:传统的清洗方法一般是接触式清洗,对清洗物体表面有机械作用力,会损伤物体的表面或者使清洗的介质附着于被清洗物体的表面,无法去除,产生二次污染;而激光清洗的无研磨、非接触性、无热效应不会破坏基底,使这些问题迎刃而解。

(3)控制优势:激光可以通过光纤传输,与机器手和机器人相配合,方便实现远距离操作,能清洗传统方法不易达到的部位,这在一些危险的场所使用可以确保人员的安全。

(4)便捷优势:激光清洗能够清除各种材料表面的各种类型的污染物,达到常规清洗无法达到的清洁度;而且还可以在不损伤材料表面的情况下有选择性地清洗材料表面的污染物。

(5)成本优势:激光清洗速度快、效率高,可节省时间;购买激光清洗系统虽然前期一次性投入较高,但清洗系统可以长期稳定使用,运行成本低;更重要的是可以实现自动化操作。一般单台清洗效率为 $8m^2/h$,运行成本约5度电费,即清洗成本为 0.4 元$/m^2$,除开初始成本,后期仅需 0.4 元$/m^2$。

4.4.4 晶体磨料爆破清洗技术

1)晶体磨料爆破清洗工艺简介

超细磨料(如粒径在微米级的新型碳酸氢钠、硫酸镁和干冰磨料)喷射清洗时是利用超细磨料自身特性变化及其对基体表面的机械冲刷作用,以一定压力($6\sim8bar$,其中 $1bar=0.1MPa$)及一定流量的气体喷射结晶体磨料于待清洗物体表面,在快速冲击力、气化、分解和爆破剥离机理的共同作用下,使物体表面的氧化层、附着物、污染物等脱离物体,实现表面清洁的目的。

根据动力源的不同,新型喷射清洗工艺分为两种形式:一是以压缩空气为动力源的干喷(图4-34);二是以高压水为动力源的湿喷。典型使用场合如下:碳钢、不锈钢、铝合金等表面的漆层、锈蚀、灰尘、污物、油污、氧化物等清理;发动机、涡轮、汽车、电子产品、精密模具的清洗;电机外壳、液压件表面、软/硬管线表面清洁;石化油罐及防爆区域管道、阀门的外部清洗。

a)设备示意　　　　　　　　　　　　b)喷射过程

图4-34　晶体磨料喷射设备(压缩空气为动力源)

2)晶体磨料爆破清洗与传统喷砂清洗工艺对比

(1)材料硬度及清洁效果比较

晶体磨料莫氏硬度为2.5~2.8(软晶体),在大多数情况下,它比污染物的底层基材表面更柔软,故不会造成基材的表面损伤和分裂,清洗后可达到Sa2级喷砂等级。硬磨料清理(喷砂、钢珠、玻璃、钢绞段等)工艺,莫氏硬度为7.5~8,由于其硬度较高,容易造成表面凹痕、麻点、裂纹等,因此晶体磨料爆破清洗工艺在清理薄板构件(如控制柜柜体、门板等)、精磨构件(如运动副)方面相对喷砂清理的优势明显。

(2)设备影响对比

晶体磨料因其水溶性,清洗后就算在机器上或在机器的隐蔽地方有残留,也能通过机器上的发动机油、防冻液、传动液进行有效分解,对机器的传动部件影响很小;采用硬磨料清理工艺,因其残留物的不溶水性,如有残留进入构件内,会对设备构件零部件产生损伤影响。

(3)环保对比

晶体磨料溶于水后的pH值为8.2,具有非易燃、颗粒状、非爆破性等特点;硬磨料清理基本无连带污染,但产生固体废弃物较多,弃置运输成本较高。

(4)经济性及功效对比

喷砂工艺清理造价为17~25元/m^2,清理效率约10m^2/h;晶体磨料清理材料成本比传统磨料贵3倍,但如果考虑环保及隐性成本(注:指喷砂作业时固体废弃物运输处理费、防锈剂),平均总成本与喷砂处理费用接近,但其清洗效率仅6~8m^2/h。

4.4.5　高压水射流清洗技术

1)高压水射流清洗技术简介

高压水射流清洗是近年来国际上兴起的一项高科技清洗技术,是利用设备增压系统(通常是高压泵)将普通自来水通过高压泵加压到数十乃至数百兆帕后,以极高的速度(200～500m/s)喷出,产生多束、多角度、强度各异的如同小子弹一样具有巨大打击能量的水流;这种水射流有很高的冲击和剥削能力,可将管壁上的结垢、金属氧化物、附着物以及堵塞物进行彻底地切削、破碎、挤压、冲刷,从而达到完全清洗的目的,留下清洁、光滑的表面。

针对全断面隧道掘进机大型结构件(例如盾体、刀盘、拖车等),此类结构件体积大、结构复杂,采用高压水射流技术可快速清洗结构件;在清理小型锈蚀部件方面,高压水射流能将齿轮及拖泵锈蚀部位全部清洗干净,具有工作效率高、速度快等优点,如图4-35所示。

a)高压水射流清洗盾体表面

b)高压水射流清洗拖车表面

c)高压水射流清洗齿轮表面

图4-35　高压水射流清洗技术

2)高压水射流清洗技术特点

(1)清洗成本低

高压水射流设备使用的介质是普通自来水,由于水流动能较强,不需添加任何填充物及洗涤剂,即可将污物清洗干净;其次,此种清洗方法与消防用水不同,属细射流喷射,使用的喷嘴直径只有0.3～2.5mm,耗水量极低,且所用设备的功率低,因此清洗成本也低。

(2)清洗质量好

清洗管道及金属结构件表面时,由于高压水的压力小于金属的抗压强度,因此对金属没有任何破坏作用,可实现高质量清洗。

(3)清洗速度快

由于水射流速度快、能量高,可令结垢物打碎后脱落,立即实现污物的冲刷、契劈、剪切、磨削等复合破碎目的。它比传统的化学方法、喷砂抛丸方法、简单机械及手工方法清洗在速度上具有明显优势。

(4)无环境污染

水射流是以自来水为介质,由于自来水无臭、无味、无毒,故喷出的射流雾化后,可降低作业区的空气粉尘浓度,使大气粉尘降低到国家规定的安全标准以下,从而根除矽肺病源,消除酸碱废液流毒,是我国环保事业的一项重要技术支持。

(5)适用范围广

凡是水射流能直射到的部位,不管是管道和容器内腔堵塞物,还是设备表面结垢物,皆可使其迅速脱离母体、彻底清洗干净,且此种清洗方法对设备材质、特性、形状及垢物种类均无特殊要求,故其应用十分广泛。

4.4.6 超声波清洗技术

1) 超声波清洗技术简介

超声波清洗技术是在超声波发生器中利用高于 20kHz 的超音频电能,通过换能器将其转换成同频率机械振动传入清洗液,产生无数的微小气泡,并在超声波纵向传播的负压区形成及生长,而在正压区迅速破裂,形成"空化效应";由于被清洗物体的表面反复出现加压和减压产生空化效应,液体内出现微小空洞,空洞会发生剧烈爆炸,释放 5~50t/cm² 压力,使水分以超过 10000g 的加速度撞击被清洗物体的表面,使污物层被分散、乳化、剥离而达到清洗目的,具有优质、省力、高效等显著特点,如图 4-36 所示。

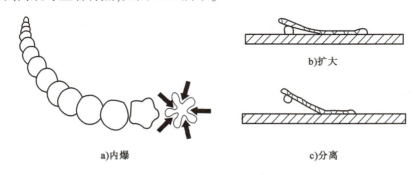

图 4-36 空气泡的扩大、内爆及气泡分离污垢过程

在全断面隧道掘进机再制造清洗作业中,超声波清洗技术由于其局限性无法进行大型结构件表面清洗,但在体积小的机械零部件,尤其是精密部件如轴承、阀、泵、汽缸等的清洗应用中具备较大的优势,阀体清洗前后如图 4-37 所示。

图 4-37 阀体清洗前后

2) 超声波清洗技术特点

(1) 清洗效果强

超声波清洗机的清洁效果是当前市面上相关产品中最出色的,其独特的机器效应和热效应的运用都会让超声波清洗机对污垢产生很强的离散、分解能力,从而能够达到最强大的清洗

效果。

(2) 清洁速度快

最近几年对于精密工业仪器的清洁需求越来越大,若传统清洗技术想要保证达到彻底清洗的效果,会导致其操作的流程复杂、时间长;而超声波清洗机在保证非常强悍的清洁效果的同时,还能保证清洗的过程精密细致,且速度非常快,可以将过程缩短到几分钟,极大地提高清洁工作的效率。

(3) 对象安全系数高

基于超声波清洗机的工作原理,其高频振动在液体中传导,对被清洁物品的伤害降到最低,保证了被清洁物品的安全,可以有效降低被清洁物的损耗,降低使用成本。

(4) 对作业人员伤害低

随着超声波清洗机近几年的加速发展,现已彻底实现了整套清洁流程的自动化;操作人员在清洁过程中,不需要直接参与到清洁工作流程中,也不需要接触清洗液,最大限度地降低对作业人员的伤害。

4.4.7 专业化学清洗技术

1) 专业化学清洗技术简介

根据化学清洗剂中含水量的不同可将化学清洗剂大致分为有机溶剂清洗剂、水基清洗剂及半水基清洗剂三种类型。伴随着清洗技术的迅速发展,工业清洗已经几乎涉及所有的工业领域,有机溶剂清洗剂是通过与有机污垢相似相溶的方法使污垢溶解在有机溶剂里,具有清洗条件温和、工艺简单方便等优点,但是其可燃性及挥发性会对环境造成难以避免的危害;水基清洗剂的清洗机理不仅利用了水本身就是良好的极性溶剂的特点,还利用了表面活性剂可改变表面张力,对有机污垢进行乳化渗透,降低污垢对物体的附着力,从而达到清洗效果,但同时水基清洗剂存在稳定性较差、工艺较复杂、需要多步操作等缺点;半水基清洗剂结合了水基清洗剂和有机溶剂清洗剂的清洗机理,适用范围较广,清洗效果也更好。

在全断面隧道掘进机再制造清洗作业过程中,各类型专业清洗剂广泛应用于机械构件、液压部件和电气元器件表面油污、杂质清洗工序,如图4-38所示。

a) 主驱动油污清洗　　　　　　b) 液压件表面油污清洗

图4-38　化油器清洁剂清洗主驱动、液压件表面油污

2) 专业化学清洗剂特点对比

由于各行各业清洗对象不同,污垢的性质也不同,且清洗的作业环境及清洗后对基材的防锈缓蚀要求也不尽相同,因此应该根据自身的需要对三种不同的清洗剂也择优选用,清洗剂对比见表4-16。

清 洗 剂 对 比　　　　表4-16

比 较 内 容	有机溶剂清洗剂	水基清洗剂	半水基清洗剂
清洗机理	溶解	低表面张力、乳化渗透	乳化、溶解、低表面张力
pH	6~7	8~12	8~12
清洗剂的稳定性	稳定	较稳定	不稳定
安全性	易燃	安全	安全
清洗条件	室温	50~80℃	室温~80℃
清洗工艺	简单	较复杂	简单—较复杂
清洗剂的适应性	植物油—矿物油	植物油—矿物油	植物油—矿物油
清洗效果(除油率)	中	中	高
气味	强	无—弱	弱
废液的处理方法	废液需蒸馏,溶剂可回收,废油可用作燃料	废液需特别处理	废液需破乳等特别处理
废液的处理成本	处理成本很高	成本高	成本高
腐蚀性	弱	较弱	弱
综合环保性	差	中	中
产品成本	高	中	高
应用范围	高级别清洗	普通清洗	普通—高级别清洗
综合经济效益	中	中	中

4.5　无损检测技术

4.5.1　量具检测技术

在全断面隧道掘进机再制造过程中,要用到诸多通用量具检测不同类型结构的尺寸、量值、参数,以指导再制造过程进行或者对再制造完成后的部件尺寸进行质量检验。

1) 典型量具在全断面隧道掘进机再制造中的应用分类

全断面隧道掘进机再制造过程中用到的量具可分为通用量具和专用量具,见表4-17。

全断面隧道掘进机再制造典型量具分类与应用　　表 4-17

类　型	名　称	应用场合
通用量具	钢直尺、游标卡尺、螺旋测微量具、内径百分表等	掘进机主轴承拉拔螺栓伸出长度、刀盘边滚刀与前盾切口环之间径向距离；螺栓的外径、内径、长度、宽度、厚度、深度和孔距等
专用量具	卡钳、塞尺、万能角度尺、水平仪、螺纹规等	电机、泵密封卡槽内径、外径；液压缸环槽和液压缸活塞环、齿轮啮合间隙等两个结合面之间的间隙；螺纹规格

2）量具检测在全断面隧道掘进机再制造的应用案例

（1）内、外径百分尺：以 TBM 主结构件再制造为案例，其利用内、外径百分尺测量 TBM 鞍架十字销轴及支撑座孔径的配合尺寸过程如图 4-39 所示。

a）内径百分尺测量支撑孔径　　　　　　b）外径百分尺测量配合尺寸

图 4-39　内、外径百分尺测量十字销轴支撑座孔径和配合尺寸

（2）内径百分表：以 TBM 主结构件再制造为案例，其利用内径百分尺测量 TBM 侧支撑连接销孔直径和机头架小齿轮轴承座孔径过程如图 4-40 所示。

a）内径百分尺测量销孔内径　　　　　　b）内径百分尺测量机头架小齿轮轴承座孔径

图 4-40　内径百分尺测量 TBM 侧支撑连接销孔内径和机头架小齿轮轴承座孔径

（3）水平仪：全断面隧道掘进机再制造作业工序中，通过水平仪检测大型机械环件的水平度，并根据检测结果调整环件使其保持水平，以便顺利实现合套装配，如图 4-41 所示。

(4) 螺纹规：在全断面隧道掘进机再制造作业中，螺纹规经常用于精密机械构件螺纹连接孔的检查，螺纹规检查 TBM 机头架底部支撑连接螺纹孔过程如图 4-42 所示。

图 4-41　水平仪辅助 TBM 主轴承调平

图 4-42　螺纹规检查底部支撑螺纹孔

3）量具的维护和保养

正确使用精密量具是保证产品质量的重要条件之一。要保持量具的精度和它工作的可靠性，除了在使用中要按照合理的使用方法进行操作以外，还必须做好量具的维护和保养工作。

（1）测量前应把量具的测量面和零件的被测量表面擦干净，以免因有脏物存在而影响测量精度。用精密量具如游标卡尺、百分尺和百分表等，去测量锻铸件毛坯或带有研磨剂（如金刚砂等）的表面是错误的，这样易使测量面很快磨损而失去精度。

（2）量具在使用过程中，不要和锉刀、榔头、车刀和钻头等工具、刀具堆放在一起，以免碰伤量具；尤其是游标卡尺等，应平放在专用盒子里，防止尺身变形。

（3）量具是测量工具，绝对不能作为其他工具的代用品。例如拿游标卡尺画线、拿百分尺当小榔头、拿钢直尺当起子螺旋钉，以及用钢直尺清理切屑等都是错误的。

（4）温度对测量结果影响很大，零件的精密测量一定要使零件和量具都在 20℃ 的环境下进行测量。一般可在室温下进行测量，但必须使工件与量具的温度一致，否则会因为金属材料的热胀冷缩的特性，使测量结果不准确。

（5）发现精密量具有不正常现象时，如量具表面不平、有毛刺、有锈斑以及刻度不准、尺身弯曲变形、活动不灵活等，使用者不应当自行拆修，更不允许自行用榔头敲、锉刀锉、砂布打光等粗糙办法修理，以免增大量具误差。发现上述情况，使用者应当立即送计量站检修，并经检定量具精度后再继续使用。

（6）量具使用后，应及时揩干净，除不锈钢量具或有保护镀层的量具外，其余量具的金属表面应涂上一层防锈油，并放在专用的盒子里，保存在干燥的地方，以免生锈。

（7）精密量具应进行定期检定和保养：长期使用的精密量具，要定期送计量站进行保养和检定精度，以免因量具的示值误差超差而造成产品质量事故。

4.5.2　电工仪表检测应用技术

全断面隧道掘进机再制造需对电气系统进行全面、准确地检测和故障排除，保证电气系统正常运行。这就需要我们能够熟练掌握电工仪表检测技术，合理选择和正确使用电工仪表，从而正确检测各种电的物理量。常用电工仪表有万用表、兆欧表和钳形电流表等,下面对这些仪表检测应用技术进行介绍。

1) 万用表检测技术

万用表可以检测直流电压/电流、交流电压/电流、电阻,有的还可以检测电感、电容、音频电平及小功率晶体管的直流放大倍数等,是一种多用途、多量程仪表,它因检测类型多、使用方便、检测准确,成为电工必备且常用的检测工具之一。

以下重点介绍万用表在全断面隧道掘进机再制造中电气系统的常用设备、元器件及线路性能检测应用技术。

(1) 带触点元器件的检测(如交流接触器、继电器等)

元器件带有主触点,例如交流接触器。正常情况下,交流接触器的主触点是断开状态,使用万用表的蜂鸣档,将两表笔搭到每组触点端子,所有触点均无蜂鸣报警声,若按下主触点,交流接触器接通,每组触点均发出蜂鸣报警声,说明主触点正常,反之损坏,如图4-43所示。

图4-43 对交流接触器线圈和触点检测

(2) 传感器类元器件的检测(如温度、压力、流量传感器等)

用电流法检查压力、位移传感器及水、空气流量传感器。向其通入额定工作电压(例如24V直流电源),将万用表(mA档)串联到待检测传感器的检测线路中,其中万用表的电流输出信号为4~20mA,连接顺序为地-黑色表笔、红色表笔-传感器端子。通过改变传感器外界条件,检测压力、位移传感器及水、空气流量传感器的电流,若检测到的电流值为0或非常小,则传感器损坏。全断面隧道掘进机再制造现场检测传感器如图4-44所示。

(3) 电动机绝缘电阻的检测

在没有兆欧表的情况下,可使用万用表检测电动机绝缘电阻,将电动机从线路上拆除下来,用万用表(10MΩ档)检测电动机每相对地及相间绝缘电阻,其中,绝缘性越好,阻值越接近于无穷大。全断面隧道掘进机再制造现场检测电机绝缘性能如图4-45所示。

(4) 线路中短路、断路和漏电的检测

①短路检测:切断电源,将线路中的所有开关、插头均拔掉。万用表选择"蜂鸣档",两表笔分别插入交流接触器下口的零线和火线。如果万用表发出蜂鸣声,证明线路中存在短路;反之则没有短路。

a) 压力传感器检测　　　　　　　　b) 流量传感器检测

图 4-44　万用表检测压力、流量传感器

图 4-45　检测超挖刀电机绝缘电阻值

②断路检测：切断电源，将线路中的所有开关、插头均拔掉。万用表选择"蜂鸣档"，并确定好要检测线路的走向，找到电线的两端。检测时，万用表的两表笔分别接触电线的两端，若能够发出蜂鸣声，则证明电线无断路；如果没有蜂鸣声，则证明电线中存在断路。若电线两端距离较远，可用一根电线延长万用表的一个表笔，后再检测。

③漏电检测：切断电源，将线路中的所有开关、插头均拔掉，观察线路是否有破损或烧损现象，之后不带电进行漏电检测；用万用表（10 MΩ 档）检测火线与火线、火线与零线及火线与地之间绝缘电阻是否无穷大（最小不低于 0.5MΩ），若否则是漏电。

使用以上检测方法，对某海瑞克土压盾构主驱动变频柜和动力柜进行短路、断路及漏电检测，如图 4-46 所示。

(5) 万用表使用注意事项

①使用前先查看万用表电池电压是否正常，确保仪表可以正常使用。

②检测前应校对两表笔所插的插孔、量程开关位置、线路连接，确保无误后再进行检测。

③检测前若无法估计被检测值的大小，应先用最高量程检测，再视检测结果选择合适量程。

④严禁检测高压或大电流时拨动量程开关,以防止产生电弧,烧毁开关触点。
⑤严禁在被测电路带电的情况下测电阻,以免损坏仪表。

a)变频柜检测

b)动力柜检测

图4-46 变频柜、动力柜线路检测

2)摇表检测技术

在全断面隧道掘进机再制造中,经常使用兆欧表(又称"摇表")对高低压电缆、电动机及变压器等进行绝缘电阻检测。摇表是利用手摇发电产生较高的电压接入被检测设备上,如果检测到的电流很小(漏电流)、绝缘电阻值很大,说明绝缘状况良好,反之则很差。额定电压在500V以下的电气设备,应选用电压等级为500V或1000V摇表;额定电压在500V以上的电气设备,应选用1000~2500V的摇表。

(1)检测高低压电缆绝缘电阻

断开电缆线的电源,并对电缆线进行短路放电处理,观察电缆线的外皮和内芯是否有破损情况,以确保检测人员安全。选用500V或1000V的摇表(性能良好),检测电缆相间绝缘电阻和对地绝缘电阻,其一端接电缆一相,另一端接电缆另一相或接地;检测过程中,一只手按住摇表,另一只手将摇表摇至120r/min左右,尽量保持稳定,再读出读数,若绝缘阻值在0.5MΩ以上表示绝缘性能良好。对于高压电缆绝缘电阻检测,一般采用电子式绝缘电阻表,如图4-47所示。

a)高压电缆摇表绝缘检测

b)高压电缆兆欧表绝缘检测

图4-47 高压电缆绝缘电阻检测

(2)检测三相交流用电设备的绝缘电阻

为确保三相交流用电设备安全运行,首先要考虑设备绝缘的问题,若单相对地绝缘下降,则会在设备带电时造成对地短路;如果两相之间的绝缘下降,则会造成相间短路。因此在电气设备投入使用前,必须对其绝缘性进行检查。

三相交流电机绝缘电阻检测:选用500V或1000V的摇表(性能良好),将摇表的"地"端接电动机外壳,"线"端接电动机绕组的出线端子,检测该电动机对地绝缘电阻,若检测电动机相间绕组的绝缘电阻,需先拆开电动机绕组的Y形或△形连接;检测过程中,一只手按住摇表,另一只手将摇表摇至120r/min左右,尽量保持稳定,读出读数,一般中小型低压电动机的绝缘电阻值应不小于0.5MΩ,高压电动机每千伏工作电压定子的绝缘电阻值应不小于1MΩ。摇表对某海瑞克盾构的泡沫泵、循环泵电动机的相间和对地绝缘检测如图4-48所示,该检测结果正常。

a)泡沫泵电机绝缘检测　　b)循环泵电机绝缘检测

图4-48　泡沫泵、循环泵电机相间和对地绝缘检测

大型变压器的绝缘电阻检测:选用2500V摇表(性能良好),检测高压绕组对低压绕组、地的绝缘电阻,将高压绕组三相短路后接至摇表的L端,将低压绕组三相短路接地后接至摇表的E端;放电后,用相同的方法检测低压绕组对高压绕组、地的绝缘电阻,此时低压绕组三相短路接L,高压绕组三相短路接地后接E,如图4-49所示。

图4-49　大型变压器的绝缘电阻检测

(3)摇表使用注意事项

①摇表使用前,先观察外观,检查有无破损、接线柱松动现象,并查看使用说明确认摇表是否在合格期使用范围内。

②检测前先对摇表进行一次开路和短路试验。即摇动手柄达到稳定转速,"线"和"地"端钮上的连线开路时,指针应在"∞"处;两连接线短路时,指针应指在"0"处。

③通过①和②检查,证明摇表性能良好,可以用于检测。摇表检测时应放到平稳之处,两连接线不能交叉,手不可摸接线柱。

④被测物体与线路断开,先对其放电,再用摇表测量绝缘电阻。

⑤检测完绝缘电阻后,一边慢摇,一边拆线,最后对被测物体放电。

3)钳形电流表检测技术

(1)直接检测载流导线电流及小电流

普通电流表检测电流时,需要切断电路,得电流表串入电路后才能进行电流检测,钳形表则可以在不切断电路的情况下,将载流导线放入钳形电流表钳口内,检测线路电流,更加方便、快捷。但钳形电流表因精确度不高,在检测小电流(<5A)时,需将被测导线先缠绕几圈,再放进钳形表的钳口内进行检测。但此时钳形表所指示的电流值并不是所测的实际值,实际电流值应为钳形表的读数除以导线缠绕圈数,如图4-50a)所示,这里电流值为检测值除以2。

(2)排除三相异步电机故障

使用摇表需先排除电机绝缘问题,再通电进行空载测试,一般表现为空载时转动正常,带负载后,电机转动非常慢,甚至停止转动。将三相异步电动机进线中一根上卡入钳形电流表,如图4-50b)所示,依次测量每相电流,若电流值明显偏小,说明电机转矩太小,无法带动负载,应调整星三角接线后再试。

 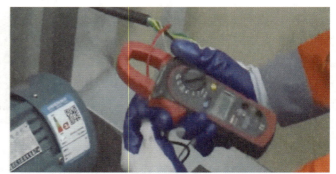

a)用钳形表检测小电流　　　　　　b)检测电机进线单相电流

图4-50　钳形电流表检测的应用

(3)钳形电流表使用注意事项

①检测前,应先检查钳形铁心的橡胶绝缘是否完好无损,且钳口应清洁、无锈,闭合后无明显的缝隙。

②检测时,应先估计被测电流大小,选择适当量程。若无法估计,可先选较大量程,然后逐档减少,转换到合适的档位。转换量程档位时,必须在不带电或者钳口张开情况下进行。

③如果在检测大电流后立即测小电流,应开合铁芯数次,以消除铁芯中的剩磁,减小误差,且应在无雷雨和干燥的天气下使用钳形表进行检测。

④每次检测前后,要把调节电流量程的切换开关放在最高档位,以免下次使用时,因未经选择量程就进行检测而损坏仪表。

⑤钳形电流表在被测线路中的电压不超过 500V。

4) 大电流发生器的检测应用技术

高压电缆耐压检测,需使用大电流发生器向电缆内通入大电流以进行加压检测,某型 TBM 再制造中对 $95mm^2/20kV$ 高压电缆、20kV/690V 变压器、20kV/400V 变压器之间通入 20kV 直流高压电,并保持 90s,发现电压稳定且线路未发生击穿且无放电声,证明高压电缆正常可用,如图 4-51 所示。

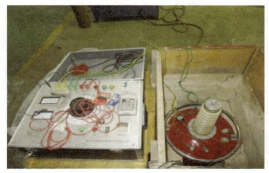
a) 高压电缆 $95mm^2/20kV$ 耐压试验

b) 电力变压器 20kV/690V 直流耐压试验

图 4-51 直流耐压试验

4.5.3 大型结构件变形量检测应用技术

1) 3D 扫描仪检测概述

全断面隧道掘进机大型结构件变形量检测技术主要指对全断面隧道掘进机盾体、刀盘的椭圆度变形量的检测。通过在被测件的椭圆度表面粘贴反光点、树立标尺等,采用三维摄影测量仪(3D 扫描仪)对被测件进行拍照,并通过软件将所拍照片生成框架,采用三维扫描仪对被测件进行扫描并填充框架,再利用被测件的原始尺寸建立 3D 模型,通过将框架与原尺寸模型进行 3D 比对,观察被测件是否存在变形现象,从而判断其椭圆度是否达标。

2) 3D 扫描仪检测的特点

(1) 扫描精度高、数据量大,在光学扫描过程中可产生极高密度数据。

(2) 扫描速度快,单面扫描时间小于 5s。

(3) 非接触式扫描,适合任何类型的物体。

(4) 检测结果直观,易于识读。

(5) 扫描大型结构件时需将结构件分为几部分分别扫描,最后完成拼接。

3) 3D 扫描仪检测质量控制

(1) 反光点粘贴间距不应过大,也不应太小,一般控制在 10~15mm 范围内。

(2) 注意标尺的树立位置与方式,标尺位置不应过大。

(3) 进行三维摄影测量时,拍照时的焦距应尽量保持不变,以免拍摄结果不能生成框架。

(4) 注意在标尺位置粘贴有标记、易识别对接的反光点。

(5) 利用三维扫描仪扫描时应垂直被测盾体,尽量保证间距相同。

4) 某盾构盾尾变形检测实例

(1) 盾尾铰接环的测量。

在盾尾铰接环面整个圆周方向上均匀布置若干标志点及磁性编码点,另外布置两个标尺作为点距参考,如图 4-52a)、图 4-52b) 所示。

(2) 用专业数码相机,对盾尾铰接环面整个圆周方向上的磁性编码点和标志点进行全局拍摄,如图 4-52c) 所示。

(3) 将拍摄图像导入计算机天远三维摄影测量系统软件(DigiMetric),对图像自动进行处理,得到检测部位标志点的三维坐标,形成一个固定的坐标系,如图 4-52d) 所示。

(4) 对盾尾铰接面部位建立原尺寸的三维造型,然后导入 DigiMetric 三维摄影测量系统软件,与测量得到的三维坐标点对齐,进行对比,最终输出对比报告。

a) 编码点布置

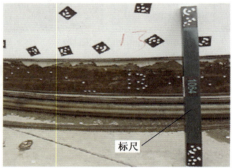

b) 标尺位置

c) 摄影测量过程

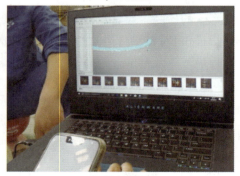

d) 生成三维模型

图 4-52　3D 扫描检测过程

4.5.4 着色探伤检测技术

1）着色探伤检测技术简介

着色渗透探伤,是根据毛细管作用原理检查表面开口缺陷的一种常规的无损检测方法。其工作原理是将含有着色颜料和荧光粉剂的渗透液喷洒或涂敷在受检部位表面,通过液体的毛细管作用,使其渗入到开口的表面缺陷中,然后清除残留在表面的渗透液,等干燥后施加显像剂,将已渗入到缺陷中的渗透液吸附到表面上而显示出缺陷迹痕。

焊缝的着色渗透探伤的检验程序包括预处理、预清洗、渗透处理、乳化处理、去除处理、干燥处理、显像、观察和后处理等,详见表4-18。

着色探伤检测流程   表 4-18

检测流程	操作要点
预处理	受检焊缝表面及其两侧 25～30mm 区域内,采用砂轮打磨去除焊渣飞溅和氧化皮,露出金属光泽,但不允许用喷砂、喷丸等清理方法
预清洗	用清洗液洗净受检焊缝及近缝区表面的油污,并用强风吹干或自然蒸发,使其完全干燥
渗透处理	采用浸、刷、喷等方法施加渗透液,工作温度为 10～15℃,时间不少于 5min
乳化处理	采用喷、洗、浸等方法作乳化处理,最合适的乳化时间由相应试验确定
去除处理	用水洗型去除剂直接喷水清洗,后用乳化型去除剂,经乳化处理后再喷水清理,其中喷水水压不超过 0.35MPa,水温不超过 40℃
干燥处理	可用干净的布料和纸张吸干,热风吹干或自然挥发干燥,受检表面温度不超过 50℃
显像	可用喷、浸、刷等方法施加显像剂,当环境温度在 10～50℃ 范围内,显像时间约为 7min
观察	在显像的同时观察,着色法要求白光照度大于 500Lx
后处理	可用布料、纸张擦除,也可用水冲洗或用压缩空气清除

某 TBM 主驱动大齿圈齿面着色探伤实例如图 4-53 所示。

a) 大齿圈着色过程

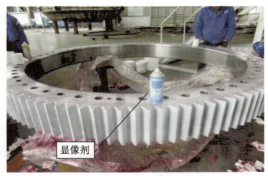
b) 大齿圈焊缝显像过程

图 4-53 大齿圈齿面着色探伤

2）着色探伤的特点

着色探伤属于渗透探伤的一种,有如下特点：

(1) 只需在白光下工作,不需要电源,方便快捷,适用于任何材质,成本低。

(2) 灵敏度低,只限于检查表面缺陷,对表面光洁度有要求,不能探测深度。

(3) 着色渗透探伤可用于以下部位的检查:焊前坡口切割面或加工面、焊缝及近缝区表面、焊接过程中焊道表面、临时装配定位拉筋板拆除后焊疤表面。

3) 着色探伤质量控制

(1) 开始做渗透检验前,必须除去工件表面上的异物,使渗透液易于渗入缺陷内部。

(2) 对疲劳裂纹、磨削裂纹进行检查时,应根据情况将渗透时间适当延长 2 倍;在温度较低时进行探伤也要加长浸泡时间。

(3) 浸泡后的工件清洗后不得有残留物,以免引起伪缺陷。

(4) 被检工件干燥后的涂敷过程不得往返多次,要按一个方向一次性完成涂敷。

(5) 由于探伤剂中含易燃、有毒物质,应放在阴凉通风处。

(6) 探伤现场应有良好的通风条件,远离火源和热源,且操作人员应站在上风处。

(7) 操作者应戴乳胶手套和口罩,避免皮肤长时间或多次接触探伤剂。

4.5.5 磁粉探伤检测技术

1) 磁粉探伤检测技术简介

将被检工件通入大电流或磁力线,使工件被磁化,则测试件中产生或通入的磁力线经过缺陷时(特别是与磁力线垂直正交的缺陷),扰乱了磁力线的正常分布,使缺陷的磁导率远比基体低,从而使表面或近表面的缺陷产生漏磁,形成了 N 极和 S 极,吸附磁化前喷洒的磁粉,最终使缺陷显示出来。

磁粉探伤检测的流程见表 4-19。

磁粉探伤检测流程　　　　　　　　　　　表 4-19

检测流程	操作要点
预处理	被检区域应无氧化皮、机油、焊接飞溅、机加工刀痕、污物、厚实或松散的油漆和任何能影响检测灵敏度的外来杂物;必要时,可用砂纸或局部打磨来改善表面状况,以便准确显示
磁化	通常使用交流磁化设备进行磁化,如电磁轭、带触头的通电设备、电磁感应设备;切向磁场强度的推荐值为 2~6kA/m(有效值),并验证磁场强度
施加磁粉或磁悬液	工件做好检测准备后,在磁化前和磁化的同时立即喷、浇或洒施加磁粉或磁悬液
磁痕的观察和记录	观察磁痕显示,进行磁痕解释、定性、定位并记录磁痕
缺陷评级	按照《焊缝无损检测 焊缝磁粉检测 验收等级》(GB/T 26952—2011)进行缺陷评级
退磁	交流检测后焊缝的剩磁通常很低,一般不需要对被检工件做退磁处理。要求退磁时,应按限定的方法和预先限定的等级实施
后处理	取下试片擦洗、涂上防锈油,放回原处并整理清点设备,出具检测报告

某 TBM 主驱动减速机输出端小齿轮磁粉探伤实例，如图 4-54 所示。

a)喷涂显像剂　　　　　　　　　　b)磁粉探伤检测

图 4-54　TBM 主驱动小齿轮齿面磁粉探伤

2）磁粉探伤的特点

磁粉探伤是检验铁磁性材料工件表面及近表面缺陷的一种无损检测方法，有如下特点：

(1) 能直观地显示缺陷的形状、位置、大小和严重程度，可大致确定缺陷的性质。

(2) 具有很高的检测灵敏度，磁粉在缺陷上聚集而成的磁痕具有放大作用，检测的最小宽度可达 $0.1\mu m$。

(3) 几乎不受工件大小和几何形状的限制，若采用多种磁化方法，能检测到工件的各个部位。

(4) 检测效率高、工艺简单、费用低廉。

(5) 只能用于铁磁性材料，且只能检测表面或皮下不超过 2mm（交流）的缺陷。

3）磁粉探伤质量控制

为了保证磁粉探伤的质量，即保证磁粉检测的灵敏度、分辨率和可靠性三个质量判据，必须对影响检测结果的因素逐个加以控制。磁粉检测的灵敏度，是指发现最小缺陷磁痕显示的能力；磁粉检测的分辨率，是指可能观察到的最小缺陷磁痕显示和对它的位置、形状及大小的鉴别能力；磁粉检测的可靠性，是指对细小缺陷磁痕显示检测灵敏度和分辨率的重复性操作，从而保证磁粉检测结果的可靠性。

4.5.6　超声波探伤检测技术

1）超声波探伤检测技术简介

超声波探伤是利用超声能透入金属材料的深处，并由一界面进入另一界面时，在界面边缘发生反射的特点来检查零件缺陷的一种方法。当超声波束自零件表面由探头通至金属内部，遇到缺陷与零件底面时分别发出反射波，在荧光屏上形成脉冲波形，可以根据这些脉冲波形来判断缺陷位置和大小。

超声波探伤检测流程见表 4-20。

超声波探伤检测流程　　　　　　　　　　表 4-20

检测流程	操作要点
准备工作	准备好超声波探伤仪、耦合剂、探头，并提前设置好检验频率，确保系统性能要求
预处理	被检区域应无氧化皮、机油、焊接飞溅、机加工刀痕、污物、厚实或松散的油漆和任何能影响检测灵敏度的外来杂物；必要时，可用砂纸或局部打磨来改善表面状况，以便准确显示
制作 TCG 曲线，并调整检测灵敏度	连接探头并设置参数；擦干净探头契块表面，测试晶片，若 16 组晶片损坏超过 2 组，或有连续 2 组晶片损坏，则需更换探头；用相控阵斜探头在 CSK-1B 试块上测试探头前沿并在仪器上记录；根据测量工件的板厚，用相控阵斜探头在 RB-2 试块上测量深度不同的横通孔使之波高达到 80% 并依次记录；生成 TCG 曲线并调整检测灵敏度
进行超声波探伤检测	按照《焊缝无损检测 超声检测 技术、检测等级和评定》(GB/T 11345—2013)相关要求进行超声波探伤检测
缺陷评级	按照《焊缝无损检测 超声检测 技术、检测等级和评定》(GB/T 11345—2013)相关要求进行缺陷评级工作
后处理	检测工作结束后应及时清理工件及检测过程中产生的废弃物等，并将检测设备及材料擦拭干净、摆放规整，出具检测报告

TBM 超声波探伤检测案例：委托有探伤资质的专业厂家，使用超声波探伤仪(型号：CTS-9006)、磁粉探伤仪(型号：MY-2)、耦合剂、黑油磁悬液(型号：HD-BO)及反差增强剂(型号：SD-FA)对刀盘所有焊缝、吊耳焊缝、刀座焊缝及刀座淬硬面进行磁粉探伤检测，对刀盘 14 条全融透焊缝做超声波探伤。经检测发现：刀盘本体部分焊缝存在裂纹缺陷，1 号、5 号、6 号、7 号、27 号、37 号刀座淬硬面有裂纹(图 4-55)。

a)刀盘焊缝施加磁悬液

b)刀座焊缝磁痕探伤

c)超声波探伤仪

d)刀座裂纹

图 4-55　刀盘本体焊缝及刀座淬硬面磁粉/超声波探伤检测过程

2)超声波探伤的特点

(1)超声波探伤有如下优点：

①穿透能力强，探测深度可达数米。

②灵敏度高，可发现与直径约十分之几毫米的空气隙反射能力相当的反射体；可检测缺陷的大小通常可以认为是波长的1/2。

③在确定内部反射体的位向、大小、形状等方面较为准确。

④仅从一面接近被检验的物体。

⑤可立即提供缺陷检验结果。

⑥操作安全，设备轻便。

(2)超声波探伤有如下缺点：

①要由有经验的人员谨慎操作。

②对粗糙、形状不规则、小、薄或非均质材料难以检查。

③对所发现缺陷做十分准确的定性、定量表征仍有困难。

④不适合有空腔的结构。

⑤除非拍照，一般少有留下追溯性材料。

3)超声波探伤质量控制

(1)探伤前要充分了解图纸中对焊接质量的技术要求，并有针对性地进行质量控制。

(2)超声波探伤用于全熔透焊缝时，其探伤比例按每条焊缝长度的百分数计算，并且不小于200mm。

(3)对于局部探伤，如果发现有不允许的缺陷时，应在该缺陷两端的延伸部位增加探伤长度，增加长度不应小于该焊缝长度的10%且不应小于200mm；当仍有不允许的缺陷时，应对该焊缝进行100%的探伤检查。

(4)充分了解焊缝常见的缺陷类型(气孔、夹渣、未焊透、未熔合和裂纹)，及缺陷的形成原因和预防措施。

(5)耦合剂选用合适的液体或糊状物，应具有良好透声性和适宜流动性，不应对检测对象和检测人员有损伤作用，同时应便于检验后清理。

(6)探头移动区应足够宽，以保证声束能覆盖整个检测区域；表面应平滑，无焊接飞溅、铁屑、油垢及其他外部杂质。

(7)检测过程中至少每4h或检测结束时，应对时基线和灵敏度设定进行校验，当系统参数发生变化或同设定变化受到质疑时，也应重新校验。

4.5.7 淬硬层深度检测技术

1)淬硬层深度简介

淬硬层深度沿垂直于硬化表面的方向进行测量，当硬度值下降到规定的数值时，这一点距离硬化表面的深度即为淬硬层深度。它是衡量钢材淬透性好坏的重要依据，通常以含50%马氏体的组织来测量，但工具钢或轴承钢等某些钢种除外，是以含90%或95%马氏体的组织来测量。以轴类零件为例，其表面淬硬层深度分布示意如图4-56所示。

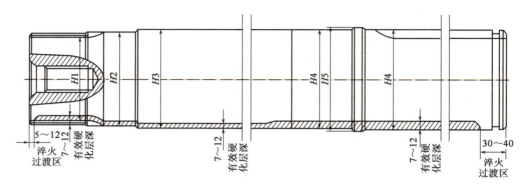

图4-56 传动轴表面淬硬层深度分布示意图(尺寸单位:mm)

2)淬硬层深度检测应用典型案例

在全断面隧道掘进机主轴承再制造中，主轴承滚道面淬硬层深度检测是主轴承检测的重要指标之一，关系着主轴承再制造精度与质量。

(1)主轴承淬硬层深度原理分析

全断面隧道掘进机主轴承工作时最大应力层位于各滚道表面淬硬层下方一定深度的地方。主轴承的表面修复处理实质就是及时修磨去除轴承表面的缺陷层，使轴承重新建立新的滚道表面，这样轴承表面的应力曲线会重新分布；将轴承承载后，表面的最大应力层仍然控制在热处理层带范围之内，从而保证修复后的轴承部件的强度和刚度。如果带有缺陷的轴承没有及时修复，而是被继续使用，轴承的损伤会进一步加重，使缺陷层的深度加深；当轴承滚道面的最大应力层深度达到了表面热处理层的深度，这时轴承部件就不能通过表面修复处理技术进行恢复，只能更换部件，增加再制造成本。

(2)主轴承淬硬层深度测量仪器

以某TBM主轴承及大齿圈再制造为例，使用超声波表面淬火层测厚仪(型号:HARD ECHO SH-65)分别测量主轴承滚道、齿圈齿面淬硬层深度，如图4-57所示。

a)主轴承滚道面淬硬层深度检测

b)主轴承大齿圈淬硬层深度检测

图4-57 主轴承滚道面和大齿圈齿面淬硬层深度检测

4.5.8 热成像检测技术

1) 热成像检测技术简介

热成像检测技术是通过非接触探测红外能量(热量),并将其转换为电信号,进而在专业仪器上生成热图像和温度值,并可以对温度值及其分布进行计算的一种检测技术。

2) 热成像检测应用案例

目前在全断面隧道掘进机再制造调试作业及现场售后服务工作中,经常通过红外热像仪对运行中的全断面隧道掘进机运动副机械部件、电气部件(电机、变压器等)等关键部件进行温度大小、分布监测,预判设备运转状况,如图4-58所示。

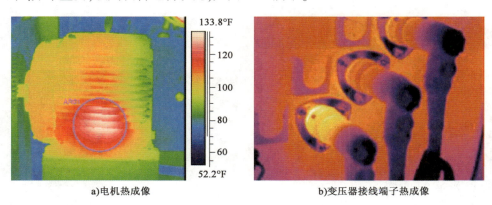

a) 电机热成像　　　　　b) 变压器接线端子热成像

图4-58　电机、变压器接线端子热成像

4.5.9 保压检测技术

在全断面隧道掘进机再制造应用中,经常通过保压检测来反映关键位置部件的性能状况,该检测技术优点是可实现无拆解检测、效率高;缺点是检测条件要求较高,一旦条件不满足相关要求会影响检测精度。下面以主轴承、中心回转接头、液压缸、流体管路和热交换器为例,介绍各自保压测试应用情况。

1) 主轴承密封保压检测案例

检测主轴承密封的保压性能,判断主驱动密封及密封跑道的磨损是否在正常范围内。

(1) 检测工况

在主驱动处于静止平放状态下进行。

(2) 检测前需明确事项

①确定密封压环和密封跑道的间隙。

②确定密封跑道连接螺栓孔直径。

③确定密封腔内是否充满油脂。

④确定油脂管路接口。

(3) 检测方法

通过油脂注入口向密封腔内注入压缩空气,根据气压的下降情况来判断密封的磨损情况。

(4)现场检测情况

现场主轴承气密性测试情况如图4-59所示。

a)压环安装密封条清理并涂抹密封胶

b)主轴承密封压环安装

c)油脂管路封堵

d)保压过程时间记录

图4-59 主轴承密封气密性测试过程

2)中心回转接头保压检测技术

通过对中心回转接头进行气密性保压测试,可判断转子腔体与定子之间唇形密封是否失效。

3)液压缸保压检测技术

检测液压缸的保压及泄漏性能,确保液压缸密封的完好性,满足现场施工需要。

(1)前期准备

首先在液压缸做好内部和配合表面的保护后,进行表面清理,可采用抹布或毛刷、铜丝刷蘸稀料进行清理,保证表面无锈蚀、粉尘和油污等。对各组液压缸的测试压力及工作压力进行统计,为保证测试数据可靠,记录液压缸完全伸出时的压力值和伸出30min后的压力值,并进行对比。

(2)试验油液规定

油液在40℃时的运动黏度应为29~74mm^2/s,试验系统中油液的固体颗粒的污染度等级不得高于国家标准规定的19/15或-19/15,试验用油液应与被试验液压缸密封件材料相容。

(3)保压测试方法

调整试验系统向液压缸内加压,使被试液压缸在无负载工况下启动,并全行程往复运动数次,完全排出液压缸内的空气。检查液压缸运动过程中是否出现振动或爬行现象;检查活塞杆密封、静密封处、液压缸安装的节流或缓冲元件、液压缸焊缝处是否存在漏油;活塞杆是否有划痕拉伤;可见的防尘密封是否有破损。

(4)液压缸检测完毕后排油工作

液压缸在试验结束后无论是否合格,都要进行缸内排油和复位工作。在确认液压缸内腔泄压后无高压力的情况下,人工对其放油,这时不管被试验液压缸的活塞杆处在什么位置,都将其来回无负载动作几次,待确认缸体内的液压油基本排净后,将活塞杆缩至最短尺寸。

(5)盾构推进液压缸保压测试案例

现场推进液压缸保压测试情况如图 4-60 所示。

a)推进液压缸保压及活塞杆表面检查

b)液压缸活塞杆伸出最大行程长度

c)推进液压缸保压测试时间记录

d)密封失效存在严重渗油

图 4-60 盾构推进液压缸现场保压测试过程

4)管路保压检测技术

以刀盘上内置的渣土改良流体管路(4 路泡沫管路、2 路膨润土管路)与液压管路(超挖刀)为例,对其进行气密性(氧气)压力测试,检查管路尤其是管接头位置密封性能,如图 4-61

所示。

5）热交换器保压检测技术

热交换器耐压性能测试，现场测试过程如图 4-62 所示。

图 4-61　刀盘流体/液压管路保压测试

图 4-62　热交换器水压测试

4.5.10　液压综合试验台检测技术

液压综合试验台检测技术的应用可以为全断面隧道掘进机液压部件再制造工作提供有效保障。

1）液压综合试验台简介

"工欲善其事，必先利其器"，液压测试离不开先进的综合试验台，它能够全面检测全断面隧道掘进机上各种型号的液压泵、阀、马达等。

（1）全功率 315kW 仿真试验

试验台最大功率为 315kW，此功率的选择是参考全断面隧道掘进机上最大的液压泵在实际工况中所需的最大功率。可通过多套压力、流量和扭矩转速传感器对各种信号的实时采集仿真来判别被试液压元件在系统中的使用情况，对液压元件的检测和系统优化起到参考作用。

（2）智能数字化控制系统

本试验台控制系统采用"集中管理、分散控制、数据共享"的分布式拓扑结构，以当前工业自动化监测系统为载体，能够实现整套设备采集参数及设备集中监测和运行过程的自动控制，具有开放性、可靠性、稳定性、安全性以及较强的兼容性、扩充性、可扩展性，同时还具有易于操作使用、可修改的特点。

液压综合试验台可实现多站点、多方式控制形式，不仅可在现场进行半自动控制，而且在控制室内仍然可以进行半/全自动控制多台设备的同时启停；可通过控制柜数字显示仪表和上位机动态趋势图实时监测设备运行过程中各基本参数（如流量、压力等）、电机参数（如转速、扭矩等）、电量参数（如电压、功率等），并对实时采集的信号进行数据处理及被检测液压件性能分析、诊断，最终出具测试报告；系统在运行中出现故障报警时，操作控制系统自动辨识选择强制停止或禁止操作，并且设备多点配置紧急停止设施，可随时随地使设备停止运行；若存在存储故障情况，能够自动记录系统或某设备故障前和故障过程中的状态信息，对设备泵组的开/关次数和运行时间进行统计并生成设备管理报表。液压综合试验台及操控系统如图 4-63 所示。

a)液压试验台测试区域

b)液压试验操控平台

图 4-63　液压综合试验台及操控系统

2）液压综合试验台测试项目

（1）液压泵测试

对于液压泵而言，主要进行全工况下的耐压、容积效率、启动扭矩和电液控制变量调节特性测试。

（2）液压马达测试

液压马达主要进行全工况下的机械效率、容积效率、跑合性能等特性测试，如图 4-64a)所示。

（3）液压阀组测试

液压阀组试验台可对阀的耐压特性/泄漏量（换向阀、压力阀）、耐压试验（流量阀）、压力调节特性（压力阀）、调压稳定性（压力阀）/流量调节特性（流量阀）、流量负载特性（流量阀中的调速阀类）、换向性能（换向阀）、启闭特性（单向阀类）等参数进行测试，如图 4-64b)所示。

a)掘进机刀盘驱动马达测试

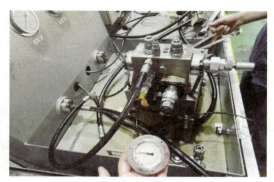
b)液压阀组测试

图 4-64　液压综合试验台测试

4.5.11　电气综合试验台检测技术

目前地下工程施工机械正在朝着规范化、精细化、智能化研究的方向发展，电气控制系统检测已成为指导全断面隧道掘进机制造及再制造的设计和改造工作的重要手段。全断面隧道掘进机电气低压控制系统主要包括传感器、信号监控模块、电机变频器软启动器、电磁比例阀放大板、低压配电模块等多方面、多电压等级设备及配件、通过电气综合试验台可以选择不同的工作条件,对配件进行快速检测及监控,再利用控制平台对检测数据进行实时分析,提升产品质量,缩短电气配件检测及供货时间,从而更高效地进行项目管理。

根据试验台待检测设备的载荷和电气性能要求,在考虑标准化、智能化操作的基础上,试验台分为主操作检测平台和辅助测试平台,整体结构紧凑,采用模块化布置,如图4-65所示。

图 4-65 电气综合试验台系统

主操作检测平台上集中了PLC控制系统、计算机数据采集系统和插拔式通信测控端口,平台上的触摸屏通过集线器与PLC组成一个局域网络。主操作系统共分为4个区域,分别用于检测全断面隧道掘进机的信号监控模块、开关量/模拟量传感器、低压控制电气单元以及用于调控比例电磁阀的比例放大板。辅助测试平台包含一台电机、一套液压泵站和辅助检测自备水箱,利用液压泵站和水泵可完成压力传感器、压力开关、温度传感器和温度开关电磁流量计等元件的检测。

1) 信号监控模块检测系统

信号监控模块主要分为S7-300系统模块、S7-1500系统模块、S7-400系统模块、倍福模块、WAGO数字脉冲模块、中继器、主电源监控模块、无功功率补偿器。信号模块检测的主要方法是通信侦测,即通过主站向从站发送数据,再根据从站反馈的报文解析,读取从站设备的信息,进而判断模块故障。

将全断面隧道掘进机待检测的信号监控模块固定在实验台上,检测系统内部会依次发出指令来检测信号监控模块的输入点、输出点、模拟量输入点、模拟量输出点的通道状态,并将状态信息存入到触摸屏中。

2) 传感器检测系统

全断面隧道掘进机常见传感器按照工作原理分为开关量和模拟量传感器,按照功能类型分为温度、压力、流量、行程、角度传感器。这些传感器普遍属于易损件,且采购周期长,因此提前做好传感器工作性能的检测就显得尤为重要。

在试验平台上设置了相应传感器的工作环境和工作状态,模拟传感器实际需要检测的物理量,通过主操作检测平台上的控制系统采集待测传感器输出的电信号,并与标准传感器的电气性能参数进行比较,自动分析出待测传感器状态是否在正常工作范围内,最终在平台的显示屏上出具检测报告。

3) 低压控制电气单元检测系统

全断面隧道掘进机低压控制电气单元是指电压 220V(AC)、电流范围 0～4A 和电压 24V (DC)、电流范围 0～40A 的开关元器件和保护元器件,用于给全断面隧道掘进机低压电气设备提供电源以及连接控制元器件,并保护负载。

电气检测试验台能够实现对全断面隧道掘进机开关器件和综合保护器件在离机状态下的过载、断路、断相及漏电保护功能的试验测试;实现对低压馈电开关及启动器三相主触点吸合、释放同步性及接触电阻测试;对电磁真空交流接触器进行吸合、释放电压测试。测试完成后,运用计算机显示试验界面,测试、采集并存储试验数据,绘制试验特性曲线和打印实验报告。

4) 比例放大板检测系统

比例放大板是一种由模拟电路构成的电子装置,可以对弱电信号进行变形、计算和功率放大。全断面隧道掘进机的比例放大板主要用于刀盘主驱动泵站、螺旋输送机泵站的压力比例调节阀和流量比例调节阀的控制。

比例电磁阀放大板的主要作用是进行信号匹配,接收微弱(0～10V/4～20mA)的控制信号;同时比例阀放大板加入了各种必要的环节,以输出比例电磁阀所需的电流。

4.6 剩余使用寿命评估技术

再制造对象是经过服役而报废的零部件,存在因磨损、腐蚀而导致的表面失效,因疲劳导致的残余应力和内部裂纹,因振动冲击导致的零件变形等一系列问题。再制造前,需要采用先进的无损探伤检测技术评估毛坯的剩余使用寿命,这是实现再制造产品质量控制的重要手段。目前,再制造相关领域(如汽车等)行业内废旧零部件剩余使用寿命的评估可以通过物理试验和非物理试验两种方式进行。

4.6.1 物理试验法

对于零部件表面缺陷检测,可采用涡流、金属磁记忆及表面超声波等无损检测技术;对于零件内部缺陷检测,可采用超声波探伤、射线探伤等无损检测技术;对于零件残余应力测定分析,可采用 X-射线、金属磁记忆及超声波等无损检测技术;对于再制造零件服役过程状态监测,可采用声发射等无损检测技术。常见的寿命评估检测仪器如图 4-66 所示。

通过以上检测技术对零部件的状态进行辨识,对旧零件的损伤情况和寿命进行检测,以评估零部件再制造的可能性。

a)磁记忆检测仪

b)多功能涡流检测仪

c)超声波/电磁检测仪

d)X射线应力衍射仪

图4-66 常见剩余寿命评估主要仪器设备

4.6.2 非物理试验法

非物理试验法是以零部件历史服役工况数据和失效数据为基础,建立大数据信息于剩余寿命的关系,公式为:

$$LR = LM - LA \tag{4-1}$$

式中:LR——零部件的剩余使用寿命;
　　　LM——零部件的平均使用寿命;
　　　LA——零部件的实际使用寿命。

4.6.3 剩余寿命评估技术应用现状

对于全断面隧道掘进机核心零部件(如主轴承)剩余使用寿命评估技术,目前在全世界范围内还是重大难题,并未形成完善的评估预测理论,甚至专业厂家也不能提供剩余寿命评估和预测,故该技术在现行条件下较难开展实施,需要进一步进行相关理论研究及实践尝试。

4.7 金属表面损伤修复技术

4.7.1 焊接增材技术

1) 焊接技术简介

焊接技术是通过加热或加压,或两者并用,并且利用填充材料,使两种或两种以上的同种或异种材料,达到原子或分子间的结合,形成永久性连接的一种工艺方法。按焊接时母材金属所处的状态对焊接可分为以下几类,如图 4-67 所示。

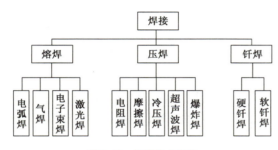

图 4-67　焊接技术分类

(1) 熔焊

在焊接过程中,对连接处的金属施加能量集中、热量足够的热源(如电弧、气燃、等离子弧、电子束和激光等),使其在高温作用下至熔化状态而最终结合。为避免造成焊道的成分变化和性能不良,焊接部位必须采取有效的保护措施(惰性气体、真空等),使焊接部位不与空气接触。

(2) 压焊

焊接过程中必须施加压力,以可能加热或不加热的方式完成的焊接称为压焊。如有加热,则加热的主要目的是使金属软化,使材料在施加压力下更易产生塑性变形。

(3) 钎焊

钎焊是采用比母材金属熔点低的金属材料作为钎料,将焊件和钎料加热到高于钎料熔点、低于母材熔化的温度,利用液态钎料润滑母材,填充接头间隙,并与母材相互扩散以实现连接焊件的方法称为钎焊。钎焊方法易保证焊件尺寸,且接头光滑平整、外形美观;同种、异种金属均可焊接;但其接头强度低,耐热温度不高,焊前对焊件清理要求较严,不适于大型构件。

2) 全断面隧道掘进机常用焊接方法

目前在全断面隧道掘进机再制造领域中,普遍采用的焊接修复工艺基本以熔焊技术为主,施工现场常用的熔焊类型主要包括:焊条电弧焊、CO_2 气体保护焊、氩弧焊和激光焊接。

(1) 焊条电弧焊

焊条电弧焊是以涂料焊条与工件为电极,利用电弧放电产生的高温(6000~7000℃)熔化焊条和焊件,手工操纵焊条进行焊接的焊接方式。焊条电弧焊在单件、小批、零星、修配中广泛应用,适用于焊接 3mm 以上的碳钢、低合金钢、不锈钢和铜、铝等非铁合金。焊条电弧焊操作过程如图 4-68 所示。

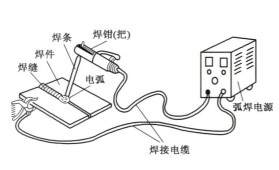
a) 焊条电弧焊示意

b) 焊条电弧焊操作

图 4-68　焊条电弧焊操作过程

焊条电弧焊优点:操作灵活、适应性强,且设备简单,不受焊缝空间位置、接头形式及操作场合的限制,对焊接接头的装配要求低;缺点:焊接过程中会产生强烈弧光和烟尘污染,且劳动条件差、生产率低,焊缝质量较大程度上依赖于焊工操作水平及临场发挥,导致焊接质量稳定性不高。

(2) CO_2 气体保护焊

CO_2 气体保护焊是将 CO_2 气体作为保护介质,焊接时通过焊枪的喷嘴,沿焊丝周围喷射出来,在电弧周围形成气体保护层,机械地将焊接电弧及熔池与空气隔离开来,从而避免了有害气体的侵入,保证焊接过程稳定,以获得优质的焊缝。主要用于焊接低碳钢与低合金钢结构,适于各种厚度,是目前工业制造中最为常见的焊接工艺方法。CO_2 气体保护焊操作过程如图 4-69 所示。

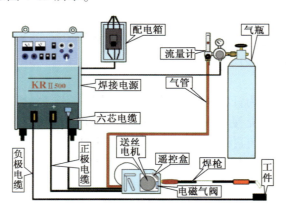
a) 电弧焊示意

b) 电弧焊操作

图 4-69　CO_2 气体保护焊操作过程

CO_2 气体保护焊优点:焊接速度快,焊接质量好(对铁锈不敏感,焊缝含氢量低、抗裂性能好、受热变形小),引弧性能好(能量集中、引弧容易、连续送丝电弧不中断),焊接熔深大(熔深是手弧焊的三倍、坡口加工小),焊接熔覆效率高(可达到90%);缺点:CO_2气体保护焊抗风能力较差,大电流时焊接飞溅较大,不能焊接易氧化的有色金属,焊工劳动条件较差,例如施焊过程会产生CO_2和CO等有害气体和烟尘,且焊接电流较大,会产生较强的紫外线辐射等。

(3) 氩弧焊

氩弧焊是用外加氩气作为电弧介质并保护电弧和焊接区的电弧焊工艺。主要用于焊接易氧化的有色金属和合金钢,如铝、镁、钛及其合金、耐热钢、不锈钢等;为了防止保护气体流被破坏,应尽量在室内施焊。氩弧焊工作原理及操作过程如图4-70所示。

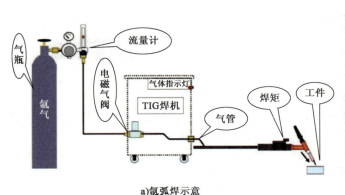 

a) 氩弧焊示意　　　　　　　　　　　　b) 氩弧焊操作

图 4-70　氩弧焊工作原理及操作过程

氩弧焊优点:焊缝质量高(氩气属于惰性气体,不会与金属产生化学反应,同时氩气不溶解于液态金属,电弧稳定、飞溅小、焊缝致密、表面无熔渣、成形美观),焊接变形与应力小(熔池较小、焊接速度快、热影响区较窄、焊接变形小),特别适用于薄件的焊接,操作技术易于掌握,容易实现机械化和自动化;缺点:氩弧焊设备成本较高,焊接产生的紫外线是手弧焊的5~30倍,辐射较大。

(4) 激光焊接

激光焊接是利用聚焦的激光束作为能源轰击焊件所产生的热量进行焊接的一种高效精密焊接方法。利用激光器受激产生的激光束,通过聚焦系统聚焦到十分微小的焦点,当调焦到焊接接头处时,光能转化成热能,从而使金属熔化形成接头。主要用于异种金属和异种材料的焊接,特别适用于焊接微型精密、排列非常紧密、对受热敏感的焊件,目前已广泛用于汽车工业、电子工业等微型件的焊接。激光焊接工作原理及操作过程如图4-71所示。

激光焊接优点:焊接热影响区、焊件变形量极小(能量密度很高、热量集中、时间短、热影响区小),焊件不易被氧化,可在空气中焊接,焊接设备与焊件之间无接触,可焊接难于接近的接头;缺点:能量转换效率太低,通常低于10%,且焊接设备昂贵、成本高。

3) 常见材料的焊接性

金属的焊接性是指在某种焊接方法和工艺参数等条件下,获得优质焊接接头的难易程度。同一金属,采用不同的焊接方法或工艺参数等可能会导致其可焊性有很大差异。在设计时,必须注意焊件结构形状、刚度、焊接方法、焊接材料及焊接工艺条件,考虑工件材料的可焊性。设计重要焊件,必须依据可焊性试验,选择焊接母材。

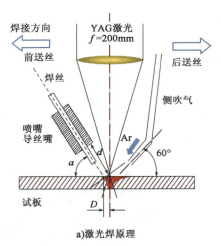
a) 激光焊原理

a) 激光焊操作

图 4-71 激光焊工作原理及操作过程

工程机械常见金属材料以碳钢、合金钢为主,随着钢材料中含碳量的增加,其淬硬性倾向就增大,塑形则下降,更容易产生焊接裂纹,常用的钢材焊接性见表 4-21。

常见钢结构焊接性　　　　　　　　　　表 4-21

钢种	含碳量(%)	常用钢号	典型硬度	典型用途	焊 接 性
低合金钢	≤0.20	Q345、Q460、Q690	60HRB	特殊板材和型材薄板、带材、焊丝	优
低碳钢	≤0.25	Q235、Q255、20号	90HRB	结构用型材、板材、棒材	良
中碳钢	0.25～0.45	30号、35号、45号、55号	25HRC	机械零件和工具	中(需预热、后热,推荐使用低氢焊接方法)
高碳钢	≥0.45	60号、65号、70号	40HRC	弹簧、模具、导轨	劣(需预热、后热,必须使用低氢焊接方法)

4) 焊接材料选型

焊接材料的选择主要依据母材的力学性能和化学成分匹配,一般情况下:力学性能选择低匹配,要大于母材的最小抗拉强度,化学成分选择与母材相似的。

在全断面隧道掘进机钢结构焊接材料选型中,焊接材料的品种、规格、性能等应符合国家现行有关产品标准和设计要求;焊条、焊丝、焊剂、电渣焊熔嘴等焊接材料应与设计选用的钢材相匹配,且焊接过程应符合现行《钢结构焊接规范》(GB 50661)的有关规定。

5) 常见焊接缺陷及预防措施

全断面隧道掘进机钢结构件在施焊作业过程中常见的焊接缺陷包括:外部缺陷和内部缺陷。焊缝外部缺陷通过目测及磁粉探伤检测(MT)发现,焊缝内部缺陷一般通过超声波无损探伤检测(UT)发现;其中常见外部焊缝缺陷包括焊缝形状缺陷、尺寸缺陷、表面裂纹、表面气孔、咬边、烧穿、焊瘤等;常见内部焊缝缺陷包括内部裂纹、内部气孔、夹渣、未熔合等。

(1) 焊缝形状缺陷

焊缝形状不整齐:焊缝宽度、焊高高度变化过大;焊缝不直,与目标焊接线有偏差,熔合线如蛇形、上下起伏,如图 4-72 所示。

产生原因:施工者操作不当,焊缝外观质量粗糙,鱼鳞波高低、宽窄发生突变,焊缝与母材非圆滑过渡等。

危害:应力集中,承载能力不足。

(2) 焊缝尺寸缺陷

焊缝焊高过高,与焊缝宽度不匹配,多发生于立焊时的向上焊接或倾斜焊缝的上坡焊接;焊缝焊高过低,焊缝表面凹陷,造成有效厚度减小,多发生于立面下行焊接或倾斜下行焊接,如图 4-73 所示。

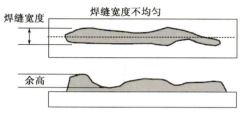

图 4-72 焊缝形状不整齐、不直示意图

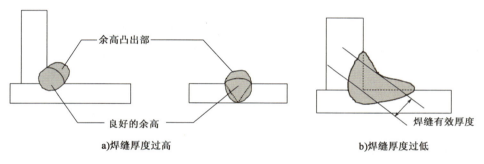

图 4-73 焊缝焊高过高、过低示意图

产生原因:施工者操作不当,焊缝尺寸不符合产品图纸或技术标准要求。

危害:焊缝尺寸较小,强度不足;尺寸较大,削弱了某些承受动载荷结构的疲劳强度。

(3) 焊接裂纹

在焊接应力及其他致脆因素(氢脆/骤冷)作用下,材料的原子结合遭到破坏,形成新界面而产生的缝隙称为焊接裂纹。焊接裂纹按其方向可分为:纵向裂纹、横向裂纹、辐射状裂纹;按发生的部位分为:内部裂纹、表面裂纹,如图 4-74 所示。

产生原因:焊条、焊丝材料中氢、磷含量过多;焊接冷却速度过快;焊接应力过大。

危害及防止措施:裂纹具有尖锐的缺口和长宽比大的特征,易引起较高的应力集中,而且有延伸和扩展的趋势,所以是最危险的焊接缺陷。施焊前,注意焊材选型需符合相关标准规范要求,控制焊材中有害元素含量,焊接工艺过程注意保温,以减缓冷却速度从而减小焊接应力。

图 4-74 焊缝焊接裂纹

(4) 气孔

焊接时,熔池中的气体未在金属凝固前逸

出,残存于焊缝之中会形成空穴。其中,没有浮到表面、留在内部的气体形成内部气孔,留在表面上的气体形成表面气孔,如图4-75所示。

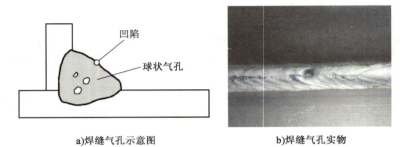

a)焊缝气孔示意图　　　　　　　b)焊缝气孔实物

图4-75　焊缝气孔示意图及实物

产生原因:电弧焊接中所产生的气体里含有过量的氢及一氧化碳;母材钢材中含硫量过多;焊接部位冷却速度过快;焊接区域有油污、油漆、铁锈、水或镀锌层等。

危害及防止措施:焊接气孔减小了焊缝的有效截面积,降低了接头的强度;气孔也会引起应力集中,如氢气孔可能促成裂纹源的产生。气孔与裂纹相比,危害性差一些,标准中允许少量存在,但尽量保证焊缝无气孔或尽量减少气孔数量。施焊前,确保母材表面油污、锈迹等杂质清除打磨干净,通过合理的气体保护焊接工艺施焊,注意要在无风的工作环境施焊。

(5)咬边

沿焊趾的母材部位被电弧熔化时所成的沟槽或凹陷,称咬边,它有连续和断续之分,如图4-76所示。

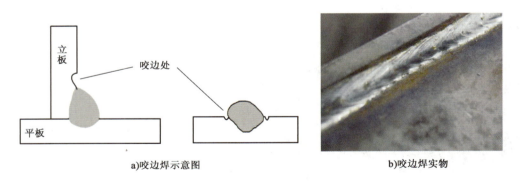

a)咬边焊示意图　　　　　　　b)咬边焊实物

图4-76　焊缝咬边示意图及实物

产生原因:焊接参数选择不对,电流过大,焊速太慢;焊接速度过快;焊接角度不合适。

危害及防止措施:咬边位置焊接应力集中,很容易产生裂纹,影响焊接强度。应合理设置焊接参数,如立焊及仰焊时较易出现咬边的情况,应将焊接电流设置比平焊小20%左右,控制焊接速度及焊接角度。

(6)烧穿

焊接过程中熔化金属自坡口背面流出,形成穿孔的现象,如图4-77所示。

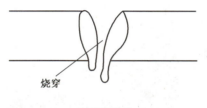

a)焊穿示意图　　　　　　　　　　b)焊穿实物

图 4-77　焊缝烧穿示意图及实物

产生原因:焊接参数选择有误,电流过大;坡口对接间隙太大;焊接速度慢,电弧停留时间长等。

危害及防止措施:焊缝烧穿导致焊缝强度整体被破坏,焊缝质量不合格。应合理选择电流大小、焊接速度,合理设置坡口尺寸。

(7)焊瘤

焊接过程中金属流溢到加热不足的母材或焊缝上,凝固成金属瘤,这种未能和母材或前道焊缝熔合在一起而堆积形成的金属瘤叫焊瘤,如图 4-78 所示。

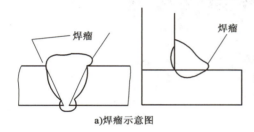

a)焊瘤示意图　　　　　　　　　　b)焊瘤实物

图 4-78　焊缝焊瘤示意图及实物

产生原因:焊接速度过慢或焊接速度不均;操作手法不当(焊枪角度等);焊接电流过大。

危害及防止措施:表面是焊瘤,下面往往未熔合、未焊透;焊缝几何尺寸变化,造成应力集中;管内焊瘤会导致管中介质的流通截面积减小。应合理选择电流大小、焊接速度及焊接角度;立、横、仰焊时看铁水,防止熔敷金属下坠。

(8)未熔合

未熔合是指焊缝金属与母材金属或焊缝金属之间未能完全熔化结合在一起的缺陷,如图 4-79 所示。

产生原因:电流小、速度快、热量不足;坡口或焊道有氧化皮、熔渣、油污、锈蚀等,使得一部分热量损失在熔化杂物上,剩余热量不足以熔化坡口或焊道金属;焊条或焊丝的摆动角度偏离正常位置,熔化金属流动而覆盖到电弧作用较弱的未熔化部分,容易产生未熔合。

危害及防止措施:未熔合是一种类似于裂纹的极其危险的焊接缺陷,其本身就是一种虚焊,在交变载荷工作状态下,应力集中,极易开裂,因此是最危险缺陷之一。应正确选择对口规范,注意坡口两侧及焊层间熔渣和污物的清理;注意运条时焊条角度的调整,使金属熔合均匀且熔透。

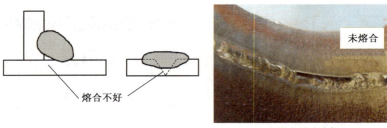

a)焊缝未熔合示意图　　　　b)焊缝未熔合实物

图 4-79　焊缝未熔合示意图及实物

(9)未焊透

焊接时接头根部未完全熔透,焊缝熔敷金属没有进入接头的根部而造成缺陷,如图 4-80 所示。

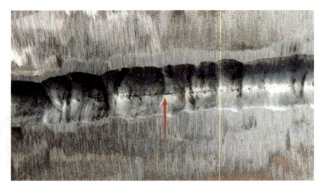

图 4-80　焊缝未焊透

产生原因:电流小,焊速过快,熔深浅;焊接方向偏离焊道中心;坡口和间隙尺寸不合理,钝边太大;焊根清理不良。

危害及防止措施:焊透也是一种比较危险的缺陷,除了导致焊缝工作面积减小而降低焊缝的强度外,也容易在未焊透区域形成尖角而产生应力集中,产生裂纹。因此在施焊作业时,应选择合适电流焊速等,以防止危害产生。

6)焊接变形的原因、防控与矫正

(1)焊接变形产生原因

全断面隧道掘进机进行焊接作业时,熔化的金属及近缝区母材受热膨胀,产生塑性变形;凝固时,焊缝与近缝区金属收缩,从而产生纵向和横向内应力,使得焊缝发生纵向和横向收缩,焊件产生变形;由于施焊作业过程中,热胀冷缩现象必然会发生,所以焊接时也必然会产生变形,因此我们只能控制但不能完全消除焊接变形。

(2)常见焊接变形

按照焊接作业后工件的外观形态来分,常见的焊接变形包括:纵向/横向收缩变形、弯曲变形、扭曲变形、角变形和波浪变形。收缩变形是指焊件尺寸比施焊前缩短的现象;角变形是焊缝的横向收缩沿板厚分布不均所致;弯曲变形是焊缝的中心线与结构截面的中性轴不重合或不对称所致;波浪变形常发生于板厚小于 6mm 的薄板焊接结构中,又称之为失稳变形,角变形也可能产生类似的波浪变形;扭曲变形是焊缝的角变形沿焊缝长度方向分布均匀所引起的。常见焊接变形类型如图 4-81 所示。

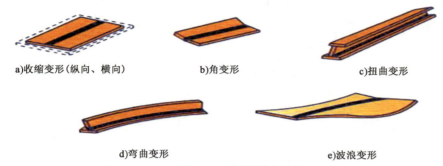

图 4-81 常见焊接变形类型

(3)焊接变形防控措施

全断面隧道掘进机施焊作业过程中采用的焊接变形防控方法主要包括:合理选择焊接方法和焊接规范、刚性固定法、反变形法、采用合理的焊接顺序和方向。

①合理选择焊接方法和焊接规范。

选用线能量较低的焊接方法,可有效防止焊接变形。例如采用 CO_2 半自动焊代替气焊和手工电弧焊,不但效率高,而且可减少薄板结构的变形。

②刚性固定法。

施焊前,将焊件固定在刚性平台上,组合成刚度更大或对称的结构,可利用焊接夹和临时支撑具增加结构的刚度和约束,如图 4-82 所示。

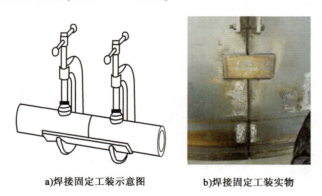

图 4-82 焊件固定工装示意图及实物

③反变形法。

根据焊接生产实践中已发生过的焊接变形规律,预先将焊件向相反方向制成变形或预留变形收缩量再进行焊接的方法,如图 4-83 所示。

④采用合理的焊接顺序和方向。

焊接顺序的基本原则如下:尽量先焊拘束度小的构件,后焊拘束度大的构件,减少焊接中因焊接顺序造成的后续拘束度增加情况;中间往两侧对称施焊;先焊对接焊缝,后焊长焊缝;先焊短焊缝,后焊长焊缝;先焊纵焊缝,后焊环焊缝;已知载荷作用时,先焊拉应力;对变形敏感以及一些有特殊限制的构件,可采取分段交叉退焊法。常见的焊接顺序如图 4-84 所示。

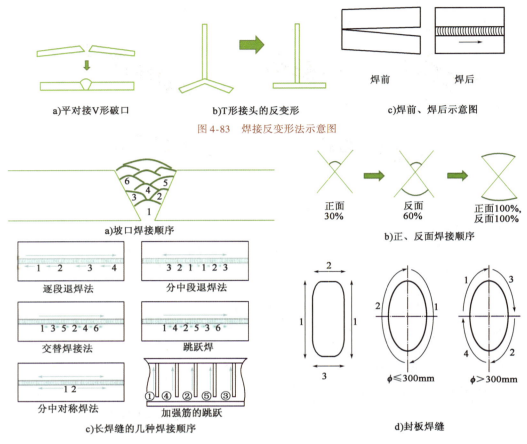

图 4-83　焊接反变形法示意图

图 4-84　常见焊接顺序意图

（4）焊接变形矫正

全断面隧道掘进机钢结构件焊接变形矫正主要采用火焰加热法＋机械矫正法。

火焰加热法是利用火焰加热时产生的局部压缩塑性变形，使较长的金属在冷却后缩短来消除变形，具有简单、机动灵活、适用面广的特点；在使用时应控制温度和加热位置，对低碳钢和普通低合金钢常采用 600～800℃ 的加热温度。

机械矫正法是通过施加外力使焊件产生新的变形，以抵消已经发生的焊接残余变形；机械矫正常用的设备为压力机、千斤顶等。

TBM 顶护盾局部焊接变形矫正过程如图 4-85 所示。

图 4-85　TBM 护盾局部变形矫正（火焰加热＋千斤顶机械矫正）

7）全断面隧道掘进机焊接修复技术应用案例

全断面隧道掘进机设备主要结构以碳钢、合

金钢金属材料为主,其关键零部件的材质情况见表4-22,下面以刀盘、螺旋输送机、主轴承密封跑道和电机传动轴为典型案例,介绍全断面隧道掘进机再制造焊接修复技术。

全断面隧道掘进机关键部件材质情况　　　　　表4-22

部件名称	材质	钢种	焊接性
刀盘主体结构件	Q345B	低合金高强度结构钢	良好
刀具(大圆环保护刀)	Q345B	低合金高强度结构钢	良好
前盾、中盾、盾尾主体结构	Q345B	低合金高强度结构钢	良好
主驱动箱体结构件	Q345B	低合金高强度结构钢	良好
管片拼装机主体结构件	Q345B	低合金高强度结构钢	良好
螺旋输送机主体结构件	Q345B	低合金高强度结构钢	良好
刀具(焊接撕裂刀)	42CrMo/YG13C	超高强度合金结构钢	较差
刀具(超挖刀)	42CrMo/YG13C	超高强度合金结构钢	较差
刀具(喷口保护刀)	42CrMo/YG13C	超高强度合金结构钢	较差
刀具(边刮刀)	42CrMo/YG13C	超高强度合金结构钢	较差
主轴承滚道	42CrMo	超高强度合金结构钢	较差
主轴承密封跑道	42CrMo	超高强度合金结构钢	较差
主轴承密封压环	42CrMo	超高强度合金结构钢	较差
中心回转接头转子	42CrMo	超高强度合金结构钢	较差

(1)刀盘耐磨复合钢板二保焊焊接修复技术

①搭设焊接区围挡。

在某TBM刀盘四周搭置篷布围挡,高度要足够,避免在后续焊接过程中遭遇风吹,同时也能起到环保作用,如图4-86a)所示。

②清理焊接面。

原刀盘耐磨板碳刨去除工作完成后,使用角磨机、砂轮片、风铲、钢丝刷等工具清理坡口、焊疤及飞溅,保证平整度,如图4-86b)所示。

③CO_2气体保护焊(以下简称"二保焊")施焊工艺。

先点焊、定位新更换的刀盘锥面耐磨板(材质:耐磨复合钢板),使用二保焊(型号:YM-500GM)、林肯气体保护药芯焊丝(型号:LW-71)进行刀盘锥面耐磨复合钢板的满焊工作。具体焊接工艺要求:所有需要焊接的焊缝必须在焊缝母材周围预热(预热温度:80~100℃);焊接时药芯焊丝需多层多道焊接;清理用风铲和钢丝刷;要保证层间温度,焊缝每道宽度不大于15mm,并需要反面清根及焊后保温24h(保温棉覆盖),如图4-86c)所示。

④焊缝质量检测。

用带钢丝轮的角磨机等工具打磨、清理焊缝表面,通过磁粉探伤仪、黑油磁悬液(型号:HD-BO)及反差增强剂(型号:FC-5)等对刀盘耐磨复合钢板焊缝进行磁粉探伤检测,确保没有表面裂纹出现,如图4-86d)所示。

a)搭设临时刀盘焊接区

b)刀盘锥面耐磨板焊疤打磨、抛光

c)刀盘耐磨复合钢板施焊作业过程

d)刀盘耐磨复合钢板焊缝磁粉探伤检测

图 4-86　TBM 刀盘耐磨复合钢板二保焊焊接修复过程

（2）螺旋输送机二保焊焊接修复技术

①螺旋输送机筒体内壁二保焊堆焊修复。

经过检测螺旋输送机中、后段筒壁厚度,发现均存在不同程度的磨损,其中伸缩套筒壁磨损较严重。采用 $\phi 1.2mm$ 的药芯焊丝通过二保焊工艺对其内壁进行堆焊修复,最大堆焊高度为 12.13mm（注意使用焊接固定工装以控制焊接变形量）。一次堆焊结束后,再使用测厚仪检测,对未达到要求的部位进行二次补焊,如图 4-87a) 所示。

②螺旋输送机合金耐磨块、叶片及螺旋输送机轴表面二保焊堆焊修复。

经过检测发现螺旋输送机叶片前端磨损较大,最大磨损量达 70mm,后端磨损较小为 15mm。分别采用 20mm×80mm×100mm、30mm×50mm×80mm、40mm×50mm×80mm、50mm×50mm×80mm、60mm×50mm×50mm 的合金耐磨块和药芯焊丝对螺旋输送机叶片进行二保焊堆焊处理,恢复其原来高度,并使用耐磨焊丝补焊螺旋输送机叶片表面耐磨网格及螺旋输送机轴表面耐磨条,如图 4-87b) 所示。

（3）主轴承密封跑道氩弧焊焊接修复技术

①跑道磨损情况。

某盾构主轴承内密封跑道外径 1786mm,最外侧（土仓侧唇形密封处）存在一道磨损,磨损深度 0.5mm 左右、磨损宽度 5mm 左右;外密封跑道外径 3136mm,最外侧（土仓侧唇形密封处）存在一道磨损,磨损深度约 0.5mm,磨损宽度 5mm 左右。

a)螺旋输送机筒体内壁二保焊堆焊施作

b)螺旋输送机叶片、螺机轴耐磨二保焊堆焊施作

图 4-87　螺旋输送机表面耐磨层二保焊堆焊施作过程

②氩弧焊堆焊修复工艺。

主轴承密封跑道材质为 42CrMo(含碳量:0.38%～0.45%),属于中、高碳钢,焊接性差,容易产生焊接裂纹。根据以往实践经验:采用氩弧焊堆焊工艺分段施焊,选用 42CrMo+107Cr 定制焊材(硬度不低于50HRC),达到强化耐磨作用,确保焊材与母材紧密融合,不会发生剥落剥离现象。具体修复工艺如下(图 4-88):

a. 首先用清洗剂对跑道表面进行清理,再用角磨机配合千叶片对磨损区域疲劳层进行打磨,去除表面油污、锈蚀,确保磨损位置无裂纹。

b. 使用电加热片、温控箱或氧气—乙炔火焰对补焊区域进行加温预热处理。

c. 选用 42CrMo+107Cr 定制焊材,采用氩弧焊焊接工艺对磨损位置进行堆焊。由于跑道直径较大,磨损位置距离较长,为了减小热影响,采取分段施焊作业工序。

d. 做好焊接应力消除,除加热外,还需采用机械击打方式消除应力。

e. 对已补焊好的区域及时用电加热片、温控箱或保温棉进行保温,减缓焊区冷却速度。

f. 使用角磨机配合千叶片对堆焊修复部位进行粗磨(打磨时注意打磨机叶片角度,防止对跑道非磨损区表面造成误损伤)。

g. 粗磨后进行着色探伤,确保无气孔、焊接裂纹等缺陷产生。

h. 使用锉刀对补焊区域进行手工修磨,再依次用 100目、500目以及 1000目规格油石进行研磨,按照用户要求确保修复后与无损伤跑道面误差不大于 0.05mm。

a)补焊区清理

b)补焊区预热

c)氩弧焊堆焊(保温)

图 4-88

d) 分段施焊

e) 粗磨（角磨机）

f) 精磨（锉刀、油石）

g) 尺寸检测

h) 表面硬度检测

i) 修复后状态

图 4-88　主轴承密封跑道磨损区氩弧焊修复工艺过程

图 4-89　电机传动轴表面激光焊接施作

③ 质量验收标准。

主轴承密封跑道修理面（氩弧焊堆焊区）要光滑平整，无砂眼、啃边、虚焊、凸凹感，与原密封跑道表面误差不大于 0.05mm；修复部位采用 100% 着色探伤（无裂纹），且表面硬度检测不低于 50HRC。

（4）电机传动轴激光焊接修复技术

对某盾构电机传动轴表面磨损区域采用"激光焊接+表面修磨"修复工艺，恢复传动轴表面设计精度，如图 4-89 所示。

4.7.2　熔覆增材技术

1）激光熔覆工艺技术简介

激光熔覆是绿色再制造先进技术之一，以不同的添料方式在被熔覆基体表面上放置被选择的涂层材料，如镍基、钴基、铁基合金、碳化钨等复合材料，经激光辐照使之与表面一薄层同时熔化，并快速凝固后形成稀释度极低、与基体成冶金结合的表面涂层，从而显著改善基层表面的耐磨、耐蚀、耐热、抗氧化及电气特性。激光熔覆工艺技术原理如图 4-90 所示。

2）激光熔覆工艺技术特点

激光熔覆与堆焊、喷涂、电镀和气相沉积等金属表面修复工艺相比，其技术特点如下：

（1）局部表面对基体的热影响区域小，成品率高。

（2）熔覆层稀释率低，可通过低耗材得到性能良好的表面涂层。

(3)熔覆层晶粒细小且均匀,从而大大提高了材料表面的各种性能。
(4)可作为熔覆层粉末的类型多。

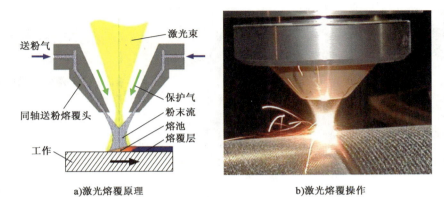

a)激光熔覆原理　　　　　　b)激光熔覆操作

图4-90　激光熔覆工艺技术原理

3)激光熔覆修复应用案例

某盾构推进液压缸活塞杆表面镀铬层出现磨损严重、划痕、坑蚀等异常情况,采用"表面激光熔覆+车削加工"的替代电镀工艺技术进行修复,最终使得液压缸活塞杆表面粗糙度和硬度符合设计标准,如图4-91所示。

a)激光熔覆设备　　　　b)液压缸激光熔覆作业过程　　　　c)液压缸激光熔覆修复成品

图4-91　某盾构推进液压缸激光熔覆再制造修复

4.7.3　喷涂增材技术

1)热喷涂工艺技术简介

热喷涂主要应用于因零件表面磨损而造成的零件失效情况,是将金属或非金属材料加热融化,通过压缩气体连续吹喷到工件表面上,形成与基体牢固结合的涂层,并从工件表面获得所需要的物理化学性能。常见的喷涂热源包括:燃气火焰、电弧、等离子弧或气体爆燃等(图4-92);喷涂材料包括:金属、合金、金属氧化物和碳化物、陶瓷和塑料等,材料形态可为线材、棒料或粉末;喷涂的基体包括:金属、陶瓷、玻璃、塑料、石膏、木材等固体材料;喷涂的涂层厚度为几十微米至数毫米。

常见热喷涂工艺对比见表4-23。

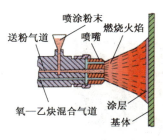
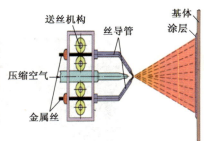
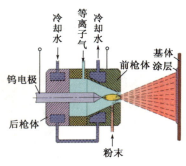

a) 粉末—火焰喷涂原理　　b) 电弧喷涂原理　　c) 等离子喷涂原理

图 4-92　热喷涂工艺原理

常见热喷涂工艺对比　　　　　　　　　　　　　　　表 4-23

参　数	火焰喷涂法	电弧喷涂法	等离子喷涂法	气体爆燃式喷涂法
冲击速度（m·s^{-1}）	150	200	400	1500
温度（℃）	3000	5000	12000	4000
涂层孔隙率（%）	10~15	10~15	1~10	1~2
涂层结合强度（MPa）	5~10	10~20	30~70	80~100
优点	设备简单,工艺灵活	成本低,污染小,基材温度低,效率高	孔隙率低,结合性好,用途多,基材温度低,污染小	孔隙率非常低,结合性极佳,基材温度低
缺点	孔隙率高,结合性差,要对工件预加热	用于导电喷涂材料,孔隙率较高	成本较高	成本高,效率低

2) 热喷涂工艺技术特点

(1) 工艺灵活,使用范围广:热喷涂施工对象可大可小;可整体热喷涂,也可局部热喷涂;室内和野外现场皆可进行热喷涂作业。

(2) 基体及喷涂材料广泛:可通过喷涂不同材料,使工件表面获得所需的各种物理化学性能。

(3) 工件应力变形小:基体可保持较低温度,工件产生的应力变形很小。

(4) 生产效率高:每小时喷涂材料重量可达几十千克,沉积效率高。

3) 热喷涂修复应用案例

(1) 工件磨损情况

某盾构中心回转接头转子表面磨损严重,最大磨损深度 0.25mm、最大磨损宽度 3.3mm,如图 4-93 所示。

(2) 修复工序

具体修复工序见表 4-24。

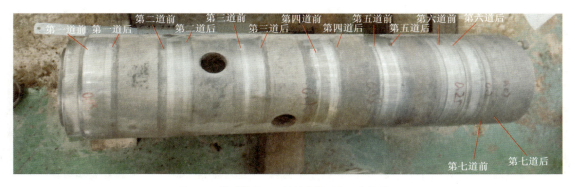

图 4-93　某盾构中心回转接头转子表面磨损情况

中心回转接头转子表面热喷涂修复工序表　　　　　表 4-24

工序号	工序内容	附图
1	转子材质分析:42CrMo	C　Si　Mn　Cr　Al　P　S　Fe 0.69　0.34　0.67　0.12　0.16　0.017　0.19　余量
2	去失效层	
3	喷焊(不锈钢类材料)	
4	精车	
5	热喷涂 (镍基类材料:CB-Ni03)	
6	磨削—抛光	

4.7.4 电镀增材技术

1) 电镀工艺技术简介

电镀是利用电解原理使电解液中的金属离子在工件表面上还原成金属原子,并沉积在工件表面上,从而形成具有一定结合力和厚度镀层的一种电化学和氧化还原过程。通过电镀工艺,可以在机械制品上获得具有装饰保护性和各种功能性的表面层,还可修复磨损和加工失误的工件。以镀镍为例:将金属制件浸在金属盐($NiSO_4$)的溶液中作为阴极,金属镍板作为阳极,接通直流电源后在制件上就会沉积出金属镀镍层。电镀原理和工艺流程如图4-94所示。

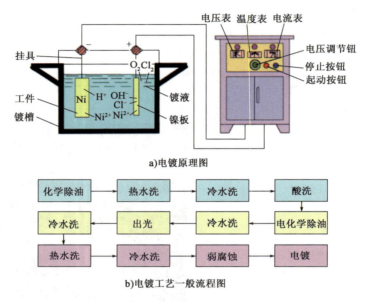

图 4-94　电镀原理及工艺流程图(以镀镍为例)

2) 电镀件主要性能要求

(1) 镀层与基体金属之间、镀层与镀层之间应具有良好的结合力。

(2) 镀层应结晶细致、平整、厚度均匀。

(3) 镀层应具有规定的厚度并尽可能减小孔隙率。

(4) 镀层应保证规定的各项指标合格,如光亮度、表面硬度、耐磨性、耐热性、耐腐蚀性和机械性能等。

3) 电镀修复应用案例

液压缸是全断面隧道掘进机推进液压系统中重要的执行元件,用于往复运动。液压缸活塞杆是液压缸的重要部件,它通常采用45号钢做成实心杆或空心管形态,在使用中会遭受磨粒冲刷,极易产生磨损。为提高活塞杆表面的耐磨性能,达到延长活塞杆使用寿命的效果,目前国内传统工艺是表面镀硬铬(镀层厚度 0.03~0.05mm)并抛光,其表面粗糙度 Ra 为 0.1~0.2μm;其镀液以铬酸为基础,以 H_2SO_4 溶液做催化剂;其工艺优点为:镀液稳定,易于操作,表面铬镀层质量比较高,赋予油杆光亮、高硬度、优良的耐磨性等;其显著缺点是:含铬废水和废气严重致癌,属国家一类控制排放物,对环境和生产工人的危害极大,如图4-95所示。

a)液压缸活塞杆表面镀铬中　　　　b)液压缸活塞杆表面镀铬后

图4-95　某盾构推进液压缸活塞杆表面镀铬过程

在以往的全断面隧道掘进机再制造中,常采用传统镀铬工艺技术对液压缸活塞杆、泥浆伸缩管及TBM鞍架十字销轴等金属磨损表面进行修复处理,但是由于镀铬工艺涉及有腐蚀性、毒性化学物质及废水排放等污染问题,目前逐渐被相关再制造绿色修复工艺技术所替代。

4.7.5　减材机械加工技术

减材机械加工技术是利用刀具和工件的相对运动,使刀具从毛坯或型材上切除多余的材料,以便获得精度和表面粗糙度均符合要求的零件的工艺过程;常见的减材机械加工技术是采用不同机床(车床、铣床、刨床、钻床、镗床及磨床等)对工件进行切削加工,如图4-96所示。

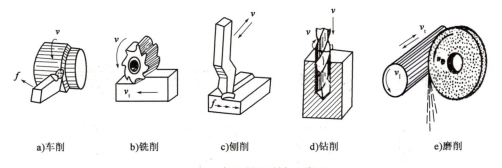

a)车削　　b)铣削　　c)刨削　　d)钻削　　e)磨削

图4-96　常见减材机械加工类型

1)减材机械加工精度

机械加工精度指零件经切削加工后,其尺寸、形状、位置等参数同理论参数的相符合程度,偏差越小,加工精度越高,它包括:尺寸精度、形状精度和位置精度。国家标准规定:常用的精度等级分为20级,分别用IT01、IT0、IT1、IT2…IT18表示,数字越大,精度越低,其中IT5~IT13常用。零件精度等级及其相应的机械加工方法见表4-25。

零件精度等级及其相应的机械加工方法 表 4-25

精 度 等 级	尺寸精度范围	Ra 值范围（μm）	相应的加工方法
低精度	IT13 ~ IT11	25 ~ 12.5	粗车、粗镗、粗铣、粗刨、钻孔等
中等精度	IT10 ~ IT9	6.3 ~ 3.2	半精车、半精镗、半精铣、半精刨、扩孔等
中等精度	IT8 ~ IT7	1.6 ~ 0.8	精车、精镗、精铣、精刨、粗磨、粗铰等
高精度	IT7 ~ IT6	0.8 ~ 0.2	精磨、精铰等
特别精密精度	IT5 ~ IT2	<0.2	研磨、珩磨、超精加工、抛光等

2）常见减材机械加工设备

（1）车床

车床是主要用车刀对旋转的工件进行车削加工的机床，主要包括卧式车床和立式车床，如图 4-97 所示。在车床上还可以加工外圆、端面、锥度、钻孔、钻中心孔、镗孔、铰孔、切断、切槽、滚花、车螺纹、车成形面、绕弹簧等，如图 4-98 所示。

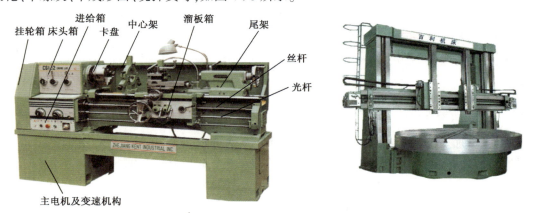

图 4-97　卧式车床和立式车床

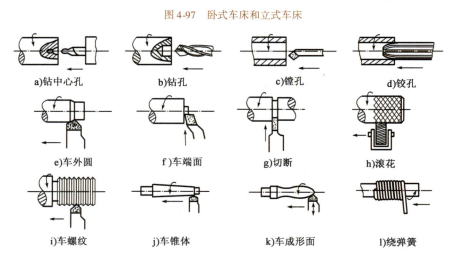

图 4-98　常见车削加工类型

（2）铣床

铣床指主要用铣刀对工件多种表面进行加工的机床。通常铣刀以旋转为主运动，工件和铣刀的移动为进给运动。它可以加工平面、沟槽，也可以加工各种曲面、齿轮等，如图4-99、图4-100所示。

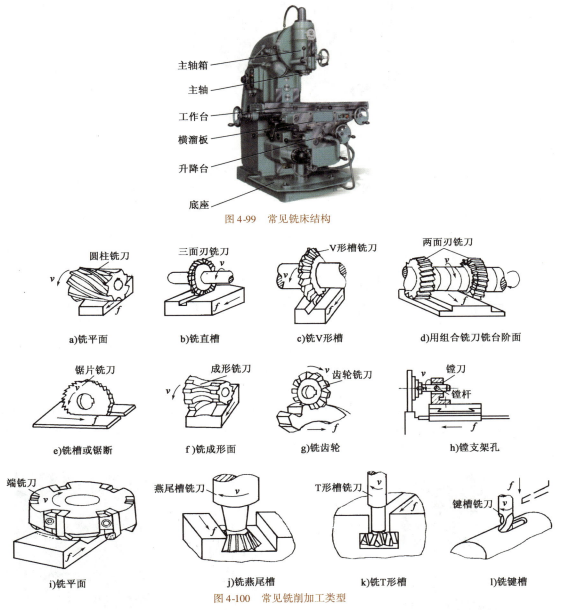

图4-99　常见铣床结构

图4-100　常见铣削加工类型

（3）刨床

刨床是用刨刀对工件的平面、沟槽或成形表面进行刨削的直线运动机床。使用刨床加工，刀具较简单，但生产率较低（加工长而窄的平面除外），因而主要用于单件、小批量生产及机修车间，在大批量生产中往往被铣床所代替，如图4-101、图4-102所示。

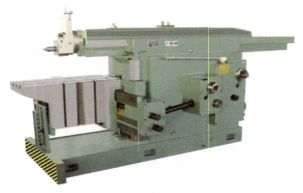

图 4-101　常见刨床结构

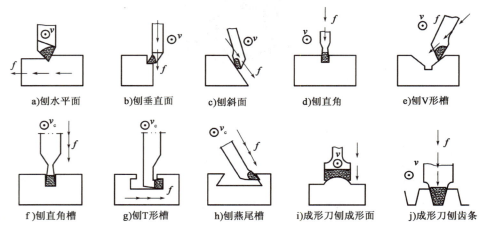

a) 刨水平面　　b) 刨垂直面　　c) 刨斜面　　d) 刨直角　　e) 刨V形槽

f) 刨直角槽　　g) 刨T形槽　　h) 刨燕尾槽　　i) 成形刀刨成形面　　j) 成形刀刨齿条

图 4-102　常见刨削加工类型

（4）钻床

钻床指主要用钻头在工件上加工孔的机床，包括：台式钻床、立式钻床和摇臂钻床；工件直径≤12mm 的孔一般使用台式钻床加工，孔径 <50mm 的中小型零件在立式钻床上加工，大型工件上的孔在摇臂钻床上加工，如图 4-103 所示。

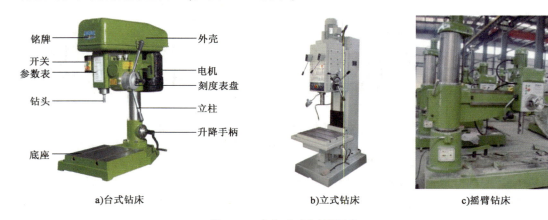

a) 台式钻床　　b) 立式钻床　　c) 摇臂钻床

图 4-103　台式、立式和摇臂钻床

钻床通常以钻头旋转为主运动,钻头轴向移动为进给运动。钻床结构简单,加工精度相对较低,可钻通孔、盲孔,更换特殊刀具,可扩孔、锪孔、铰孔或进行攻丝等加工,如图 4-104 所示。加工过程中保持工件不动,让刀具移动,将刀具中心对正孔中心,并使刀具转动(主运动),这正是钻床的特点。

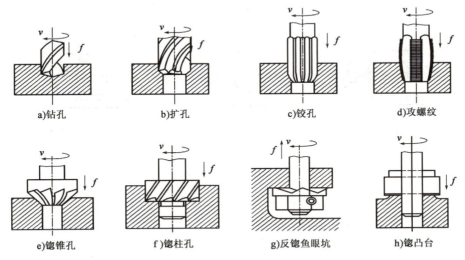

图 4-104　常见钻削加工类型

(5) 镗床

镗床是主要用镗刀对工件已有的预制孔进行镗削的机床,通常以镗刀旋转为主运动,镗刀或工件的移动为进给运动,如图 4-105、图 4-106 所示。主要用于加工高精度孔或一次定位完成多个孔的精加工,此外还可以进行与孔精加工有关的其他加工面的加工。使用不同的刀具和附件还可进行钻削、铣削、切削的加工,且其精度和表面质量要高于钻床。镗床主要用于加工大型工件或形状复杂工件上的孔和孔系,例如变速箱、发动机缸体等。

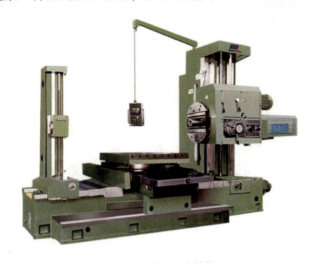

图 4-105　常见镗床结构

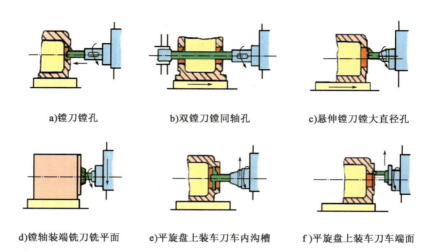

a) 镗刀镗孔　　　　b) 双镗刀镗同轴孔　　　　c) 悬伸镗刀镗大直径孔

d) 镗轴装端铣刀铣平面　　e) 平旋盘上装车刀车内沟槽　　f) 平旋盘上装车刀车端面

图 4-106　常见镗削加工类型

(6) 磨床

磨床是利用磨具对工件表面进行磨削加工的机床,可以磨削外圆、内孔和平面,如图 4-107 所示。大多数的磨床是使用高速旋转的砂轮进行磨削加工,少数的是使用油石、砂带等其他磨具和游离磨料进行加工。

a) 外圆磨床　　　　　　b) 内孔磨床　　　　　　c) 平面磨床

图 4-107　外圆、内孔和平面磨床

(7) 表面光整加工设备

表面光整加工设备主要分为三大类:一类是以降低工件表面粗糙度为主要目的,如光整磨削、研磨、珩磨和抛光机等;一类是以改善工件表面物理力学性能为主要目的,如滚压、喷丸强化、金刚石压光和挤孔机等;一类是以去除毛刺飞边、棱边倒角等为主要目的,如喷砂设备、高温爆炸、滚磨、动力刷加工等。光整加工技术分类如图 4-108 所示。

3) 减材机械加工修造案例

全断面隧道掘进机结构件(刀盘、主驱动箱、盾体、螺旋输送机等)常见减材机械加工案例见表 4-26。

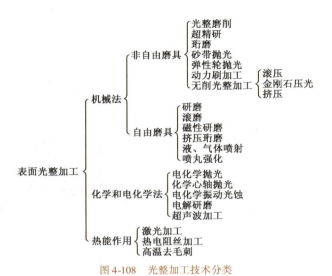

图 4-108　光整加工技术分类

全断面隧道掘进机主要结构件常见减材机械加工案例　　　　　表 4-26

全断面隧道掘进机结构件	减材机械加工类型	附图说明
刀盘	镗铣	
盾体	镗孔	
	铣面	

续上表

全断面隧道掘进机结构件	减材机械加工类型	附图说明
盾体	钻孔	
主驱动箱体	镗孔	
主驱动箱体	立车	
主驱动箱体	钻孔	

续上表

全断面隧道掘进机结构件	减材机械加工类型	附 图 说 明
主驱动箱体	铣削	
螺旋输送机	卧车	
	镗孔	
主轴承环件	立车	

续上表

全断面隧道掘进机结构件	减材机械加工类型	附 图 说 明
主轴承环件	插齿	

4.8 装配技术

4.8.1 再制造装配

再制造装配就是按再制造产品规定的技术要求和精度,将已经再制造加工后性能合格、可直接利用的零件以及其他报废后更换的新零件安装成组件、部件或再制造产品,并达到再制造产品所规定的精度和使用性能的整个工艺过程。再制造装配是产品再制造的重要环节,其装配的好坏对产品的性能、再制造工期和再制造成本等起着非常重要的作用。

再制造装配是把再制造零件、直接利用的零件、新零件装配成组件,零件和组件装配成部件,以及把零件、组件和部件装配成最终产品的过程。按照装配过程的模式,将其分为组装、部装和总装。而再制造装配的一般顺序:先组件和部件的装配,最后是产品的总装配。做好充分周密的准备工作以及正确选择与遵守装配工艺规程是再制造装配的基本要求。

4.8.2 再制造装配方法

根据再制造生产特点和具体生产情况,并借鉴产品制造过程中的装配方法,可将再制造的装配方法分为互换法、选配法、修配法和调整法。

1) 互换法再制造装配

互换法再制造装配指通过控制再制造零件的加工误差来保证装配精度的方法;按互换的程度不同,可分为完全互换法与部分互换法。

2) 选配法再制造装配

选配法再制造装配就是当再制造产品的装配精度要求极高、零件公差限制很严时,将再制造中零件的加工公差放大到经济可行的程度,然后在批量再制造产品装配中选择合适的零件,以保证再制造装配精度。根据选配方式不同,又可分为直接选配法、分组装配法和复合选配法。

3) 修配法再制造装配

修配法再制造装配是指预先选定某个零件为修配对象,并预留修配量,在装配过程中,根据实际结果,用锉刀、刮、研等方法,修去多余的金属,使装配精度达到要求。实际再制造生产中,利用修配法原理达到装配精度的具体方法有按件修配法、就地加工修配法、合并加工修配法等。

4) 调整法再制造装配

调整法再制造装配是指用一个可调整零件,装配时通过调整它在机器中的位置,或者增加一个定尺寸零件(如垫片、套筒等),以达到装配精度的方法。用来起调整作用的零件,都起到补偿装配累积误差的作用,因此称其为补偿件。

4.8.3 再制造装配技术应用案例

以某地铁通用型再制造土压平衡盾构为对象,根据装配图纸设计要求,先介绍盾构主要系统部件(主驱动总成、管片拼装机总成、螺旋输送机总成)的实际装配应用,然后介绍主机、整机的总装应用情况。

1) 主驱动总成再制造装配

(1) 装配对象

主驱动总成装配示意如图4-109所示。

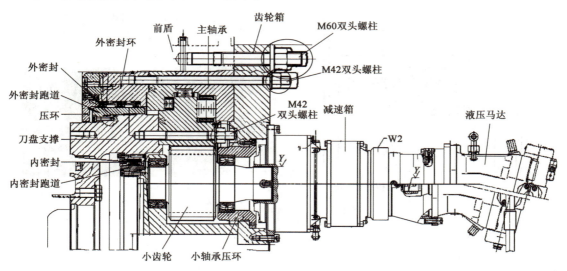

图4-109 盾构主驱动总成装配示意图

(2) 装配流程

主驱动总成装配流程如图4-110所示。

(3) 装配步骤

① 装配件清洁。

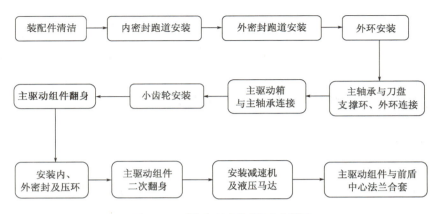

图 4-110 盾构主驱动总成装配流程图

主驱动装配零部件在组装之前,全部不留死角的进行清洁:使用专用清洗剂、煤油、无纺布等清理后,再使用自来水搅合后揉成的面粉团,逐一对部件内部进行粘贴,反复操作直至面团上无杂质、灰尘或颗粒为止。

②内密封跑道安装。

使用 100t 天车将主驱动齿轮箱进行翻身,并安放在预先准备好的支撑座上,按照图纸编号将内密封跑道安装到位,紧固 M16×80 内六角螺栓,如图 4-111 所示;安装时务必注意对油道逐一清理并检查,且油孔必须与齿轮箱内侧油道一一对应;安装完成后用压缩空气吹试,检查跑道是否通畅。

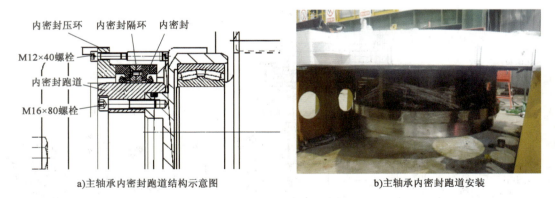

a)主轴承内密封跑道结构示意图　　　　b)主轴承内密封跑道安装

图 4-111　主轴承内密封跑道安装

③外密封跑道安装。

根据装配件实际摆放位置,结合图纸可确定外密封跑道安装工艺,具体操作为:将刀盘支撑平放于方木上,使其刀盘连接面朝上;首先安装直径 8mm 的 O 形密封,然后将外密封跑道安装在刀盘支撑环上,安装并紧固 M16×65 内六角螺栓,如图 4-112 所示。

④外环安装。

根据装配件实际摆放位置,结合图纸可确定外环安装工艺,具体内容为:将外圆环平放于方木上,使其与保护环的连接螺栓孔朝上;安装直径 5mm 的 O 形密封,然后将保护环缓慢放置于外圆环之上并对准螺栓孔,安装并紧固 M24×60 外六角连接螺栓;组装完成后用压缩空气吹试，检查油脂通道是否通畅，如图4-113所示。

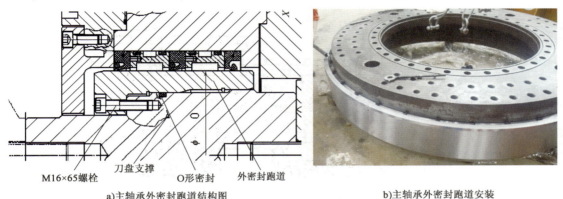

a)主轴承外密封跑道结构图　　b)主轴承外密封跑道安装

图4-112　主轴承外密封跑道安装

a)外环与保护环连接结构图　　b)外环与保护环连接安装

图4-113　外环与保护环连接

⑤主轴承与刀盘支撑环、外环连接。

将外环及刀盘支撑均放置于方木之上，并将刀盘支撑嵌入外环中，并调整支撑物使平面2高出平面1约28.5cm；在连接面安装O形密封并涂抹密封胶，然后使用50t天车及M42吊环将主轴承吊起（使用三根同规格钢丝绳、吊点均布），并缓慢吊放于刀盘支撑上、对准安装螺栓孔位，并根据拆解时标记对准主轴承与外环油脂通道、M42双头螺柱孔；用扳手对称预紧M42螺母，然后用液压拉伸扳手分两个阶段对称紧固螺母到标准扭矩值875N·m；组装完成后用压缩空气吹试，检查油脂通道是否通畅，如图4-114所示。

⑥主驱动箱与主轴承连接。

在主轴承与主驱动箱连接面安装O形密封并涂抹平面密封胶，然后使用50t天车及原装吊环吊起主驱动箱并缓慢放置于主轴承上，并根据拆解时标记对准螺栓孔及油脂通道；组装完成后用压缩空气吹试，检查油脂通道是否通畅；安装M42双头螺柱使其拧入外环螺栓孔，用扳手对称预紧M42螺母，然后用液压拉伸扳手分两阶段对称紧固螺母到标准扭矩值875N·m，如图4-115所示。

⑦小齿轮安装。

根据装配件实际摆放位置，结合图纸可确定驱动小齿轮总成安装工艺，具体操作为：将8个驱动小齿轮（含两端轴承）安装于主驱动箱对应孔位处，然后安装轴承外圈压环，按设计标准扭矩紧固M16×40内六角螺栓，如图4-116所示。

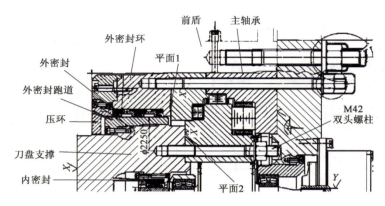

a)主轴承与刀盘支撑环结构图

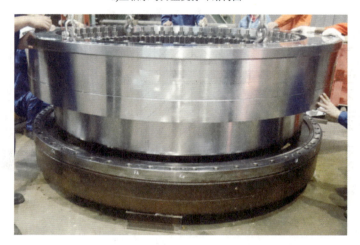

b)主轴承与刀盘支撑环、外环连接安装

图4-114　主轴承与刀盘支撑环、外环连接

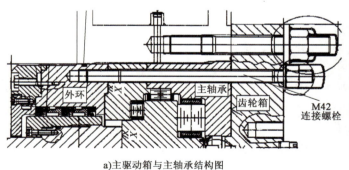
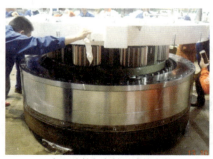

a)主驱动箱与主轴承结构图　　　　b)主驱动箱与主轴承连接安装

图4-115　主驱动箱与主轴承连接

⑧内外密封及压环安装。

为方便安装密封系统,将主驱动组件整体翻身,然后安装外密封隔环上的直径8mm的O形密封,并按图纸依次安装外密封及隔环;安装外密封压环上的直径5mm的O形密封,然后安

装外密封压环及 M16×40 内六角紧固螺栓;按图纸要求依次安装内密封及隔环,并安装内密封压环及 M12×40 内六角紧固螺栓,如图 4-117 所示。

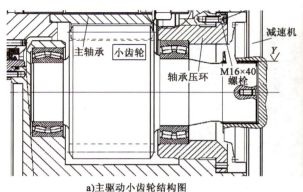
a)主驱动小齿轮结构图

b)主驱动小齿轮安装

图 4-116　主驱动小齿轮安装

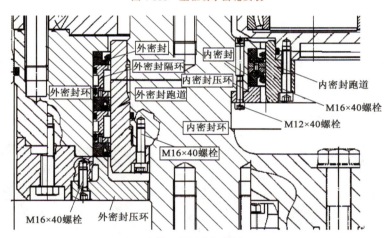
a)主轴承密封系统结构图

b)主轴承密封系统安装

图 4-117　主轴承密封系统安装

⑨主驱动减速机及液压马达安装。

将主驱动组件进行二次翻身,依次安装主驱动减速机及液压马达,注意保证安装方位与原机一致(观察拆机划线标识),避免组件干涉以及角度错误导致管线长度不足,如图4-118所示。

图4-118 主驱动减速机及液压马达安装

⑩主驱动组件与前盾中心法兰合套。

在前盾连接面处安装O形密封;使用100t天车及原装吊环将主驱动组件缓慢吊起并放置于前盾内(图4-119),依据图纸设计及拆解时标记对准螺栓孔及油脂通道;安装M60双头螺柱使其拧入外环螺栓孔,用扳手对称预紧M60螺母,然后用液压拉伸扳手分两阶段对称紧固螺母到标准扭矩1855N·m;组装完成后用压缩空气吹试,检查油脂通道是否通畅。

a)主驱动组件与前盾中心法兰合套过程　　　b)主驱动组件与前盾中心连接螺栓紧固

图4-119 主驱动组件与前盾中心法兰合套

2)管片拼装机总成再制造装配

(1)装配流程

管片拼装机总成装配流程如图4-120所示。

(2)装配步骤

①安装关节轴承。

根据图纸设计,将关节轴承安装到位后安装压环,并紧固固定螺栓,如图4-121所示。

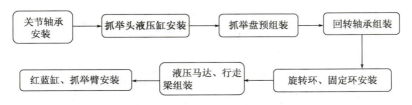

图 4-120　管片拼装机总成装配流程图

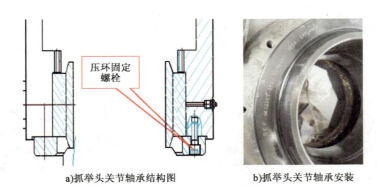

a) 抓举头关节轴承结构图　　　b) 抓举头关节轴承安装

图 4-121　抓举头关节轴承安装

② 安装抓举头液压缸。

根据图纸设计，将抓举头与液压缸连接到位，并紧固固定螺栓，如图 4-122 所示。

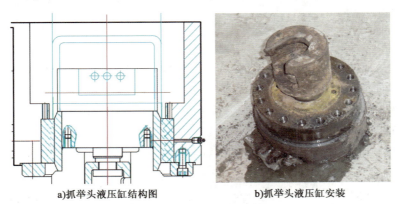

a) 抓举头液压缸结构图　　　b) 抓举头液压缸安装

图 4-122　抓举头液压缸安装

③ 抓举盘预组装。

根据图纸设计，连接抓举盘固定螺栓，然后安装抓举盘摆动、倾角、旋转液压缸，如图 4-123 所示。

④ 回转轴承组装。

根据图纸设计，将回转轴承外环水平放置于枕木上，并将内环嵌入其中；首先安装上下两道防尘密封；安装滚子前将滚道面清洁干净，并涂抹适量润滑油脂，滚子和保持架要按顺序依次装入，如图 4-124 所示。

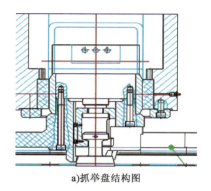
a)抓举盘结构图

b)抓举盘组装

图4-123　抓举盘预组装

a)回转轴承安装

b)回转轴承安装定位

图4-124　回转轴承组装

⑤旋转环、固定环安装。

根据图纸设计要求,将旋转环水平放置于支墩(约1.2m)上,将回转轴承与旋转环装配到位后,安装内齿圈与旋转环连接螺栓,并按照标准扭矩紧固;旋转环安装到位后,将固定环与回转轴外圈装配,并按照标准扭矩紧固连接螺栓,安装旋转体防尘密封,如图4-125所示。

a)旋转环安装

b)固定环安装

图4-125　旋转环、固定环安装

⑥液压马达、行走梁安装。

安装前将马达齿轮清洁干净,马达与减速机首先完成组装后整体安装到位,安装连接螺栓并按照标准扭矩紧固;使用100t天车大、小钩配合将整体旋转90°成直立状态,注意马达防护,避免被碰撞,如图4-126所示。

⑦红蓝缸及抓举臂组装。

使用10t天车吊起并调平红蓝缸,安装并紧固连接螺栓(M36×360),液压缸安装时对液压油口进行防护;红蓝缸安装完毕后安装抓举臂连接销,保证连接销子安装牢靠,如图4-127所示。

图4-126　液压马达安装　　　　　图4-127　红蓝缸及抓举臂安装

3) 螺旋输送机总成再制造装配

(1) 装配流程

螺旋输送机总成装配流程如图4-128所示。

图4-128　螺旋输送机总成装配流程图

(2) 组装步骤

①伸缩套与第二节筒壁组装。

将伸缩套外壁及筒内壁清理干净并涂抹适量油脂;安装伸缩液压缸,将其与第二节筒壁一端安装座进行连接;利用外置液压泵站将伸缩液压缸全部伸出,在伸缩套上焊接钢板充当液压缸连接销,利用液压缸回收将伸缩套拉入筒壁;当伸缩套上液压缸安装座在液压缸一个行程范围内时,连接安装座,回收液压缸将伸缩套全部装入。伸缩节安装过程如图4-129所示。

②第二、三节筒体连接。

将第二节筒壁用支架垫起约0.5m;提前安装第三节筒壁中的伸缩套密封及筒套,并清理内筒壁、涂抹适量油脂;使用10t天车将第三节筒壁吊起并调整角度,同时使用两台3t手拉葫芦将伸缩套套入第三节筒壁。第二、三节筒体安装如图4-130所示。

图4-129　螺旋输送机伸缩节安装过程

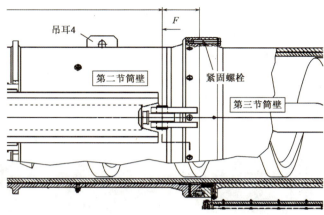
图4-130　螺旋输送机第三节筒体安装示意图

③螺旋输送机轴安装。

使用两台10t天车配合将螺旋输送机轴插入第二节、第三节筒壁中,如图4-131所示。

④首节筒体安装。

使用10t天车将第一节筒壁吊起,并调整角度将其贯入螺旋输送机轴;同时使用50t天车吊起第二节筒壁前段吊耳,使螺旋输送机轴前段抬起,然后继续将第一节筒壁向内贯入,对准螺栓孔进行连接,如图4-132所示。

图4-131　螺旋输送机轴安装

图4-132　螺旋输送机首节筒体安装

⑤出渣口安装。

将螺旋输送机出土口一端垫起约60cm;提前对第一、二道闸门进行组装;使用10t天车将两道闸门吊起,对准螺栓孔进行连接,并安装、紧固螺栓,如图4-133所示。

⑥螺旋输送机驱动端安装。

将驱动盘、减速机、液压马达提前进行组装;使用10t天车整体吊起,调整角度对准螺栓孔进行连接,安装并紧固螺栓,如图4-134所示。

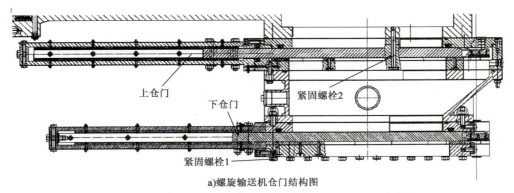

a) 螺旋输送机仓门结构图

b) 螺旋输送机仓门安装

图 4-133　螺旋输送机出渣口安装

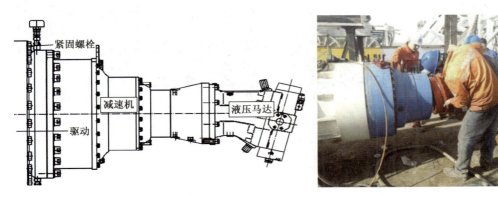

a) 螺旋输送机驱动端结构图　　　　　　b) 螺旋输送机驱动端安装现场

图 4-134　螺旋输送机驱动端安装

4) 整机组装

(1) 整机组装流程

整机(含主机)组装流程如图 4-135 所示。

(2) 拖车附属件安装

1号拖车需通过设备桥与盾体连接,经过计算1号拖车上工装后整体起升2.0m高度;为提高拖车的稳定性及安全性,2~5号拖车采用1.2m支柱,降低高度;拖车上工装前需提前安装好主要附件,如砂浆罐、主机室、泵站、管路等质量体积较大部件,确保施工过程安全可控;少量未到场的附件,可在拖车上工装后安装;拖车严格按照定位尺寸进行安装,并保证拖车直线度;附件安装过程中注意吊具及安全带使用,安装现场如图4-136所示。

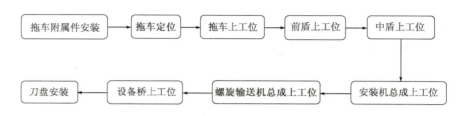

图4-135 整机(含主机)组装流程图

(3)拖车定位

为了便于配套设备安装定位,首先对1号拖车进行定位,并根据1号拖车位置定位其他拖车及盾体位置。定位注意事项:拖车两侧需预留足够位置保证附属件安装所使用到的辅助机具通过;盾体上工装后,右侧空间需满足叉车作业需求;各车间定位需使用线坠等工具,保证车架的直线度,以便于后续走道板的加工制作。定位现场如图4-137所示。

图4-136 拖车附属件安装现场

图4-137 拖车定位

(4)拖车上工位

拖车支柱使用直径300mm、壁厚10mm的无缝钢管,分别切制高度1200mm、600mm两种规格,使用法兰盘、螺栓连接,连接后高度1800mm;拖车中部走道板使用40型角铁及4mm后防滑板焊接制作。支柱需与拖车底部进行焊接,以保证安全性。

使用50/10t天车、4根φ20mm×6m钢丝绳、10t卸扣进行吊装;事先对1号拖车前后及左右方向进行定位,并使用线坠调整拖车中心线位置;定位完成后,将支柱移至拖车下部,并防止移至拖车4根支撑梁下部,然后缓慢下放拖车;摆放完毕后,将支柱与拖车进行焊接以保证牢固性;拖车按图纸间距依次摆放,摆放完毕后连接管线,并安装各系统附件。拖车上工位过程如图4-138所示。

a)拖车钢支撑

b)拖车中部走道踏板

c)拖车吊装

d)拖车上工位

图 4-138　拖车上工位过程

(5)前盾、中盾上工位

如门式起重机副钩吊装能力不足时,需使用 160t 汽车起重机配合翻身,即使用 150t 门式起重机与 160t 汽车起重机将盾体吊起至高度 610mm 处,门式起重机缓慢上升,同时汽车起重机下降,完成悬空翻身,使用线坠对盾体进行定位;定位完成后,使用叉车将工装运至盾体下部,并根据工装中心对其中线标记,然后缓慢下落盾体。

工装制作:工装底部使用厚度 4cm 钢板,尺寸 2280mm×750mm,支撑板使用 2.5cm 厚钢板;支撑板之间使用 2.5cm 钢板及 175H 型钢分别添加两道支撑。

地基承载力:前盾总重约 115t,使用 4 块工装,承载面积为 $6.84m^2$,工装自重约 5.9t;则钢板对地载荷为:$(115+5.9)t/6.84m^2 = 17.6t/m^2$;车间地面采用 20cm 厚 C30 混凝土,承载力为 $50.6t/m^2$,可满足整机组装要求。

前盾、中盾上工位过程分别如图 4-139、图 4-140 所示。

(6)安装机总成上工位

吊装前需将拼装机两根行走梁用工字钢连接,以免吊装时出现变形,吊装时利用 100/50t

天车的主、副钩分别吊装行走梁两端头，以保证安装螺栓时方便螺栓孔的定位和连接。行走梁安装后，将拼装机翻身并填入行走梁，并固定防止滑落；安装端头柱，V形梁在螺旋输送机组装后进行安装，如图4-141所示。

a) 前盾翻身

b) 前盾定位

图4-139　前盾上工位过程

a) 中盾翻身

b) 中盾定位

图4-140　中盾上工位过程

图4-141　拼装机总成上工位

(7)螺旋输送机总成上工位

使用 100/50t 天车的主、副钩分别吊装螺旋输送机前、后端,副钩使用 10t 手拉葫芦进行角度调整,将螺旋输送机插入前盾筒壁后,对准螺栓孔进行固定;安装螺旋输送机中部与中盾门字梁连接板,安装后方可去钩,如图 4-142 所示。

图 4-142　螺旋输送机总成上工位

(8)设备桥上工位

使用 100/50t 天车的主、副钩分别吊装设备桥前、后端,首先连接设备桥与 1 号拖车的连接销;然后对接设备桥与拼装机的拖拉液压缸,并可调整拖拉液压缸的伸缩位置以对准销孔,如图 4-143 所示。

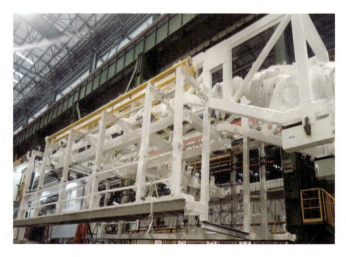

图 4-143　设备桥上工位

(9)刀盘安装

使用 100/50t 天车的主副钩对刀盘进行翻身,翻身后缓慢靠向前盾,对准螺栓孔位,并安装固定,过程中避免旋转接头与前盾发生碰撞,如图 4-144 所示。

a)刀盘翻身　　　　　　　　　　　　　b)刀盘定位

图 4-144　刀盘安装过程

4.9　调试技术

以全断面隧道掘进机典型机型——盾构为例,其用电设备存在数量多、用量大的特点。因此,在盾构再制造出厂之前和现场施工始发掘进前,应对电气系统进行整机调试,对盾构分系统做好调试前准备工作,明确调试步骤,并记录调试过程出现的故障,提出解决办法。

4.9.1　电气系统的基本构成

盾构以电力为动力源,电气系统主要分为供配电系统、PLC 控制系统、计算机数据采集系统、机械液压控制系统。

1) 供配电系统

盾构供配电系统设计原则参照工厂供配电原理,其供配电系统分为高压系统和低压系统,盾构电气系统总体示意如图 4-145 所示。

由于盾构用电量大、供电距离较长,通常采用 10kV 高压供电。从所在城市的 10kV 的电网引接电源,从 10kV 高压配电站通过高压电缆输送,依次经过高压电缆卷筒、高压开关柜、变压器,从而完成盾构高压供电全过程。

盾构的低压配电电压由容量为 2000kV(AC)主变压器将电压由 10kV 变 400V 后,经过电容补偿柜再进行供配电。低压配电系统主要集中在盾构动力柜内,400V 交流电被分配到 3 条线路:一条线路经过小型变压器转换成 230V 交流电供盾构空调、照明、电机控制、PLC 电源使用;一条线路经过开关电源转换成 24V 直流电供盾构操作面板按钮、PLC 信号模块、传感器、电磁阀使用;还有一路直接作为动力源供盾构电机使用。

2) PLC 控制系统

常规盾构一般使用 PLC 进行控制,PLC 模块主要由电源模块、CPU 模块、信号模块、通信模块和接口模块组成。

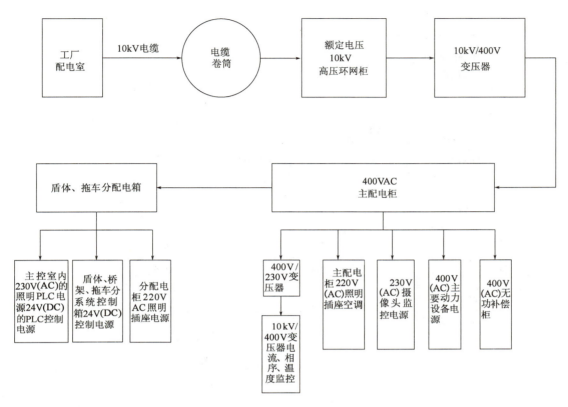

图 4-145　盾构电气系统总体示意图

PLC 的扫描工作可分为输入采样、程序执行、输出刷新,同时,三个阶段进行周期性循环。中央处理器(CPU)从第一条指令执行至结束符号后再返回第一条指令,同样进行周期循环。即在控制软件控制下,按顺序扫描各输入点状态,根据用户程序进行运算处理,之后按顺序向输出点发出相应控制信号。其优点在于盾构上所有控制信号和传感器等都输入到 PLC 输入模块,输出信号由 PLC 输出模块发出,以方便建立各种连锁关系。所以 PLC 可编程控制器不仅是盾构的控制中枢,也是盾构的"大脑和心脏",盾构 PLC 通信调试网络示意如图 4-146 所示。

3)计算机数据采集系统

为了便于盾构设备数据的监测与控制,设计了一个可视化监控的上位机软件系统。系统的结构软件方面,采用微软的 NET 平台下的 C#编程语言实现了数据处理、OPC 通信和可视化监控系统软件的各个功能。

该上位机系统能够将盾构设备各个子系统参数(掘进系统、刀盘系统、螺旋输送机系统、铰接系统、管片拼装机系统等)、报警故障信息、设备状态、各个子系统参数设置界面等信息实时地在可视化界面展示给用户,用户可以在参数设置界面对系统参数进行设置以及打印掘进报表信息,保存掘进过程的相关参数,从而实现对盾构各个子系统的实时监测与控制,盾构上位机显示参数如图 4-147 所示。

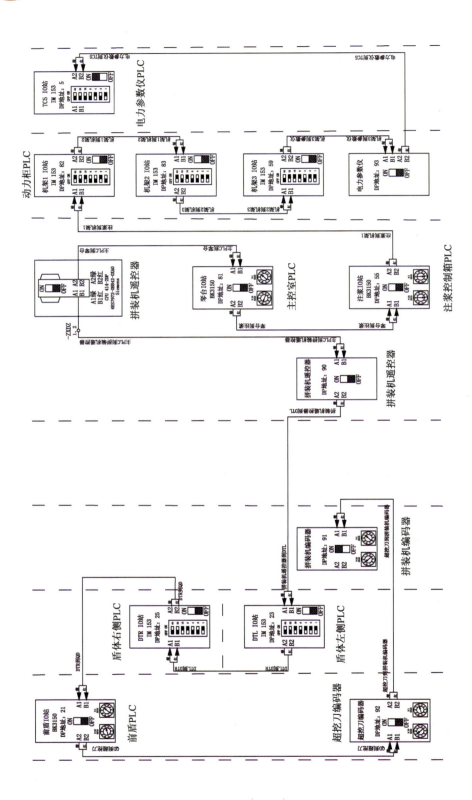

图4-146　盾构PLC通信调试网络示意图

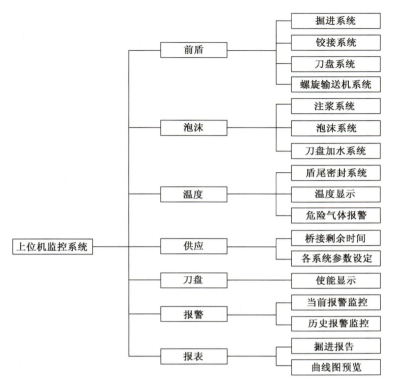

图 4-147　盾构上位机显示参数

4）机械液压控制系统

机械液压控制系统根据不同的功能被划分为压缩空气系统、冷却系统、油脂系统、掘进系统、推进系统、管片安装及运输系统、渣土输送系统、渣土改良系统、注浆系统。空气、水、油脂系统是其他系统调试的前提条件,也是设备正常运转的基础,且整机调试过程所有系统需相互关联、相互配合。

4.9.2　调试前准备工作

1）电气部分准备工作

高压部分：要求专业厂家对高压电缆、高压电缆卷筒、高压开关柜、高压变压器提前做好绝缘测试和耐压测试;现场供电容量满足设备调试及施工现场需求;高压设备接线紧固,地线、零线连接正确;用电防护工作准备充分。

低压部分：组装工作完毕后,协助组装人员检查所有组装过的电气系统管线,必须与图纸相符无误;检查配电柜、变频柜、控制室内的断路器、漏电保护器、电流分配器等开关元件,保证必须处于分闸断路状态;检查空气开关的复位按钮是否可用,接线端口的螺丝是否出现滑丝的现象;检查每台电机出线端相间及对地间绝缘电阻,保证不小于 $5M\Omega$;准备调试需要的对讲机 4 部、管片拼装机遥控电池,并保证对讲机和电池电量充足;经检查无误后,逐级向下送电：配电站 10kV 配电盘→盾构上 10kV 开关柜→盾构低压主断路器;盾构台车变压器送电后保压24h再向下级电气送电；在送电中，需按照先总后分，从上级到下级分系统依次送电，并且在送电过程中用万用表检查送来的电压、电流是否正常；通电后，按照图纸及说明书的要求完成电力参数仪、补偿控制器、断路器等动力系统的参数设置。

控制显示部分：向主控室内PLC的CPU模块安装当前盾构的控制程序，向主控室内工控机安装上位机程序和摄像头程序，导向系统由生产厂家安装、调试；检查通信回路线路无误后，将所有通信模块地址按图纸所给地址设置好，再给所有PLC模块和倍福模块送电使通信开始；结合具体工况设置转速监控器、齿轮油监控器、比例放大板的控制模块参数；逐项检查各信号线路的连接情况，检查各报警器的工作状况，检查各控制信号的可靠性及各指示灯的工作性能；确认各传感器是否有效，各系统的远程、本地控制的有效及连锁性能。

2）液压流体部分准备工作

检查内、外循环水的工作情况；检查内循环各管路有无泄漏及流速、压力、温度显示异常情况；检查外循环水系统的滤芯及各压力表的工作情况；检查安全阀的有效性；检查各管路有无泄漏情况，并按照图纸检查所有组装过的流体、液压系统管线是否连接正确。

对上述情况检查合格后，确认液压油箱的油位和各个减速机的油位；加入内循环水至标准水位；注浆罐、膨润土罐加入水以备调试用，在泡沫原液箱加入准备好的泡沫原液；在有危险的部位放置警示牌。

4.9.3 调试步骤

盾构调试分为空载调试、负载调试；空载调试在盾构组装/再制造车间内进行，根据调试大纲对总装质量及各系统功能进行检查和调试；各系统分别调试完毕满足技术要求后，进行联动调试；经调试整机满足相应技术要求后开始试掘进，试掘进期间即为盾构的负载调试，是对整机性能的检验，为正常掘进奠定基础。盾构分系统调试一般按照电气图纸涉及的不同系统结合机械液压控制系统进行调试。盾构整机调试流程如图4-148所示，图中"&"表示"与"条件；|表示"或"条件。

4.9.4 调试故障检修

1）检查原则

检查原则为先简后繁、由外而内，即先检查电源，随后再检查外部线路。由于PLC程序出问题比较少，故对于电气故障要先从简单的地方查起，当外部可能出现的故障点都排除后，才去考虑PLC可能出现的问题。

2）连接线路问题

元器件与模块之间，或者通信网络之间连接出现故障，如接触不良或者短路，会导致数据传输不顺畅，无法把信号传到PLC的数据处理模块中。连接线路中间断开或者短路故障比较难处理，因为盾构上面的线路都比较复杂，线路较长，连接的地方很多；处理此类问题最实效的方法是把电箱里的线路一端短接，然后测量另外一端的电阻；如果显示短接，则线路正常，显示有电阻或者断路,则线路连接出现问题,说明接头有松动或者中间线路断开,找出故障点重新接好,设备就能正常工作。

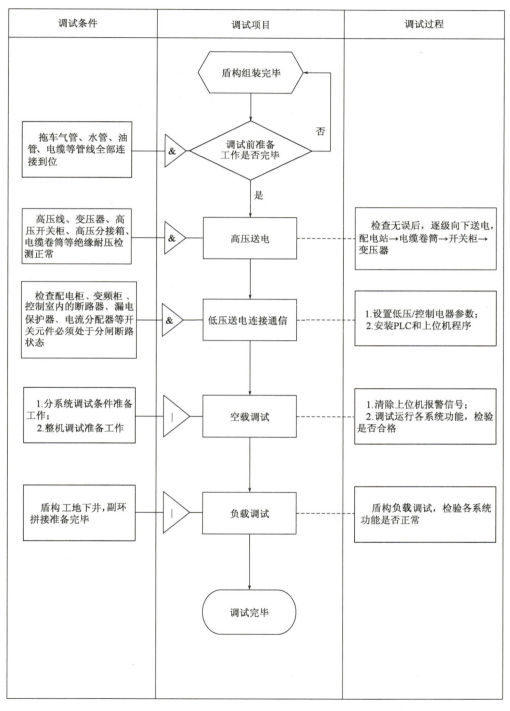

图 4-148　盾构整机调试流程图

3)元器件故障

如继电器、接触器等类型的元器件发生损坏或者烧掉,导致不能正常工作,可以通过观察在电磁线圈加上额定电压时继电器能否正常吸合,失电后能否正常复位;在线圈未加电时常闭触点接通是否良好,常开触点是否断开,来判断元器件是否损坏。如传感器和电磁阀等类型电气元件,由于该类电气元件工作电压和电流较小,一般情况下外观不会出现明显异常,此类问题的处理可以采取排除法:将传感器接到相同工作的传感器接口(此接口处应工作正常),如果传感器正常工作,再将其他正常工作的传感器接到出现故障的接口,观察是否正常工作,如果不能正常工作即可判定为传感器接口出现问题;依次类推,在排除传输线路以及显示器接口故障后,即可准确快速地判断出电气元件是哪个部位出现问题,若元件或者接头损坏就必须对其进行更换。

4)参数及程序问题

当电气线路与元器件等外部可能出现的故障点都排除后,如果问题仍然得不到解决,就要考虑 PLC 程序或者放大板参数等可能出现的问题。在调试某盾构过程中,调试人员在对螺旋输送机进行调试过程中发现,该台螺旋输送机最高转速只能达到 5r/min,与设计值 25r/min 相差很大。经检测,螺旋输送机的外部线路及元器件等故障点均无问题,然后检测液压阀组连接方式也没有问题,PLC 的输入、输出信号正常。后来通过检测螺旋输送机放大板参数,发现该放大板参数的输出电流过小,于是修改放大板参数,重新检测,最终螺旋输送机转速达到了调试要求。

第5章　全断面隧道掘进机再制造典型应用案例

本章以全断面隧道掘进机典型机型为代表,分别介绍盾构、TBM再制造实际应用案例,使从事再制造工作的企业、高校及科研机构重点了解和熟悉典型的盾构/TBM再制造应用案例。

以中铁隧道局施工企业为代表,该公司于2012年开始从事盾构再制造事业,秉承"全拆全检、负载调试"的再制造理念,进行真正意义上的全断面隧道掘进机再制造,截至2021年7月,中铁隧道局累计进行了24台全断面隧道掘进机整机的全面再制造,详见表5-1。

中铁隧道局全断面隧道掘进机再制造业绩　　　　表5-1

序号	原编号	再制造编号	应用项目	掘进情况
1	小松 K02	CT001K	苏州地铁项目	累计掘进5423m,月最高掘进440m
2	海瑞克 S217	CT002H	武汉地铁项目	累计掘进3574m,月最高掘进537m
3	小松 K03	CT003K	苏州地铁项目	累计掘进1579m,月最高掘进346m
4	海瑞克 S179	CT004H	武汉地铁项目	累计掘进2082m,月最高掘进332m
5	海瑞克 S180	CT005H	武汉地铁项目	累计掘进1898m,月最高掘进416m
6	海瑞克 S261	CT006H	合肥地铁项目	累计掘进4896m,月最高掘进379m
7	罗宾斯 TBM337	CT007R	云南大瑞铁路高黎贡山隧道项目	累计掘进6232m,月最高掘进629m
8	中铁5号	CT008C	南昌地铁项目	累计掘进2393m,月最高掘进369m
9	海瑞克 S459	CT009H	广州地铁项目	累计掘进1116m,已贯通
10	海瑞克 S460	CT010H	广州地铁项目	累计掘进909m,待接收井具备条件
11	中铁17号	CT011C	合肥地铁项目	累计掘进1487m,月最高掘进330m
12	中铁23号	CT012C	合肥地铁项目	累计掘进1510m,月最高掘进485m
13	法玛通 NFM06	CT013N	舟山海底公路项目	累计掘进785m(首个区间已贯通),月最高进度164m,第二个区间即将始发
14	海瑞克 S508	CT014H	南京地铁项目	累计掘进817.2m
15	海瑞克 S509	CT015H	南京地铁项目	累计掘进699.6m
16	铁建 DZ014	CT016D	南京地铁项目	累计掘进1077m
17	中铁153号	CT017C	沈阳地铁项目	累计掘进1300m
18	小松 K05	CT018K	郑州地铁项目	正在出场,即将井下组装调试
19	小松 K06	CT019K	郑州地铁项目	工地组装

续上表

序号	原编号	再制造编号	使用城市	掘进情况
20	中铁11号	CT020	沈阳地铁项目	再制造完成工厂拆机
21	中铁28号	CT021C	武汉地铁项目	工地组装
22	中铁12号	CT022C	沈阳地铁项目	工厂再制造中
23	中铁27号	CT023C	合肥地铁项目	工厂再制造中
24	中铁3号	CT024C	合肥地铁项目	工厂再制造中

5.1 盾构再制造案例

本章节以中铁隧道局海瑞克 S261 土压平衡盾构再制造项目为案例，进行详细剖析，可供相关从事盾构再制造工作的企业借鉴。

5.1.1 盾构原型机基本情况

1）原型机技术参数

海瑞克 S261 土压平衡盾构主要技术参数见表 5-2。

海瑞克 S261 土压平衡盾构主要技术参数　　表 5-2

序号	系统	项目	参数
1	刀盘	开挖直径	6280mm
2		开口率	28%
3	主驱动系统	额定扭矩	4500kN·m
4		脱困扭矩	5400kN·m
5		驱动功率	3×315kW（液驱）
6		刀盘转速	0~6r/min
7	推进系统	推进液压缸规格	30×φ220/180~2000mm
8		适应管片规格	φ6000/5400~1500mm×36°
9		总推力	3420t
10		最大推进速度	80mm/min
11	铰接系统	铰接形式	被动铰接
12		铰接液压缸规格	14×φ160/80~150mm
13		总拉力	734t

2）原型机施工履历

海瑞克 S261 土压平衡盾构新机于 2004 年 4 月开始首次掘进，截至 2015 年 11 月，累计掘进里程 11558.5m，历经 9 个施工项目，其施工履历见表 5-3。

海瑞克 S261 盾构掘进里程表   表 5-3

序号	项目名称	区间隧道	掘进里程(m)
1	广州地铁 4 号线	小新区间	2034
2	广州地铁 5 号线	大文区间	844.5
3	广州地铁 5 号线	猎潭区间	1198.5
4	广州地铁 5 号线	三渔区间	984
5	深圳地铁 1 号线 7 标	宝坪区间	1879
6	长沙地铁 2 号线 13 标	体育西路—长沙大道	885
7	长沙地铁 2 号线 10 标	长沙大道—人民东路	1243.5
8	深圳地铁 9 号线	车公庙—香梅区间	1368.5
9	广州 4 号线南延 5 标	资讯园—中间风井区间	1121.5
	累计掘进里程		11558.5

3）原型机再制造前机况评估

在完成广州地铁 4 号线南延 5 标项目后，中铁隧道局设备检测中心对 S261 盾构进行了整机机况评估，存在的主要隐患及问题如下：

（1）2 号刀盘泵电机振动较大，驱动泵振动数值达到报警值；主驱动减速箱 1 号、3 号、5 号、6 号杂质含量超标；刀盘的本地控制功能缺失。

（2）推进系统阀组存在老化情况，导致推进液压缸出现回收异常；推进系统 A、C、D、E 组液压缸行程传感器损坏；铰接压力传感器不能正常显示；铰接液压缸 10 号、13 号的液压缸行程显示不准确。

（3）管片拼装机旋转齿轮有异响；液压系统老化、渗漏油严重；防护拖链和护壳缺失。

（4）管片吊机无行走和提升限位功能；左侧吊机电缆卷筒锈蚀严重。

（5）皮带输送机系统刮渣板磨损严重；部分滚筒安装支座变形严重；皮带输送机拉线急停功能缺失。

（6）渣土改良系统老化严重，泡沫泵、流量计、电动阀和传感器等均存在老化和损坏情况，部分配件缺失。

（7）液压系统老化严重，推进液压缸、阀组、泵站及各系统管接头处存在漏油现象。

（8）电气系统老化严重，配电柜内接触器、控制开关均存在老化，使用过程中常出现断电、跳闸、停电；高低压配电箱、防护门损坏变形；部分控制电缆破损严重。

（9）盾尾和部分车架均存在一定的变形情况；部分照明灯具丢失；主控室控制面板部分按钮和显示模块损坏。

5.1.2 新项目工程概况

新中标项目为合肥地铁 3 号线 2 标方兴大道站—紫云路站区间、紫云路站—锦绣大道站区间，区间长度分别为 1130m、1239m，隧道埋深 8.8～19.2m，区间最小曲线半径 450m，最大坡度 26.1‰。盾构隧道管片规格 $\phi6000/5400\sim1500mm \times 22.5°$。

主要穿越地层为〈2〉2 黏土层，局部穿越〈3〉2 粉质黏土、〈6〉1 全风化泥质砂岩、〈6〉2 强风化泥质砂岩、〈6〉3中风化泥质砂岩。区间地下水主要为第四系孔隙水及基岩裂隙水,地下水位埋深1.7~4.9m,主要赋存于透水能力微至弱的黏土层及强风化泥质砂岩裂隙中,含水率较小,地下水总体不发育。

5.1.3 盾构再制造设计

1)盾构适应性分析

(1)盾构选型

合肥地铁3号线2标段以黏土和全、强风化泥质砂岩为主,含水率较少,根据"地层渗透系数、颗粒级别与盾构选型关系"(图5-1)及类似项目施工经验,宜选择土压平衡盾构进行施工。S261原型机为土压平衡盾构,满足该标段盾构选型需求。

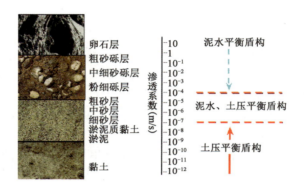

图5-1 地层渗透系数、颗粒级别与盾构选型关系示意图

(2)关键参数核算

根据合肥地铁3号线2标项目水文地质边界条件,结合盾构大数据平台及类似项目施工经验,φ6.28m级土压平衡盾构在黏土段和全、强风化泥质砂岩段实际掘进参数一般为刀盘扭矩1000~2500kN·m、总推力1000~2000t、推进速度10~60mm/min。通过相关计算公式进行盾构关键参数(总扭矩、总推力)理论核算,计算过程如下。

经理论计算与经验分析,S261土压平衡盾构原型机主驱动和推进能力配置能够满足合肥地铁3号线2标项目施工需求,不需再进行改造升级,可显著节约盾构再制造成本。

总扭矩为:

$$T = T_1 + T_2 + T_3 + T_4 \tag{5-1}$$

式中:T——刀盘最大扭矩,kN·m;

T_1——渣土切削扭矩,kN·m;

T_2——刀盘面板和圆周部分与土摩擦产生的扭矩,kN·m;

T_3——刀盘尾部与土体摩擦产生的扭矩,kN·m;

T_4——刀盘连接结构与土体摩擦产生的扭矩,kN·m。

扭矩T_1:

$$T_1 = n \times 1.8 \times D/4 \times e_s \times L \times P^2 \times 10^{(-0.56 \times \alpha \times 3.14 \div 180)} \div 106 \tag{5-2}$$

式中：e_s——摩擦系数，kN/m^3，取值为 $200kN/m^3$；
  L——刀具宽度，mm，取值为 150mm；
  α——刀具角度，°，取值范围 $0° \sim 35°$；
  P——贯入度，mm/r，$(V/N)/k$（$V=60mm/min$，$N=1.2r/min$，$k=3$），取值为 16.7mm/r/min；
  n——刀具数量，把，取值为 $36+8+17+8=69$（把）；
  D——开挖直径，m，取值为 6.28m。

代入数据计算得扭矩 T_1 为 $749kN \cdot m$。

扭矩 T_2：

$$T_2 = \mu \times (1 - A_s/100) \times 2/3 \times \pi \times (D/2)^3 \times P_f + 1/2 \times \mu \times \pi \times D^2 \times L \times P_c \quad (5\text{-}3)$$

式中：P_f——面板上的压力比，kPa，取值为，$K \times [(\gamma - 10) \times (H + D/2) + P_0] = 31(kPa)$；
  P_c——圆周向的压力比，kPa，取值为，$[2 \times (1 + K) \times (P_1 - 10 \times H_w) + K \times (\gamma - 10) \times D]/4 = 48(kPa)$；
  μ——摩擦系数；
  K——系数；
  P_0——1bar；
  H——埋深，m；
  A_s——开口率，取 40%；
  L——刀盘宽度，mm。

代入数据计算得扭矩 T_2 为 $1490kN \cdot m$。

扭矩 T_3：

$$T_3 = (1 - A_s/100) \times 2/3 \times \pi \times \mu \times 0.3 \times \gamma_c \times (D/2)^4 \quad (5\text{-}4)$$

式中：μ——摩擦系数，取 0.3；
  γ_c——土体的重度，kN/m^3，取 $14.17kN/m^3$。

代入数据计算得扭矩 T_3 为 $156kN \cdot m$。

扭矩 T_4：

$$T_4 = D/2/K \times K_a \times \gamma_c \times R \times A_a \times N_a \quad (5\text{-}5)$$

式中：γ_c——土体的重度，kN/m^3，取 $14.17kN/m^3$；
  K——系数；
  K_a——搅拌棒几何系数；
  R——搅拌棒平均半径，取 1.5；
  A_a——交叉区域面积，m^2；
  N_a——搅拌棒数量，取 4。

总扭矩 T：

①在软土地层中，计算得总扭矩 T 为 $2663kN \cdot m$。
②在硬岩地层中。

刀盘的扭矩主要是由滚刀决定的，最大扭矩是由滚刀的数量、滚刀和土体的摩擦系数、单个滚刀允许的负载决定的；正滚刀是满负载作用在滚刀上，边滚刀只有 70% 的负载。

因此，要求的扭矩为：

$$C = \mu \times k \times D/2 \times F(N_1 + 0.7 \times N_2) \tag{5-6}$$

式中：F——滚刀的最大负载力，kN，取 250kN；

N_1——正滚刀数量；

N_2——边滚刀数量；

k——滚刀的重心，坐标为(0,42)；

D——刀盘开挖直径，m，取 6.28m；

μ——滚刀摩擦系数，最大为 0.15。

在本台设备上，刀盘配置了 46 把滚刀，其中正滚刀(32+4)把，边滚刀 10 把。计算得在硬岩地层中扭矩为 1632kN·m。

刀盘配备的扭矩计算：

$$T = 9.55 \times P \times \eta/n \tag{5-7}$$

式中：P——刀盘系统配备功率，kW；

η——驱动系统传递总效率，取 0.7；

n——刀盘转速，r/min。

通过计算刀盘在恒扭矩段的扭矩为 4500kN·m，脱困扭矩为 5500kN·m，刀盘转速 2r/min 时的扭矩大约为 3000kN·m。

根据以上计算刀盘在软土地层中最大实际扭矩 2663kN·m，配备的额定扭矩 4500kN·m，计算安全系数为 1.69；在硬岩地层中的最大实际扭矩 1632kN·m，硬岩地层中按照转速 2r/min，对应的扭矩 3000r/min，计算安全系数为 1.84；所以无论在软土地层还是硬岩地层中刀盘配备的实际扭矩都能够满足掘进需要，并有一定的安全余量。

盾体摩擦力 F_M：

$$F_M = \mu \times [2\pi \times r \times L \times (P_v + P_H) \times 0.5 + G_s] \tag{5-8}$$

式中：μ——摩擦系数，取 0.25；

r——盾体半径，m，取 3；

L——盾体长度，m；

P_v——垂直载荷，kN/m²，取 290kN/m²；

P_H——水平载荷，kN/m²，取 200kN/m²；

G_s——盾构自重，kN，取 3000kN。

计算得盾构摩擦力为 9981kN。

刀盘推力 F_{BA}：

$$F_{BA} = n_g \times 5.6 \tag{5-9}$$

式中：n_g——等效刮刀数量，把，取 55 把。

计算得刀盘推力为 308kN。

盾尾在管片上的拉力 F_s：

$$F_s = 10\text{kN/m} \times 管片外周长 = 10 \times 3.14 \times 6 = 188.4(\text{kN})$$

后配套系统拉力 F_{NL}：

$$F_{NL} = 750(\text{kN})$$

开挖面支撑力 F_{sp}：

$$F_{sp} = 300\text{kN/m}^2 \times 6.28 \times 6.28 \times 3.14/4 = 9288(\text{kN})（按照掌子面最大压力3bar计算）$$

理论总推力 $F_总$：

$$F_总 = F_M + F_{BA} + F_s + F_{NL} + F_{sp} = 9881 + 308 + 188.4 + 750 + 9288 = 20415.4(\text{kN})$$

根据计算情况来看设备配备的总推力为 34212kN，理论需要的最大推力为 20415.4kN，设备配备的推力能够满足最困难地层掘进并预留一定的安全余量。

(3) 明确再制造盾构来源

根据合肥地铁 3 号线 2 标段项目水文地质情况、建设单位需求、设备原始技术参数、施工履历、设备适应性分析、设备进场工期要求及专业设备检测机况评估单位要求等因素综合评估，决定以海瑞克 S261 土压平衡盾构为再制造设备来源。

2) 再制造总体策划

(1) 恢复性再制造策划

海瑞克 S261 土压平衡盾构累计掘进已经超过 10km，历经 9 个施工项目，进行了十多次组装、拆机、转场、平移调头，对设备影响较大，并且该设备一直在广州、深圳和长沙等硬岩和软硬不均地层施工，其主轴承、主驱动减速机、液压系统和电气系统等元器件严重老化，又经历了盾构脱困、刀盘磨损等艰难施工过程，盾构刀盘扭矩和推进压力长时间超负荷运转，导致设备的综合性能下降严重，使用过程中故障频发。

此次再制造对盾构整机进行"全拆全检"，其中对于核心精密部件委托原厂家或国内知名优质企业进行全面、系统检测，并根据实际检测结果制订盾构恢复性再制造专项方案，经专家会评审通过后实施，确保 S261 再制造盾构整机性能能够恢复到新机标准。

(2) 改造升级性再制造策划

为确保再制造盾构的施工能力充分适应合肥地铁 3 号线 2 标项目施工需求，此次 S261 土压平衡盾构再制造计划将在原型机基础上进行相应的适应性改造及性能提升。

具体改造升级内容包括：刀盘适应性新制、推进液压缸分度适应性改造、皮带输送机出渣系统适应性改造、泡沫系统性能提升、膨润土系统性能提升、铰接系统性能提升、油脂系统性能提升、上位机性能提升、管片吊机操作性能提升及增加在线监测功能。

5.1.4 盾构再制造实施过程

1) 关键部件性能恢复

(1) 盾体

使用 3D 扫描仪及测厚仪对前中体、盾尾进行了圆度、厚度检测，使用着色探伤方法对盾体焊缝进行探测，发现前中体无变形，最大磨损量 2.3mm，底部存在部分划痕；盾尾右侧距离铰接密封 300mm 处局部出现凹陷，凹陷部位直径 400mm，最大深度 30mm，盾尾变形量上下 20mm、左右 17.6mm，最大磨损量 3mm。

对盾体划痕部位进行堆焊、打磨平整处理，完成后对堆焊部位做探伤检测；盾尾变形处加焊反向顶撑支座,使用烤枪对变形部位进行加热后再使用液压千斤顶进行校正,使变形量控制在 2‰ 以内。盾体检测及恢复过程如图 5-2 所示。

a) 盾体3D扫描变形检测

b) 盾体壁厚检测

c) 盾体焊缝着色探伤

d) 盾尾变形处加焊反向顶撑支座

e) 盾尾校正

图 5-2　盾体检测及变形恢复过程

（2）主轴承

委托洛阳 LYC 轴承有限公司使用硬度计、跳动千分表和显微镜等对主轴承进行了硬度、游隙、表面淬火厚度、表面硬度及表面情况等检测;使用超声波和着色探伤方法对主轴承进行表面和内部缺陷探伤。

根据检测发现所有滚道上均有不同程度的锈蚀,其中以主推力滚道锈蚀最为严重,在主推力滚道软带附近,以主推力滚道软带为中心左右各 1m 距离处有大面积严重锈蚀,锈蚀深度约 0.2mm;内、外圈推力滚道上有多处压坑,压坑最大直径约 2mm,最深约 0.10mm;对轴承滚道、挡边和齿面进行超声波探伤检测,在上半外圈软带正下方,距离滚道约 40mm 处有一条形缺陷。主轴承检测情况如图 5-3 所示。

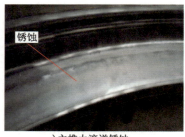
a) 主推力滚道锈蚀

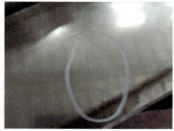
b) 主推力滚道划痕

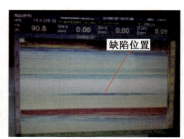
c) 外圈软带缺陷位置

图 5-3　主轴承检测情况

对 S261 盾构原主轴承滚道进行减材修磨及径向滚子定制,按标准装配后作为备用,另联合研制了 1 台直径 2.6m 国产盾构主轴承,用于合肥地铁 3 号线 2 标,如图 5-4 所示。

图 5-4　国产自主研发 φ2.6m 盾构主轴承

(3) 主驱动减速机

委托专业厂家使用塞尺、振动机、噪声仪和减速机试验台等对主驱动减速机进行外观尺寸、探伤、轴承及密封件检查、温升实验、振动测试、全工况模拟实验等专业检测,发现所有轴承均存在不同程度的磨损、输入输出骨架油封老化、8 号制动器活塞和制动器齿圈点蚀现象(图 5-5)。应根据检测结果更换磨损的减速机轴承及所有骨架油封,并使用数控磨床修磨 8 号制动器活塞,找正精度 0.03mm,更换制动器齿圈。

a) 制动器活塞点蚀　　　　　　　　　　b) 制动器齿圈点蚀

图 5-5　主驱动减速机检测问题

(4) 推进液压缸

委托专业厂家对所有推进液压缸进行拆解、检测,发现所有液压缸活塞杆均存在点状锈蚀现象,其中 28 根推进液压缸锈蚀严重,锈蚀深度最大值为 4~5mm;部分液压缸活塞位置存在划伤现象;所有液压缸密封件均存在老化现象,如图 5-6 所示。

根据推进液压缸拆检结果,应更换液压缸所有密封件;活塞杆表面拉伤、腐蚀部位采用激光冷焊或仿激光焊技术结合表面研磨技术处理;液压缸缸体表面进行抛丸除锈、喷漆处理;修复完成后利用液压缸综合试验台对挠度、耐压、泄漏量等全实验工况进行综合检测,如图 5-7 所示。

a)活塞杆表面锈蚀　　　　　　　b)液压缸镀铬层拉伤划痕　　　　　　c)液压缸密封磨损

图 5-6　推进液压缸检测问题

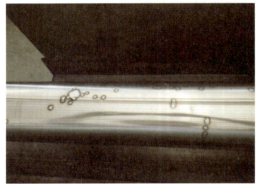

a)补焊　　　　　　　　　　　　　　　　b)研磨

图 5-7　推进液压缸活塞杆补焊、研磨

(5)液压件

委托中铁隧道局设备检测中心使用液压综合试验台等对液压泵、阀、马达进行全拆全检,发现主驱动 2 号泵配油盘表面划痕、缸体孔磨痕、结合面磨痕明显(图5-8);安装机主泵球脚表面有明显压痕;推进泵轴瓦表面压痕较明显;其他液压泵和马达存在配流盘、柱塞轻微划伤情况。根据液压件拆检结果,更换划痕、压痕严重的零部件及所有密封件,并对表面轻微磨损的零部件进行修磨,重新装配后上液压试验平台进行模拟工况测试,内容包括 P-Q 曲线和泄漏量等,最后按照 S261 盾构液压原理图纸参数技术要求标定液压泵、阀组的额定压力和额定流量。

a)配油盘结合面磨损　　　　　　b)配油盘结合面划痕　　　　　　c)缸体孔划痕、表面锈蚀

图 5-8　主驱动 2 号液压泵检测问题

(6) 螺旋输送机

螺旋输送机组成部件全部解体,对螺旋输送机轴及叶片、减速机轴承进行着色探伤,对筒壁壁厚和仓门厚度进行测量(图5-9),发现螺旋输送机叶片磨损严重,最大磨损量约为70mm;螺旋输送机第二节筒壁已多处磨穿,外表补焊有钢板;其他筒壁磨损严重,最大磨损量约为14.63mm;减速机唇形密封及螺旋输送机伸缩密封等存在密封老化现象。

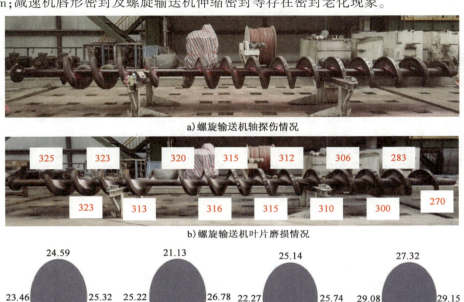

图 5-9 螺旋输送机本体检测

根据螺旋输送机拆检结果,对磨损的叶片和筒壁进行堆焊或加焊耐磨复合板,使其恢复到原尺寸(图5-10);第二节筒壁因磨损严重,需重新按照原图纸加工更换,并于底部增加耐磨钢板;更换减速机前后端密封、隔环及仓门尼龙密封。

a) 伸缩套筒壁堆焊修复

b) 补焊叶片耐磨块

图 5-10 螺旋输送机补焊修复

(7)管片拼装机

对管片拼装机旋转轴承拆除后进行检测(图5-11),发现轴承跑道锈蚀、保持架磨损,故对锈蚀的跑道面进行研磨处理,更换旋转环轴承滚子、保持架及防尘密封。

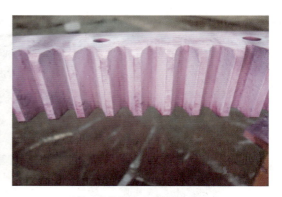

a)管片安装机轴承外圈着色探伤　　b)管片安装机轴承齿面着色探伤

图5-11　管片拼装机轴承探伤检测

(8)人舱及保压系统

委托专业厂家对人舱及保压系统进行检测,发现人舱所有部件均破损或缺失,管路内部存在锈蚀和泥污;保压系统压力调节阀及压力变送器等存在锈蚀。根据拆检结果,检修所有仪器仪表、恢复系统管路、更换舱门密封、舱体涂装、检修舱门,进行人舱气密性、泄漏量测试;清理更换保压系统内损坏的精密零部件,出具专业检测报告。

(9)电气部件

对电机进行拆检、绝缘检测,对电机输出轴外圆面进行径向跳动量检测;对各类型传感器/检测开关、变频器及软启动器等电气元器件采用工况模拟检测法进行检测;委托有承装电力设施资质的单位对高压变压器、高压电缆进行高压耐压测试,出具测试报告。检测过程如图5-12所示。

a)拆检电机转子　　b)电机输出轴径向跳动检测

图5-12

c) 传感器检测　　　　　　　　　　d) 高压电缆绝缘检测

图 5-12　电气部件检测

根据检测结果,更换受损严重的电机轴承;更换变压器内部所有油液;用钨灯烘烤直至电机定子绕组上无水渍,用工业酒精和无纺布清洗绕组上油污泥,在其表面上涂抹绝缘漆;待电机组装完成后,通工业用电检查电机空转是否正常,如图 5-13 所示。

a) 电机定子绕组烘烤　　　　　　　　b) 检查电机运转情况

图 5-13　电机性能恢复

(10) 结构件涂装

盾构主要结构件表面存在油漆脱落、表面锈蚀等情况,对其外观进行喷砂、喷漆处理,使恢复至新机外形标准。搭建配备除尘器的喷砂房,喷砂前将设备上的所有部件进行拆除,液压钢管采用堵头进行封堵,用铁铲等工具将设备上的泥土、砂浆、油泥、油脂等清除干净,确保结构件钢材表面无泥土、锈蚀、酸、碱、油脂等污物;对于结构件上的凹坑部位喷漆前先打腻子补平,再喷漆底漆、中间漆、面漆,并于喷砂完成后 12h 内喷涂防锈漆,防止结构件表面锈蚀,如图 5-14 所示。

2) 系统改造及性能提升

(1) 刀盘适应性新制

原型机刀盘是针对华南地区广州砂质黏性土、混合岩全风化、混合岩强风化、混合岩中风化、混合岩微风化地层所配置的开口率 28% 的复合式刀盘。合肥地铁 3 号线 2 标地层主要为黏土层，局部穿越粉质黏土及强风化泥质砂岩，在此类地层掘进时易结泥饼、出渣不畅，且原刀盘开口率偏小，刀盘更容易结泥饼，导致掘进效率低下。为满足合肥地层掘进需求，新制开口率达到 40% 的复合式刀盘，撕裂刀与滚刀可互换，如图 5-15 所示。

a) 螺旋输送机筒体外表喷漆

b) 注浆管路表面喷漆

图 5-14　结构件、管路表面喷漆

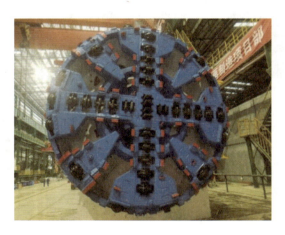

图 5-15　新制刀盘

（2）推进液压缸分度适应性改造

原推进系统液压缸位置对应的管片规格是 6000/5400~1500mm×36°，合肥管片标准规格为 6000/5400~1500mm×22.5°，为了完全适应合肥 22.5° 管片 16 个 K 块安装点位要求，需对液压缸分度进行如下改造，此改造方案兼顾 22.5° 和 36° 管片分度的安装要求，如图 5-16 所示。

原 5、10、15、20 号推进液压缸撑靴形式保持不变，将推进液压缸 4 组双缸撑靴尺寸加大（原 4、6、14、16 号），重新制作推进液压缸撑靴和尼龙板，剩余 4 组双缸和 8 组单缸重新分组，改成 8 组双缸；由于推进液压缸分组改变，分区控制液压阀组至液压缸管路需重新布置连接；更新上位机程序和拼装机遥控器控制键位。

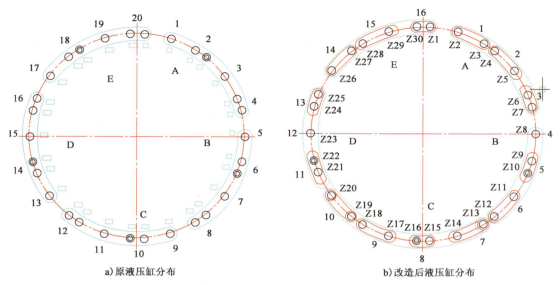

a) 原液压缸分布　　　　　　　　　b) 改造后液压缸分布

图 5-16　推进液压缸位置分布对比

(3) 皮带输送机出渣系统适应性改造

原设计后配套拖车为 4 节，总长度 42.47m，无法满足合肥项目"4 节渣车 +2 节管片车 +1 节砂浆车"水平运输编组施工要求。设计增加 1 节拖车，皮带相应延长 10m，采用 37kW 变频电机替代原 30kW 普通电机进行皮带驱动，相对应的皮带驱动减速机、电气控制元件及线路、PLC 程序及上位机界面进行相应的改造，以满足皮带加长后渣土的正常运输作业，如图 5-17 所示。

a) 皮带输送机驱动电机　　　　b) 皮带输送机驱动滚筒

图 5-17　皮带输送机变频驱动

(4) 泡沫系统性能提升

原泡沫系统为"多管单泵"形式，存在泡沫流量小、管路流量不均衡、泡沫喷嘴易堵塞问题，不利于预防刀盘结泥饼和渣土改良。针对合肥黏土、粉质黏土的地质特点，将泡沫系统升级为目前的主流配置"单管单泵"形式，由原来的"1 台泡沫原液泵 +1 台泡沫水泵"升级为"1 台泡沫原液泵 +4 台泡沫混合液泵"，其中 3 台泡沫混合液泵——对应刀盘上 3 个泡沫注入口，1 台泡沫混合泵对应土仓和螺旋输送机，刀盘单个改良剂喷口直接对应一个泵，当各路泡沫管道与喷口阻力不同时，泡沫仍能按其设定量喷注且流量可调，可减缓喷口堵塞；控制方式由原来通过调节每一路上的电动调节阀来控制流量改为通过调节 4 台泡沫混合液泵的频率来控制每一路泡沫的流量。单管单泵泡沫注入系统如图 5-18 所示。

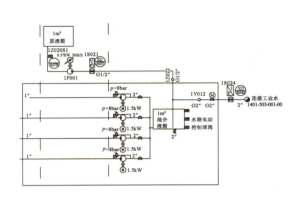 

a)泡沫系统原理图　　　　　　　　　　b)泡沫系统示意图

图 5-18　单管单泵泡沫注入系统

(5)膨润土系统性能提升

原膨润土注入系统为 $30m^3/h$ 离心泵注入形式,存在设备陈旧且故障率高、配件采购困难问题,无法满足合肥地区渣土改良需求,将原离心泵升级为目前主流配置的软管挤压泵($2×20m^3/h$),增加一套膨润土注入动力系统、控制系统和管道,两台挤压泵可实现单独和联合工作,以增强膨润土注入能力,如图 5-19 所示。

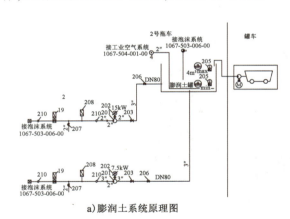 

a)膨润土系统原理图　　　　　　　　　　b)膨润土系统

图 5-19　挤压式膨润土注入系统

(6)铰接系统性能提升

原铰接系统配置为 14 根 $\phi160/80\sim150mm$ 铰接液压缸,系统压力 35MPa 时其最大铰接拉力为 734t,故在小半径转弯或砂层掘进时盾尾易抱死、脱困能力不足,有时还需增加辅助液压缸来脱困,使得工作效率低下。将原有的铰接座子全部割除,新制铰接座,对耳座材料和焊缝进行强度核算及无损探伤检测,原 14 根铰接液压缸全部更换为 $\phi180/80\sim150mm$,使系统压力 35MPa 时铰接总拉力提高至 1000t,以提高盾尾抱死后的脱困能力及效率,如图 5-20 所示。

a)耳座焊接　　　　　　　　　　　　　　b)耳座探伤

图 5-20　盾尾铰接液压缸耳座焊接、探伤

(7) 油脂系统性能提升

原盾尾油脂泵、HBW 密封油脂泵、EP2 润滑油脂泵型号为 IST,该设备陈旧且故障率高,配件采购困难,现场使用、维修、保养不方便。将 3 台油脂泵全部升级更换为目前主流配置的林肯油脂泵,提高设备使用性能,如图 5-21 所示。

a)油脂泵更新前　　　　　　　　　　　　b)油脂泵更新后

图 5-21　油脂泵站更新前、后对比

(8) 上位机性能提升

原系统上位机为英文操作界面,系统老旧、卡顿,程序复杂、繁琐,键盘、鼠标为 USB1.0 接口,部分损坏硬件已无配件采购渠道。将原上位机升级换代为目前主流配置的通用型触摸屏工控机,并汉化系统界面,增加主驱动累计运转时间,重新设计上位机和 PLC 程序,全方位提高上位机工作性能,以方便盾构主司机操作,如图 5-22 所示。

(9) 管片吊机操作性能提升

原管片吊机为有线手柄和控制面板操作,管片小车和管片安装模式推进液压缸控制均为控制面板操作,不便于现场工人操作,且存在一定的安全隐患。为提高施工便捷性和安全性,提高管片拼装效率,对其增加无线遥控功能。

图 5-22　上位机汉化界面

（10）增加在线监测功能

创新开发盾构在线监测系统并应用，包括状态在线监测模块和油液在线监测模块。将传感器布置于盾构待测点位置，数据通过采集器、通信管理器传输至主控室工控机，主控室工控机进行实时采集和存储监测数据，并对采集到的数据（振动、压力、温度、流量、电流、刀盘扭矩、主轴承运转时间及油液状态）进行汇总分析，实现报警提示等功能。盾构在线状态监测系统如图 5-23 所示。

a）液压油状态在线监测

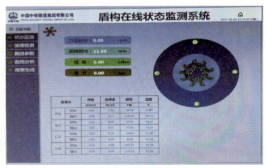

b）在线状态监测界面

图 5-23　盾构在线状态监测系统

3）装机、调试及出厂验收

（1）装机

盾构整机摆放位置确定后，进行主机安装，安装顺序为：主机工装→前盾→中盾→管片拼装机→螺旋输送机→刀盘，如图 5-24 所示。

主机位置确定后，进行盾构后配套安装，安装顺序为：1 号拖车→2 号拖车→3 号拖车→4 号拖车→5 号拖车→设备桥，如图 5-25 所示。

（2）调试

①电气部分运行调试。

检查送电：检查主供电线路，看线路是否接错或有不安全因素；确认无误后，逐级向下送电：配电站 10kV 配电盘→盾构 10kV 开关柜→盾构低压主断路器；检查电机：检查电机能否运转正常,启动电机之前检查线路是否接错,注意电机是否反转。

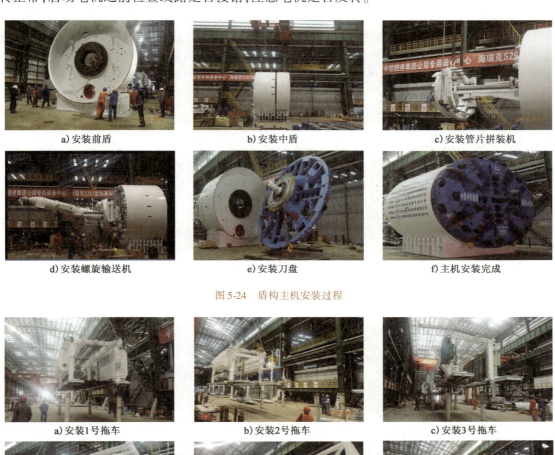

图 5-24　盾构主机安装过程

图 5-25　盾构后配套安装过程

　　分系统参数设置与试运行:完成第二步后进入各个分系统参数设置与试运行阶段,主要是各种控制器的参数设置与调整显示仪表校正,如控制电路板校准、PLC 程序调整等;还包括盾构管片安装、管片运输、出渣系统、油脂系统、注浆系统、刀盘驱动系统、推进及盾尾铰接等分系统调试。

　　整机试运行:完成分系统调试后,整机试运行。

　　②液压部分运行调试。

　　运行调试前应注意:保证油箱油位正常;所有油泵进油口均处于开启状态;所有控制阀门处于正常状态;液压泵驱动电机转向正确;冷却系统工作正常。

运行调试:分系统检查各系统运行是否按要求运转,速度是否满足要求;推进系统,检查推进液压缸的伸缩情况、管路有无泄漏油现象及其动力泵站的运转情况;检查管片拼装机各机构运转及自由度情况,查看布管情况、有无泄漏油现象及其泵站的运转情况;管片吊机和管片拖拉小车,操作遥控手柄检查其运转情况;注浆系统,检查注浆泵运转和管路连接情况;螺旋输送机、皮带输送机出渣系统,检查有无泄漏油现象及其泵站的运转情况。盾构运行调试如图5-26所示。

a)管片拼装机动作调试

b)推进液压缸动作调试

c)油脂泵站动作调试

图5-26　盾构运行调试

(3)出厂验收

①再制造盾构出厂前状态评估。

由中铁隧道局设备检测中心牵头组织,盾构再制造项目部、监理部及用户代表共同组成了设备机况评估小组,依据"CT006H(S261再制造出厂编号)盾构再制造出厂验收大纲",通过外观目测、系统试运行、仪表数据监测等手段对再制造盾构所有系统进行了全面检验、评估,形成"中铁隧道局集团设备检测中心CT006H盾构出厂状态评估报告"。

②再制造盾构出厂验收。

由建设单位、设计单位、监理单位、施工单位、设备监理单位和设备再制造单位组成专家组,对用于合肥地铁3号线2标项目的CT006H(S261再制造出厂编号)土压平衡盾构进行出厂验收,并由再制造项目部、再制造监理部和设备检测中心分别对S261盾构再制造实施过程和质量管控等情况进行专项汇报,如图5-27所示。

a)专家组成员单位

b)专家组现场验收

c)再制造盾构下线仪式

图5-27　再制造盾构出厂验收

③再制造盾构竣工资料验收。

编制"CT006H盾构再制造竣工报告",共包含五章节内容,即依据及背景介绍、过程文件与方法、委外件质检资料与产品合格证、再制造实施过程与验收报告、再制造项目成本。更新完成 CT006H 盾构全套随机技术资料,包含机械图纸、电气图纸、流体图纸、整机使用说明书及部件说明书,其中,所有图纸均为中文版,主机及后配套机械图纸、电气、流体图纸为 CAD 导出版本,交付用户使用。

5.1.5　盾构再制造售后服务

S261 盾构再制造完成后的新编号为 CT006H,并按照新机标准提供 200m 掘进段的现场售后服务及整个标段的质保,派驻专业技术人员和技能人员进行跟机服务。CT006H 再制造盾构按期顺利完成了合肥地铁 3 号线 2 标项目,截至 2019 年 11 月,累计掘进 3816m,最高日掘进 28.5m,最高月掘进 397.5m,且设备完好率和施工进度指标在地铁 3 号线名列前茅,得到了项目用户及合肥业主的认可。

中铁隧道局与洛阳 LY(轴承有限公司)联合研制的国产主轴承在 CT006H 盾构全线贯通后进行了拆检,各部件状况良好,并顺利通过了工业性试验验收,得到工信部再制造产品认定。

5.2　TBM 再制造案例

TBM 具有灵敏度高、易调向、不易卡机、围岩支护及时灵活、掘进效率高等优点,已广泛应用于我国长大铁路隧道施工,在国家"一带一路"倡议推动下,TBM 将在基础建设中发挥着越来越重要的作用。目前国内长大铁路隧道大多采用"TBM 法 + 钻爆法"施工,单项工程 TBM 累计掘进距离一般也不超过 15km,而 TBM 新机设计使用寿命通常按 25～30km 考虑,单台 TBM 的使用寿命远小于其固有寿命,且普遍缺乏后续工程,导致设备长期闲置,存放保养成本高,自然老化等带来的损失较大,甚至报废,造成企业固定资产严重浪费。在满足地质适应性的前提下,可考虑充分利用现有的 TBM,通过实施再制造以满足新工程的施工,且再制造 TBM 与新机相比,交货周期至少减少 30%,而造价比例大约仅为新机的 50% 甚至更少。本章以中铁隧道局 TBM337 再制造项目为案例,进行详细剖析,可供相关从事 TBM 再制造工作的企业借鉴。

5.2.1　TBM 原型机基本情况

1)原型机技术参数

TBM337 主要技术参数见表 5-4。

TBM337 原型机主要技术参数　　　　　　　　　　　表 5-4

序号	系　统	项　目	参　数
1	刀盘	开挖直径	6390mm(新边滚刀)
2		滚刀配置	4 把 17″中心刀 23 把 19″正滚刀 9 把 19″边滚刀

续上表

序号	系统	项目	参数
3	刀盘	刮渣口数量	8个
4		喷水嘴数量	7个
5	主驱动系统	额定扭矩	4054kN·m(5.44r/min)
6		脱困扭矩	6080kN·m
7		驱动功率	7×330kW(变频电驱)
8		刀盘转速	0~11.97r/min
9	推进系统	推进液压缸规格	4×φ400/230~1529mm
10		推进液压缸与隧道轴向最大夹角	19°
11		总推力	1515t(32.4MPa)
12		最大伸出速度	150mm/min
13		最大回缩速度	750mm/min
14	水平支撑系统	撑靴液压缸规格	2×φ820/610~280mm
15		总有效支撑力	3327t
16		最大接地比压	2.92
17		撑靴凹槽间距/槽宽/槽深	750mm/188mm/300mm

注：1″=2.54cm。

2）原型机施工履历

TBM337新机于2009年12月在重庆轨道交通六号线1期项目投入使用，区间地质为砂岩、砂岩夹泥质砂岩、泥质砂岩夹砂岩，2011年8月完成掘进施工任务，累计掘进6652m。TBM337贯通拆机后，整机运至重庆工厂存放，部分系统场外露天存放，存放时间近5年。

3）原型机再制造前机况评估

2011年6月，中铁隧道局设备检测中心对TBM337进行了重庆轨道交通6号线1期项目贯通前状态评估工作，并出具贯通评估报告，存在的主要隐患及问题如下：

（1）刀盘驱动系统：4号主电机安全锁损坏，主电机水冷却系统流量开关损坏，刀盘闭合制动功能效果不好，7号主电机驱动变频器烧毁。

（2）护盾系统：护盾内挂网装置变形，部分螺栓及焊接存在脱落情况。

（3）主轴承齿轮泵振动大、回油少；钻机行走轮及凯式导向柱油脂润滑部位防护不到位，且润滑效果能力不强，部分有异常磨损。

（4）钢拱架安装器：提升功能上部拱架有变形，钢拱架有时顶不到位易掉落，换向阀手柄已断。

（5）推进系统及撑靴系统：推进液压缸、扭矩液压缸位移传感器损坏，前撑靴夹紧缸失效无法使用，弹簧钢板变形；后支撑撑靴提升、下降时有机械爬行，接触面未加注润滑脂，推进液压缸、后支撑液压缸关节轴承破损。

（6）锚杆钻机：水平移动受限导致同步不好，行走轮有磨损；左侧钻机上顶无力，打钻时易卡；盘形齿条有磨损，润滑也不到位，需处理。

（7）材料转运及材料吊机：折臂吊机的行走条形齿轮有断齿及行走轮有异常磨损、阀块漏油现象。

（8）液压系统：高、低压油管混放，爆管后不易更换；液压缸、油泵及阀件部分防护不到位，主轴承齿轮泵振动异常。

（9）皮带输送机系统：2号皮带磨损较严重，托架部分磨损，有跑偏情况发生，测速传感器缺失。

（10）水系统：主驱动电机冷却效果不好，水温偏高，最高时达50℃左右。

（11）砂泵车驱动装置及辅助横移平台倒罐困难，需改进。

（12）后支承位移传感器、推进液压缸行程传感器、拖拉液压缸行程测量系统损坏。

（13）各传感器及导向控制系统功能故障，CO_2、甲烷、CO 监测显示故障。

（14）电容补偿柜损坏。

5.2.2 新项目工程概况

新项目为云南省大瑞铁路高黎贡山隧道项目，隧道全长 34.538km，是目前国内在建第一特长单线铁路隧道。高黎贡山隧道出口段拟采用"正洞大直径 TBM + 平行导洞小直径 TBM"施工，正洞 TBM 开挖直径 9.03m，掘进全长 12.37km；平行导洞 TBM 开挖直径 6.39m，掘进全长 10.18km，最大坡度 9‰，最大埋深为 1155m。高黎贡山隧道出口段施工范围如图 5-28 所示。

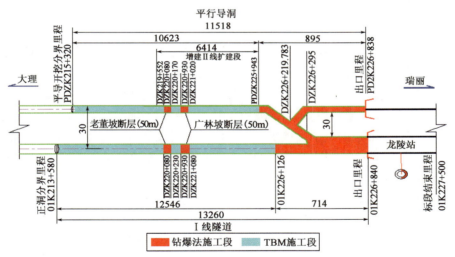

图 5-28　高黎贡山隧道出口段施工范围示意图（尺寸单位：m）

设计小直径 TBM 施工平行导洞的目的首先是利用其超前作用，为正洞大直径 TBM 探明地质实际条件；其次能快速达到并采用钻爆法处理老董坡和广林坡两大断层，以保障正洞大直径 TBM 到达时能步进通过，减少 TBM 停机等待时间，减少施工风险；最后与 2 号竖井出口方向平导尽快接应，降低竖井施工难度。

TBM 施工穿越地层主要为燕山期花岗岩（长 8.81km，占全长 73%）、片岩、板岩、千枚岩夹石英岩、变质砂岩（长 1.44km，占全长 22%）。围岩等级以Ⅲ类为主，但Ⅳ、Ⅴ级围岩占比高达 40%。预测隧洞正洞正常涌水量 12.77 万 m^3/d，最大涌水量 19.2 万 m^3/d。TBM 掘进段围岩岩性及主要参数见表5-5。高黎贡山隧道TBM段的不良地质条件主要包括：高地应力、软岩大变形、地层破碎、高地温、高地震烈度及突涌水等。

TBM掘进段围岩岩性及主要参数表 表5-5

序号	地层岩性及地质构造	长度（m）	岩石耐磨性 $Ab(1/10mm)$	岩石单轴饱和抗压强度 R_c（MPa）	岩石完整性系数
1	燕山期花岗岩	8810	3.34~3.59	46~65	0.25~0.85
2	白云岩、灰岩夹石英砂岩	290	3.34	65	0.69
3	物探V级异常带	840	3.34~5.18	8~40	含2处断层带
4	灰岩、白云岩夹石英砂岩	460	3.34	40	0.45~0.85
5	片岩、板岩、千枚岩夹石英岩、变质砂岩	1440	3.34	20~40	0.45~0.85
6	蚀变岩	140	3.34	4.6~15	即扩挖段

5.2.3　TBM再制造设计

1）TBM适应性分析

（1）TBM选型

TBM主要分为敞开式、双护盾式、单护盾式三种类型，分别适用于不同的地质。其中敞开式TBM主要适用于岩体较完整、有较好自稳性的硬岩地层，该地层所需支护工作量小，掘进效率高、速度快，且掘进过程中可直接观测到围岩洞壁岩性变化，便于地质图描绘；当采取有效支护手段后，也可适用于软岩隧道，但当地质较差时需要超前加固，支护工作量大，掘进速度受到限制。根据高黎贡山隧道的掌子面地质及地勘设计资料显示：该地区围岩等级以Ⅲ类为主，但Ⅳ、Ⅴ级围岩占比高达40%，采用敞开式TBM施工能够在较硬的Ⅲ类围岩中快速掘进，在Ⅳ、Ⅴ类软弱围岩中也可通过灵活的支护手段（初喷＋钢筋排＋钢拱架＋锚杆＋喷射混凝土）进行及时、有效支护，以保证TBM在软岩中连续稳步掘进，这在类似的TBM施工项目中已经得到实践验证。此外，考虑到高黎贡山隧道软岩破碎带占比较大，而敞开式TBM护盾长度设计较短，当围岩收敛或垮塌严重时不易卡机，且容易调向。综上所述，采用敞开式TBM能够较好地适应高黎贡山隧道地质条件，相比传统钻爆法施工，可显著提高施工效率，缩短整体施工工期。

（2）关键参数核算

根据大瑞铁路高黎贡山隧道项目水文地质边界条件，通过相关计算公式对TBM关键参数理论核算，见表5-6。结合TBM大数据平台及类似项目施工经验，TBM337原型机关键参数能够满足高黎贡山隧道地质条件下的掘进施工要求，不用再进行适应性改造，可节省TBM再制造成本。

TBM337 原型机关键参数核算 表 5-6

序号	项目	TBM337 原型机设计参数	高黎贡山隧道平导 TBM 所需参数
1	总推力(t)	1515	1160(每把滚刀承载 26)
2	刀盘额定扭矩(kN·m)	4054	2500(按照 SELI 公司公式)
3	撑靴支撑压力(t)	3327	2900

（3）明确再制造 TBM 来源

根据高黎贡山隧道项目水文地质情况、业主方需求、设备原始技术参数、施工履历、设备适应性分析、设备进场工期要求及中铁隧道局设备检测中心机况评估等因素综合分析，明确了原用于重庆轨道交通 6 号线的敞开式 TBM337（开挖直径 6.39m）为再制造 TBM 来源。

2）TBM 再制造总体策划

（1）恢复性再制造策划

TBM337 购置时间较早，掘进里程超过 6km，施工完成后在重庆存放时间较长（近 5 年），对设备影响较大。其主轴承、主驱动减速机、液压系统和电气系统等元器件已严重老化、生锈，设备的综合性能下降严重，TBM 各系统也存在配件缺失、损坏情况，无法满足高黎贡山平行导洞隧道至少 10km 的掘进施工任务。

对 TBM 设备进行全拆全检，整机结构件进行喷砂、喷漆；更换主驱动密封、整机液压油管及电缆；对 TBM 的关键零部件如主轴承、减速箱、变频电机、变频器、液压元件等委托原厂家或国内知名优质企业进行全面拆检及性能恢复；对主要钢结构进行探伤、补焊、彻底修复，确保高黎贡山平行导洞隧道再制造 TBM 整机性能恢复到原型新机标准。

（2）改造升级性再制造策划

TBM337 再制造前已经历了重庆轨道交通 6 号线项目实践的检验，过程中发现了一些设计或者制造方面的缺陷和不足；同时由于高黎贡山隧道工程的地质水文条件、支护方式和支护强度、编组运输方式等方面的新要求，在再制造时需在 TBM337 原型机基础上进行部分系统的适应性改造及性能提升，以更好地适应新工程施工需求。

改造升级内容包括：刀盘适应性改造、护盾系统适应性改造、撑靴及推进系统适应性改造、桥架与拖车适应性改造、皮带输送机适应性改造、主驱动系统性能提升、拱架安装机性能提升、锚杆钻机性能提升、L2 区喷混系统性能提升、吊机系统性能提升、通风系统性能提升、冷却水系统性能提升、电气及控制系统性能提升。

5.2.4 TBM 再制造实施过程

1）关键部件性能恢复

（1）刀盘

刀盘锥面耐磨板、耐磨钉、外圈耐磨条磨损严重，需全部更换，其中耐磨板材料由 HARDOX 450 升级为耐磨复合钢板，提高其耐磨性；对定位尺寸磨损超限、淬硬层探伤发现裂纹的刀箱进行整体更换；刀盘本体部分焊缝裂纹较深，采取"缺陷焊缝刨除—补焊—修磨"修复方式，直至探伤复测没有裂纹；整体结构件进行喷砂、喷漆处理。刀盘性能恢复情况如图 5-29 所示。

a) 外圈耐磨条更换　　　　　　b) 耐磨钉更换

c) 新刀箱定位　　　　　　d) 新刀箱焊接

图 5-29　刀盘性能恢复情况

（2）主轴承、大齿圈、转接座及其附件

委托洛阳 LYC 轴承有限公司对主轴承和大齿圈进行检测，内容包含外观检查、主要尺寸检测、滚道硬度及硬化层深度检测、探伤检测、滚子及保持架检测、齿圈外观检查、主要尺寸检测、齿面磨损量检测、硬度检测、齿面硬化层深度检测及着色渗透探伤检测等。

根据检测结果，使用齿形板对大齿圈齿面锈蚀进行打磨除锈，为避免影响有效啮合面积，大齿圈齿面局部压痕暂不做处理，后续组装时将大齿圈 180°翻面使用。考虑到高黎贡山隧道地质复杂性及后续施工方案变更可能性，平行导洞 TBM 可能会需要接应 2 号竖井施工或掘进通过断层破碎带，掘进距离可能会超过 10km，为确保 TBM 关键部件主轴承的可靠性、耐久性，计划使用新主轴承，旧主轴承修复后作为备件。

转接座耐油油漆表面坑点较多，需打磨清除后重新喷涂耐油油漆（铁红色）；对转接座本体所有焊缝进行无损探伤检测；更换老化失效的主轴承内外密封及 O 形圈、磨损的耐磨钢带及高强度螺栓，部分连接紧固件清洗、防护后作为备件使用。主轴承、大齿圈、转接座及其附件性能恢复情况如图 5-30 所示。

（3）机头架

根据图纸技术要求，对机头架本体结构主电机法兰连接孔直径、驱动小齿轮前后轴承座内孔直径、所有螺纹孔及护盾液压缸支座内孔直径等进行尺寸检测；对机头架本体所有焊缝进行无损探伤检测；重新加工、焊接防尘盾并更换密封。机头架性能恢复情况如图 5-31 所示。

a) 新主轴承

b) 大齿圈齿面打磨除锈

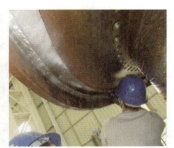
c) 转接座焊缝探伤

d) 主轴承密封更换

e) 耐磨钢带更换

f) 高强度螺栓更换

图 5-30　主轴承、大齿圈、转接座及其附件性能恢复情况

a) 机头架轴承座尺寸检测

b) 机头架焊缝磁粉探伤

c) 机头架油腔面喷涂耐油油漆

图 5-31　机头架性能恢复情况

(4) 主驱动系统

委托重庆齿轮箱有限责任公司对 TBM 主驱动减速机（含电机传动轴、输出齿轮部件）进行全面检测，内容包含：外观、尺寸、游隙、齿面硬度、密封情况、齿面淬火层厚度、超声波/磁粉无损探伤检测。根据检测结果，对主减速机冷却水腔清理除锈、涂防锈漆并进行密封渗透试验；对主驱动减速机花键轴、一级和二级内齿圈/行星轮/行星架/行星轴清理锈蚀，花键去毛刺、修磨齿面及配合面；主驱动减速机内深沟球轴承、一级和二级行星轮轴承磨损及游隙超标，更换原装轴承；内部油封等配件全部更换为进口骨架油封、O 形密封圈；重新装配完成后进行主驱动减速机负载测试。

对主电机传动轴花键、主驱动小齿轮轴清理锈蚀，部件组装后涂防锈油保养；由于主驱动小齿轮轴后端双列调心滚子轴承、前端内圈圆柱滚子轴承磨损且游隙超标，需更换原装轴承。主驱动系统性能恢复情况如图 5-32 所示。

a) 主驱动减速机　　　　　b) 小齿轮后端调心轴承　　　　c) 小齿轮前端无内圈滚子轴承

图 5-32　主驱动系统性能恢复情况

（5）护盾

根据图纸技术要求，对侧支撑、顶支撑和底部支撑重要配合尺寸进行检测，发现底部支撑、左侧支撑和右侧支撑之间的连接内孔尺寸超差，需进行销孔扩孔修复；左、右侧支撑部分焊缝探伤检测不合格，采取"缺陷焊缝刨除—补焊—修磨"修复方式，直至探伤复测合格；楔块表面存在裂纹且硬度不达标，根据图纸重新加工制造；左、右侧支撑外圆弧面均存在明显磨槽，进行补焊、修磨；更换底部支撑与机头架之间的密封垫及螺栓紧固件；对护盾本体结构喷砂、喷漆。护盾系统性能恢复情况如图 5-33 所示。

a) 侧护盾焊缝磁粉探伤　　　　　　　b) 侧护盾表面磨槽部位补焊、打磨修平

c) 新制侧护盾楔块出厂验收　　　　　　d) 侧护盾摇块尺寸检测

图 5-33　护盾系统性能恢复情况

(6)主梁、鞍架及水平支撑液压缸附件

根据图纸技术要求,对主梁、鞍架、鞍架前后连接梁、撑靴液压缸导向轴及其支座等重要配合尺寸进行检测,用螺纹规检测所有的螺纹孔。主梁本体部分焊缝探伤检测不合格,采取"缺陷焊缝刨除—补焊—修磨"修复方式,直至探伤复测合格;主梁本体上的主推缸耳板变形压弯,开档平面、内孔表面磨损及内孔直径超差,重新加工耳座;主梁左、右两侧连接导轨磨损、锈蚀严重,局部有裂纹,需根据图纸重新加工。

鞍架V形槽定位面尺寸磨损超限、锈蚀及局部变形严重,上机床修复处理;鞍架刮板清扫器磨损、锈蚀严重,更换新件;鞍架V形槽滑移耐磨板局部已脱落,更换新件;撑靴水平支撑液压缸导向轴表面腐蚀严重、硬度不达标,按图纸重新加工制造;撑靴水平支撑液压缸导向轴上、下位置支座轴套尺寸超差,更换新件;十字销轴中间位置支座球套磨损、局部破裂,更换新件;十字销轴底部连杆轴套磨损,更换新件;撑靴水平支撑液压缸与撑靴之间的连接球座及压环磨损严重,重新配合研磨加工制造;主梁、鞍架本体结构进行喷砂、喷漆处理。主梁、鞍架及水平支撑液压缸附件性能恢复情况如图5-34所示。

a) 鞍架导轨磨损、锈蚀

b) 鞍架V形槽定位面磨损、锈蚀

c) 鞍架刮板清扫器磨损、锈蚀

d) 更换鞍架导轨

e) 更换鞍架V形槽滑移耐磨板

f) 更换鞍架刮板清扫器

图5-34 主梁、鞍架及水平支撑液压缸附件性能恢复情况

(7)后支撑

根据图纸技术要求,对后支撑及其平台拉杆重要配合尺寸进行检测,用螺纹规检测所有的螺纹孔。左、右后支腿中间位置表面磨损严重且已局部凹陷,根据图纸重新加工制造。后支撑拖拉平台1号桥架行走滑槽磨损严重,局部已变形,需恢复处理;后支撑本体部分焊缝探伤检测不合格,采取"缺陷焊缝刨除—补焊—修磨"修复方式,直至探伤复测合格;对后支撑本体结构进行喷砂、喷漆处理。后支撑系统性能恢复情况如图5-35所示。

a)左、右后支腿

b)后支腿局部凹陷变形

c)后支腿重新加工

d)后支撑结构喷漆

图 5-35　后支撑系统性能恢复情况

(8) 皮带输送机

梳理主机皮带输送机系统、桥架皮带输送机系统及后配套皮带输送机系统缺损件,对缺损部件进行修复或重新加工;检查皮带支架,对变形部位进行矫正处理并恢复尺寸,易变形部位进行加固处理,对可继续使用的皮带输送机支架进行喷砂、喷防锈漆处理;更换皮带输送机刮渣器及缺损严重的主机皮带输送机液驱总成,重新加工皮带硬托辊,皮带输送机驱动及从动滚筒更换包胶层,对桥架、后配套皮带输送机电驱总成进行拆检修复。皮带输送机系统性能恢复情况如图 5-36 所示。

(9) 支护设备附属件

对磨损变形严重的锚杆钻机前后行走轨梁、水平移动轮组部件(轮子、密封、铜套及销轴)进行重新加工;更换超前钻机液压凿岩机部分,对推进器部分进行修复;对混凝土输送泵总成进行拆检,修复相关机械、液压及电气部件,更换易损件,装机后带载测试。支护设备性能恢复情况如图 5-37 所示。

a) 更换皮带液驱总成刮渣器

b) 皮带硬托辊加工

图 5-36 皮带输送机系统性能恢复情况

a) 锚杆钻机行走轨梁重新加工

b) 锚杆钻机行走轨梁定位、焊接

c) 更换锚杆钻机水平移动轮组

图 5-37 支护设备性能恢复情况

(10) 液压部件(含润滑)

委托中铁隧道局设备检测中心对液压泵、马达及阀组进行拆检及性能恢复,重新装配后上液压试验平台进行加载试验,根据 TBM 液压系统图纸技术要求进行额定压力、流量等参数标定。委托常州海驰液压设备有限公司对液压缸进行拆检及性能恢复,重新装配后进行加载、保压测试。对油箱内部进行清洁处理,重新喷涂耐油油漆(铁红色),对外表面喷砂、喷漆;逐个检查液压泵和电机的联轴器齿轮磨损情况,对磨损较轻的进行修复,磨损超过极限的采取更换处理;更换老化破损严重的压力表、冷却器、滤芯、呼吸器及液压软管(含接头)。液压系统性能恢复情况如图 5-38 所示。

(11) 电气部件

对电机、变频器、高低压电气设备、配电控制柜、高压电缆及动力电缆进行绝缘检测及缺损电气配件梳理,对老化、电气性能下降严重的元器件(存放时间较久,保养不完善)进行更换,委托有承装电力资质的单位对高压电缆、变压器进行耐压测试,出具电试报告。更换部分动力电缆及全部控制电缆、通信电缆、电磁阀/传感器/检测开关信号电缆;因存放时间较长且过程中保养防护不到位,导致 TBM 主机和后配套各系统的压力、流量及温度等传感器及对应检测开关的电气性能老化、失效,甚至缺失,需进行相应更换。电气系统性能恢复情况如图 5-39 所示。

a) 水平支撑液压缸出厂测试　　　　　　b) 压制液压软管接头

图 5-38　液压系统性能恢复情况

a) 主电机动力电缆绝缘测试　　b) 动力电缆接头制作　　c) 高压电缆耐压测试

图 5-39　电气系统性能恢复情况

(12) 结构件涂装

TBM 主机、桥架与拖车结构件表面存在油漆脱落、表面锈蚀等问题，对其外观进行喷砂、喷漆处理，恢复至新机外形标准。搭建配备除尘器的喷砂房，喷砂前将设备上的所有部件进行拆除，用铁铲等工具将设备上的泥土、砂浆、油泥、油脂等清除干净，确保结构件钢材表面无泥土、锈蚀、酸、碱、油脂等污物；对于结构件上的凹坑部位喷漆前先打腻子补平，再喷涂防锈底漆、中间漆、面漆，并于喷砂完成后 12h 内喷涂防锈漆，防止结构件表面锈蚀。刀盘喷砂、喷漆过程如图 5-40 所示。

2) 系统改造及性能提升

(1) 刀盘适应性改造

原刀盘铲斗齿设计为 3 颗螺栓连接紧固，由于铲斗齿连接部分母材较薄弱、易被渣石磨损，从而损坏螺纹，导致铲斗齿拆卸不方便。针对高黎贡山隧道石英含量高的围岩段，对刀盘铲斗齿、铲斗座进行适应性改造，以提高其耐磨性和强度。新铲斗齿设计为 4 颗螺栓连接紧固，以增加铲斗齿母材的厚度和强度，磨损容量更大，螺栓不易损伤，拆装铲斗齿更方便，还能增加铲斗座基板厚度，便于设置筋板，提高应力释放。刀盘铲斗齿、铲斗座改造前后对比情况如图 5-41 所示。

a) 刀盘喷砂前防护

b) 刀盘喷漆过程

图 5-40　刀盘喷砂、喷漆过程

a) 铲斗座改造前

b) 铲斗座改造后

图 5-41　刀盘铲斗齿、铲斗座改造前后对比情况

(2) 护盾系统适应性改造

在原有护盾壳体外侧焊接拼装钢筋排预装腔室即 McNally 系统（焊接过程对护盾本体结构进行有效辅助支撑，避免护盾本体发生焊接变形），可提前安装钢筋排等支护材料，一旦顶部围岩出现垮塌、掉块现象，可及时对露出护盾的软弱围岩进行有效支护，减轻中等以下岩爆对 TBM 施工安全与效率的影响，更好地应对高黎贡山隧道软岩地质条件。McNally 系统改造情况如图 5-42 所示。

原顶护盾最大伸缩距离为 129.4mm，通过增加顶护盾液压缸行程，降低机头顶部耳座位置，增大了顶护盾伸缩距离，达到 204.7mm，以更好地应对软弱围岩垮塌情况。增大顶护盾伸缩距离如图 5-43 所示。

(3) 水平支撑系统适应性改造

调整原水平支撑液压缸内部活塞杆限位挡块位置，使活塞杆行程适当增加，加强撑靴在软弱破碎围岩上的支撑效果，如图 5-44 所示。

a) 护盾钢筋排预装结构焊接过程

b) 护盾钢筋排预装结构拼装过程

c) 护盾钢筋排支护效果

图 5-42　护盾 McNally 系统改造

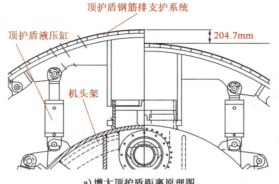
a) 增大顶护盾距离原理图

b) 增大顶护盾伸缩距离现场作业

图 5-43　增大顶护盾伸缩距离

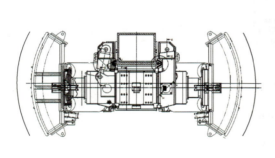
a) 水平支撑液压缸行程增加原理图

b) 水平支撑液压缸行程增加现场作业

图 5-44　水平支撑液压缸行程增加

新制水平撑靴,改进撑靴姿态调整机构为外置式,方便维保与故障处理。适当增大撑靴开槽尺寸,以提高撑靴在软弱破碎围岩段通过密集拱架区的效率。新制水平撑靴结构如图5-45所示。

(4) 支护设备适应性改造

新制钢拱架安装器能够安装 HW100、HW150 钢拱架,同时增加前后行走功能,可实现主动、快速立拱作业。新制钢拱架安装器如图5-46所示。

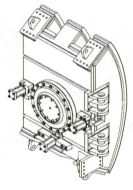  

a) 水平撑靴内部结构图　　　b) 水平撑靴接口　　　c) 水平撑靴背部结构

图 5-45　新制水平撑靴结构

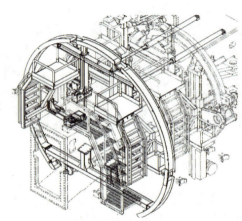 

a) 拱架安装器结构图　　　　　　　　b) 拱架安装器实物

图 5-46　新制钢拱架安装器

锚杆钻机系统整体优化升级,其中液压凿岩机升级为 Atlas COP1838HD,提高打钻功率;推进器升级为 BMH6000 系列,提高打钻深度;配套全新的液压动力泵站、润滑系统及附属液压管路,泵站迁移至后支撑附近,缩短了与锚杆钻机执行机构之间的距离,可有效降低压力损失并减小管路磨损产生的影响;锚杆钻机操控方式由无线遥控式改为液压直控式操作平台,易操作且故障排查方便。锚杆钻机总成升级改造情况如图 5-47 所示。

重新设计喷混机械手结构,采用新型大车行走结构,设计大车纵向行走距离为 4.5m,伸缩臂伸出距离为 1.5m,以满足 4 个掘进循环的喷浆需求;配置两套完全独立的喷混系统,可单独操作,也可以同时工作;喷头至围岩距离调整为 1.0~1.2m,以减小喷浆回弹料;喷混机械手适应性改造情况如图 5-48 所示。

(5) 主梁适应性改造

为给主驱动双速减速机、L1 区支护作业留下足够的空间位置,应对主梁本体结构件进行适当延长,如图 5-49 所示。

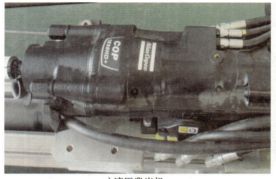

a) 液压凿岩机　　　　　　　　　　　b) 推进器

c) 锚杆钻机执行机构　　　d) 锚杆钻机液压泵站　　　e) 锚杆钻机操作平台

图 5-47　锚杆钻机总成升级改造

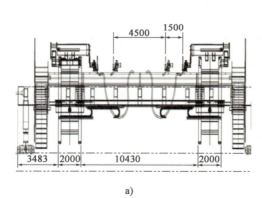
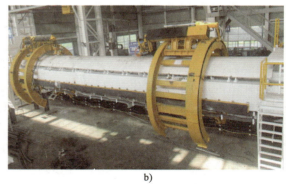

a)　　　　　　　　　　　　　　　　b)

图 5-48　喷混机械手适应性改造(尺寸单位:mm)

(6) 桥架与拖车适应性改造

为适应、满足高黎贡山隧道项目双循环出渣及仰拱块轨面设计高度增加的施工要求,新增 2 节拖车,并对 1～3 号桥架本体结构适当延伸,桥架与拖车轮对支座高度相应降低。为避免水平运输编组在 TBM 后配套拖车位置往复爬坡,对所有拖车底部加装浮动平台。桥架与拖车适应性改造情况如图 5-50 所示。

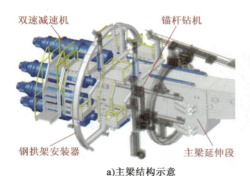
a) 主梁结构示意

b) 主梁延伸段结构

图 5-49 主梁延伸改造

a) 桥架长度增加、高度降低

b) 拖车加装浮动平台

图 5-50 桥架与拖车适应性改造情况

(7) 皮带输送机适应性改造

为适应、满足高黎贡山隧道项目双循环出渣的施工要求，应对桥架与拖车主体结构进行相应延长，并对布置在桥架、拖车上的皮带输送机支架结构等进行相应调整，皮带卸渣口位置相应后移。在主机皮带输送机、桥架皮带输送机和后配套皮带输送机驱动滚筒附近增设本地手动控制功能，以便于就近进行皮带输送机维护保养及故障检查工作。皮带输送机适应性改造情况如图 5-51 所示。

(8) 主驱动系统性能提升

在主驱动传动强度核算足够的情况下，于原主驱动电机与原主减速机之间加装双速减速机，可显著提高 TBM 刀盘瞬时扭矩，增加软弱、大变形围岩中刀盘被卡后脱困的效率及方式；并在主驱动小齿轮轴前端轴套端面加装限位挡板，避免轴套轴向窜动。主驱动系统性能提升情况如图 5-52 所示。

(9) 优化推进液压缸连接方式

原先推进液压缸与主梁之间只用 1 个销轴连接，现改为 2 个销轴"十字形"连接，以改善此位置的集中受力状态，如图 5-53 所示。

a)皮带输送机支架延长

b)皮带输送机驱动位置本地控制

图 5-51　皮带输送机适应性改造情况

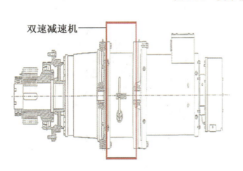
a)加装主驱动双速减速机

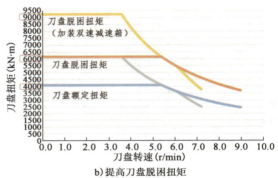
b)提高刀盘脱困扭矩

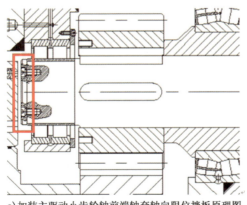
c)加装主驱动小齿轮轴前端轴套轴向限位挡板原理图

d)加装主驱动小齿轮轴前端轴套轴向限位挡板现场作业

图 5-52　主驱动系统性能提升情况

(10)物料转运设备性能提升

配备全新的折臂吊机(移动行程 7m,起重 5t)为 TBM 桥架前方作业区及时转运支护材料,如图 5-54 所示。

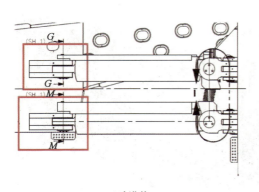

a)改进前　　　　　　　　　　　　　　　b)改进后

图 5-53　推进液压缸与主梁连接方式改进前后对比

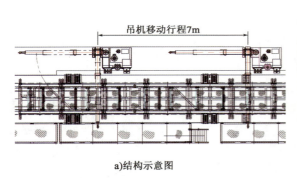

a)结构示意图　　　　　　　　　　　　　b)实物图

图 5-54　折臂吊机

根据高黎贡山平行导洞隧道仰拱块设计尺寸,配备全新的仰拱吊机。新设计的仰拱吊机横移小车移动行程为 120mm,仰拱吊机最大有效提升行程为 2500mm,仰拱吊机旋转装置最大摆动范围为 0°~95°(±5°),仰拱吊机前、后行走最大距离 31.557m,如图 5-55 所示。

图 5-55　仰拱吊机

原混凝土罐转运方式为卷扬机横移转运,据以往施工经验,该方式使用不便、效率不高,故改为吊机转运方式,可提高转运效率、降低劳动强度,如图 5-56 所示。

a)吊装装置　　　　　　　　　　　　b)转运装置

图 5-56　混凝土罐吊机转运装置

(11) 通风制冷系统性能提升

风筒储存仓存储直径由 1.2m 增大至 1.6m，以增加隧道内单位时间的送风量。考虑到高黎贡山隧道高地温的影响，配备新的空气制冷系统，送冷却风到主机区域，风口增加手控阀门，以便在停机时新鲜冷却风能送到前方作业区域。储风筒及空气制冷机组如图 5-57 所示。

a)储风筒　　　　　　b)螺杆冷水机组　　　　　　c)冷却塔

图 5-57　储风筒及空气制冷机组

(12) 冷却水系统性能提升

考虑到高黎贡山平行导洞 TBM 隧道高地温影响，为保证 TBM 设备自身的冷却效果，将主驱动电机、液压及润滑泵站的冷却系统由原来的开式系统改为闭式独立水循环系统。

(13) 电气及控制系统性能提升

TBM 主机室上位机升级为可触屏式工业一体机电脑，PLC 系统由原来的 GE5.9 升级为 GE7.5，PLC 模块采用最新穆尔模块，较其他模块功能更全面、稳定性更强，对应接口的其他电气柜内的 PLC 控制模块等电气元器件也需进行相应的更新替换；新增一台干式变压器（规格：20kV/400V、500kVA），用于加装的空气制冷系统及应急排水系统（预留 200kW）；主机操作室原位置在撑靴附近，振动、噪声、污染等对其影响较大，现将主机操作室转移至 2 号拖车位置。电气及控制系统性能提升情况如图 5-58 所示。

a) PLC模块升级换代　　　　b) 增加变压器扩容

图 5-58　电气及控制系统性能提升

3) 装机、调试及出厂验收

(1) 装机

TBM 车间摆放位置确定后,进行整机结构、设备及管线安装,安装顺序一般为:工装→底护盾→机头架→主梁(预装:鞍架 + 扭矩液压缸 + 水平支撑液压缸)→后支撑→水平撑靴→推进液压缸→左、右侧护盾→主电机 + 减速机→锚杆钻机→钢拱架安装器→刀盘→顶护盾→1~3 号桥架及附属设备→1~14 号拖车及附属设备→管线连接,装机完成后的 TBM 整机情况如图 5-59 所示。

图 5-59　TBM 整机安装完成

(2) 调试

在车间内进行高压通电前,需对 TBM 机械、液压及电气系统进行重点排查,确保无误后方可通电进行 TBM 分系统调试、整机联调,具体过程如下:

①机械方面:检查 TBM 主机部分、桥架部分及后配套拖车部分核心部件的装配情况,确保装配精度达标且核心部件之间无运动干涉。

②液压方面:对 TBM 设备进行加油,加油标准及注意事项见表 5-7;为防止液压系统部件的损坏,整个液压系统的管线布置和连接都需根据图纸进行复查,确保管路连接正确、无误;液压系统压力阀的工作压力是厂家预设的,禁止随意调整压力参数。

表 5-7 TBM 加油标准及注意事项

名 称	型 号	规格(L/桶)	数量(桶)	用 油 部 位
液压油	壳牌(得力士)S2 M68	209	24	主机液压泵站
齿轮油	壳牌(可耐压)S2 G220	209	8	主机润滑系统
齿轮油	壳牌(可耐压)S2 G320	209	3	主驱动减速机
注意事项	(1)检查液压、润滑油箱内部的清洁程度是否合格; (2)所加油料必须经过严格过滤,向油箱注油应通过规定的滤油器,在加注过程中应注意清洁,防止污染; (3)在加油完成后,应全面检查,要确认是否加油和加够油,并做好记录; (4)用液压油、齿轮油填充相应的液压泵和液压马达的机壳内部,以防止内部轴承等部件干转			

③电气方面:委托有承装电力设施资质的单位对 TBM 高压变压器、20kV 高压电缆进行高压电试,测试合格并出具试验报告后,方可进行高压电送电作业;根据 TBM 设备调试用电容量及电压等级选择合适的供电设备,TBM 总装车间应具备合适的开关断路器与调试电缆,若车间配电室不能提供所需容量的电量,可租借符合调试用电的发电机及变压器,保证整机设备调试过程中供电正常;TBM 系统通电前,专业电气工程师根据电气图纸进行复查,确保 TBM 上所有配电柜、控制盒、变压器的接线端子接线正确且连接牢固,无虚接、未接线现象,且所有配电柜的开关处于断开状态;TBM 系统通电后,根据"再制造 TBM 各系统调试大纲"进行整机动作及性能参数调试工作。

(3) 出厂验收

①再制造 TBM 出厂前状态评估。

由中铁隧道局设备检测中心牵头组织,TBM 再制造项目部、监理部及用户代表共同组成了设备机况评估小组,依据"CT007R(TBM337 再制造出厂编号)TBM 再制造出厂验收大纲",通过外观目测、系统试运行、仪表数据监测等手段对再制造 TBM 所有系统进行了全面检验、评估,形成"中铁隧道局集团设备检测中心 CT007R TBM 出厂状态评估报告",如图 5-60 所示。

②再制造 TBM 出厂验收。

由建设单位、设计单位、监理单位、施工单位、设备监理单位和设备再制造单位组成专家验收小组,对用于大瑞铁路高黎贡山平导隧道项目的 CT007R(TBM337 再制造出厂编号)敞开式 TBM 进行出厂验收,并由再制造项目部、再制造监理部和设备检测中心分别对 TBM337 再制造实施过程和质量管控等情况进行了专项汇报,如图 5-61 所示。

③再制造 TBM 竣工资料验收。

编制"CT007R TBM 再制造竣工报告",共包含五章节内容,即依据及背景介绍、过程文件与方法、委外件质检资料与产品合格证、再制造实施过程与验收报告、再制造项目成本。更新完成 CT007R TBM 全套随机技术资料,包含:机械图纸、电气图纸、流体图纸、整机使用说明书及附属设备说明书,其中,部分图纸需进行中文翻译标注,交付用户使用。

a) 上位机各类参数测试

b) 主电机振动测试

c) 刀盘运转测试

d) 护盾液压缸测试

e) 喷浆机械手测试

图 5-60　再制造 TBM 出厂设备状态评估

a) 专家组现场检验

b) 出厂验收汇报

c) 再制造TBM下线仪式

图 5-61　再制造盾构出厂验收

5.2.5　TBM 再制造售后服务

TBM337 再制造完成后的新编号为 CT007R,并按照新机标准提供 500m 掘进段的现场售后服务及整个标段的质保,派驻专业技术人员和技能人员进行跟机服务。

自 2017 年 11 月 26 日始发掘进以来,CT007R 再制造 TBM 克服了节理密集切割破碎带、软弱富水断层破碎带、岩性接触带、涌水流沙、破碎坍塌等地质难题,过程中经历了 8 次卡机脱困。为进一步解决再制造 TBM 在复杂地质条件下作业的卡机问题,TBM 再制造售后服务团队协助施工项目一起研究分析了 TBM 护盾延伸"戴帽"的必要性与可行性,共同制订了护盾延伸方案,即将护盾与刀盘的间距由原来的360mm缩减为50mm；在Ⅳ、Ⅴ级围岩实际占比达到67%的情况下，继续掘进1500m，未再发生卡机事故，大大提高了TBM掘进效率，如图5-62所示。

截至2021年7月，CT007R TBM累计掘进6231m（含钻爆7126m），占比61.9%，剩余掘进任务为4392m。在高黎贡山隧道复杂地质条件也取得了月进尺最高纪录630m的佳绩。

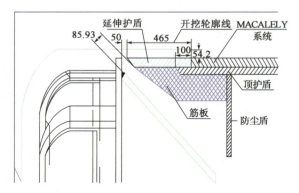

图5-62　TBM顶护盾延伸示意图（尺寸单位：mm）

随着全断面隧道掘进机的使用达到寿命，各单位也相继开展全断面隧道掘进机再制造项目。例如北京建工土木工程有限公司对2003年投入使用，到2013年已累计掘进地铁隧道总里程12km，超过了设计寿命的海瑞克S-254盾构进行再制造；中建交通建设集团有限公司的"中建二号"再制造盾构在长春地铁2号线BT08标段完成了974m的掘进任务后安全顺利洞通；中铁一局集团有限公司对2003年购置的已在华南地区7个项目累计掘进合计11334m，已达到设计使用寿命的海瑞克S-235复合式土压平衡盾构实施再制造，包括对刀盘、主轴承及主驱动密封、环件等核心件进行更换，对减速机、液压泵、马达、阀组、推进油缸等液压件返厂再制造或新制，对螺旋后闸门进行双闸门改造、皮带系统（变频/皮带输送机角度改造）、泡沫系统（单管单泵/刀盘中心区冲洗改造）、膨润土系统（新增盾壳膨润土）、润滑系统（新增多点泵）等更换新件并进行优化升级，对电控系统内部电气元件成套更换新件，对电机、变压器及双轨梁等电气设备返厂再制造或成套更换，对喂片机、皮带输送机、通风设备等钢结构新制。

附件1：CT006H土压平衡盾构再制造视频

扫码观看

附件2：CT007R TBM再制造视频

扫码观看

第6章 全断面隧道掘进机再制造先进管理模式

行为活动的组织管理是对行为活动管理中建立健全管理机构和体系、合理配备人员与资源、制订各项规章制度等工作的总称。具体地说就是为了有效地配置有限资源、实现一定的共同目标,而按照一定的规则和程序构成的一种责权结构安排、资源投入安排及人事安排等,其目的在于确保以最高的效率,实现组织目标。

本章以全断面隧道掘进机典型设备为代表,结合全断面隧道掘进机再制造系统复杂、集成度高、部件种类及品牌繁多、工艺繁多、组织难度大等特点,主要介绍了全断面隧道掘进机再制造的项目化管理体系、"八步法"管理模式、质量控制措施以及产品认定;总结概括了当前我国全断面隧道掘进机再制造项目涉及的先进管理模式和有效的质量管控方法,为全断面隧道掘进机再制造项目顺利实施提供了保障。

6.1 全断面隧道掘进机再制造项目化管理体系

6.1.1 全断面隧道掘进机再制造组织体系建设

为保障全断面隧道掘进机再制造项目的顺利实施,全断面隧道掘进机再制造项目部应建立完善的组织体系,实现各层级各司其职、责权明确、分级管理的目标。全断面隧道掘进机再制造组织体系包括再制造项目部、设备检测机构、设备监理机构以及设备使用业主方。其中,再制造项目部负责组织全断面隧道掘进机再制造的实施工作,是再制造实施管理的主责单位;设备检测和监理机构负责对全断面隧道掘进机再制造进行质量检测、验收与过程监督;设备使用业主方委派专人参与整个再制造过程的实施与监督,并提前熟悉设备以利于后续更好地使用。

6.1.2 全断面隧道掘进机再制造项目化管理

全断面隧道掘进机再制造工作是一项复杂、复合的行为活动,核心是在确保时间、技术质量、安全、费用和性能指标的前提下,以尽可能高的效率完成预定目标,满足相关方的需求和要求。要实现全断面隧道掘进机再制造优质、高效、节能、节材、环保的目标,需要一个涉及多学科的专业团队来负责实施管理,保证全断面隧道掘进机再制造高效进行。全断面隧道掘进机再制造工作的项目化管理以待实施再制造的设备为依托,成立再制造项目部负责全断面隧道掘进机再制造的实施工作,采取项目经理负责制,按照再制造实施需求配置有项目经理、总工程师、生产副经理、技术员、质检员、安全员、库管员、办公人员及内业等,负责对全断面隧道掘进机再制造的安全、质量、技术、进度、成本、环保、宣传及人员管理等方面进行总体把控,确保全断面隧道掘进机再制造具体实施工作能够有序推进。全断面隧道掘进机再制造项目经理部组织机构如图 6-1 所示。

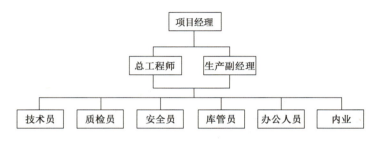

图 6-1　全断面隧道掘进机再制造项目经理部组织机构图

6.1.3　全断面隧道掘进机再制造管理核心控制要素

管理是为保障经营生产活动正常有序运行而采取内部控制的系列活动,为保障全断面隧道掘进机再制造过程涉及的安全、质量、工期、成本、环保等核心要素的有效管控,对再制造过程实施内控管理是必要的。全断面隧道掘进机再制造管理,涵盖了全断面隧道掘进机再制造可行性/必要性/经济性评估论证控制、再制造总体施工组织设计审查控制、再制造专项方案评审控制、再制造过程工期/质量/安全/职业健康/成本/环保监督控制、再制造检测/验收控制、再制造后工程实践检验效果鉴定控制等涉及再制造实施全周期、全环节、全过程的内控管理,确保再制造正常有序进行。

1)全断面隧道掘进机再制造可行性/必要性/经济性评估论证控制

拟实施全断面隧道掘进机再制造单位应依据设备后续应用工程项目水文地质及工程重难点、工程项目建设方对投入施工的设备状况要求、设备目前状况及满足后续顺利施工的需求、设备适应性分析结论等因素对再制造的必要性、可行性及经济性进行综合分析,根据分析结论,对确需实施再制造的全断面隧道掘进机履行申请程序。

2)再制造总体施工组织设计审查控制

全断面隧道掘进机再制造项目部启动再制造工作,明确主要岗位人员的职责和管理要求。全断面隧道掘进机再制造项目部负责牵头组织项目部人员、设备使用业主方工程项目技术人员、监理人员共同进行再制造策划并编制再制造总体施工组织设计方案。

3)再制造专项方案评审控制

根据各级审批意见对全断面隧道掘进机再制造总体施工组织设计方案进行修订完善后,严格遵照实施;实施期间应针对关键部件编制再制造专项方案,并履行专家会议评审程序,按照专家评审意见对方案进行完善后,严格遵照方案实施。

4）再制造检测/评估/验收控制

全断面隧道掘进机再制造完成工厂组装调试程序后，由设备检测机构组织进行设备再制造后状态评估，并按照新机出厂验收标准，对其各系统性能参数进行全系统测试及评估；设备检测机构提出验收意见及需整改完善的问题事项，由再制造项目部针对验收意见进行整改后由设备监理机构进行复核验证，验证合格后封闭设备，由再制造项目部与设备后续应用工程项目部进行设备交接。

5）再制造后工程实践检验效果鉴定控制

完成全断面隧道掘进机再制造工厂验收、问题整改及交接后，将设备拆机运输至现场，全断面隧道掘进机在完成工程项目现场组装调试后，应履行全断面隧道掘进机始发前状态评估工作，并由设备监理机构进行监理交底。再制造全断面隧道掘进机按照新编号重新统计掘进里程，设备始发完成试掘进里程后，由项目部和设备使用方对试掘进期间全断面隧道掘进机掘进指标进行验证，对存在问题进行梳理，并由再制造项目部负责整改，整改验证通过后签署最终验收与交接证明。

6.2　全断面隧道掘进机再制造"八步法"管理模式

再制造是一种绿色清洁的新兴产业，是全面推行绿色制造、提升资源高效循环利用的必然趋势。全断面隧道掘进机等高端智能装备再制造具有非常明显的社会效益和经济效益，但要做好再制造工作，各方人员需清醒认识到其最重要的核心是"再制造产品的性能和质量达到或超过原型新品"，只有满足此项指标，才能做"真正的再制造"。

全断面隧道掘进机再制造是以装备全生命周期理论为指导，基于既有全断面隧道掘进机资源循环利用的制造模式，运用现代技术中先进的新材料、新工艺、新技术对老化的全断面隧道掘进机进行修复和改造的一系列技术措施或工程活动，其主要特征是经过再制造的全断面隧道掘进机的质量、安全、性能、环保等各项指标不低于原型新机。中铁隧道局在全断面隧道掘进机再制造领域一直在积极探索与实践，经过多年全断面隧道掘进机再制造实施工作积累，经总结提炼后创新提出了全断面隧道掘进机再制造评估策划、返厂回收、拆解、清洗、检测与剩余寿命评估、再制造、组装调试及验收、售后服务的"八步法"工艺和标准工作模式（图6-2），实现了全断面隧道掘进机再制造生产工艺流程规范化管理，提升了再制造生产各工序的工作效率，取得较好的全面推广应用效果。

1）评估策划

根据设备原始技术参数、施工履历、累计掘进里程、后续使用项目水文地质情况（工程需求）、业主方需求、设备适应性分析、设备进场工期要求等综合因素，明确再制造盾构/TBM的设备来源。由第三方专业设备检测机构对拟定再制造的废（旧）盾构/TBM进行设备状态评估，内容一般包括整机性能参数（开挖直径、刀盘额定扭矩、刀盘转速、总推力、掘进速度、机构尺寸、转弯半径等重要参数）、功能和安全性能，以掌握再制造实施前设备的真实状况，确保再制造前期评估的客观性。

根据综合评估结果,进行盾构/TBM再制造策划,策划内容应包括恢复性和升级性再制造内容、再制造实施组织机构和人员配置、质量管控、费用预算与工期计划等。

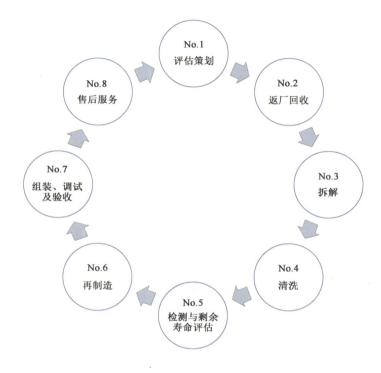

图6-2 全断面隧道掘进机再制造"八步法"标准工作模式示意图

2)返厂回收

日系盾构累计掘进里程达到8km,欧美/国产盾构累计掘进里程达到10km,需返厂回收;TBM一般完成一个工程标段后,需要返厂回收(图6-3),完成整机再制造后才能继续投入使用。

a) 废(旧)盾构返厂回收

b) 废(旧)TBM返厂回收

图6-3 返厂回收

3) 拆解

依据待再制造全断面隧道掘进机不同系统的结构特点、工作原理和状态,采用相应的拆解方法和工具对设备进行"全拆"操作,其中,拆解方法包括通用工具法、敲击法、拉卸法和顶压法、热胀法、渗液法、加工法、气刨法和火焰切割法等;常用工具包括常规机械拆装工具、液压扭矩扳手、液压拉伸器、分体式千斤顶等。原则上要求将原型机拆解成基本零件和部件,便于后续检验与零部件再制造,且拆解过程中应做好防护避免损坏零部件,如图 6-4 所示。

图 6-4　拆解

4) 清洗

应对拆解后的零部件进行状况分析,根据污垢、零部件的物理及化学性质采用针对性的清洗方法,一般包括化学试剂、表面抛丸、喷砂、高压水射流、表面研磨、超声波等清洗技术;采用的设备主要包括超高压清洗机、超声波清洗机、超高速喷砂机、激光除锈机等。零部件清洗阶段应做好环保措施,对清洗过程中产生的废液、废渣、废气应进行无害化处理,且处理过程应符合国家相关标准规定。大齿圈表面煤油清洗和后支撑结构件表面喷砂情况如图 6-5 所示。

5) 检测与剩余寿命评估

原则上针对清洗后的零部件实施"全检"模式,通过振动数据、波形分析、温升数据、内窥镜内部视频检测、油液理化指标分析、变形检测、表面硬度检测、磁粉或着色探伤技术、超声波或相控阵检测技术、绝缘耐压试验、液压/电气综合试验台全工况检测、液压缸试验台耐压测试、减速机试验台测试等手段,结合模拟设备使用工况,实现全断面隧道掘进机核心部件无损伤检测(鉴定)和剩余寿命评估;采用的检测仪器设备主要包括 3D 扫描仪、超声波探伤仪、淬硬层深度测定仪、工业内窥镜、金相分析仪、振动仪、热成像仪、液压综合试验台、电气综合试验台、铁谱仪、光谱仪及其他常规油液分析仪器等,如图 6-6 所示。

a) 大齿圈表面煤油清洗

b) 后支撑表面喷砂

图 6-5　清洗和喷砂情况

a) 主轴承内部缺陷超声波检测

b) 主轴承滚道淬硬层深度测定

c) 推进液压缸耐压测试

d) 主驱动减速机试验台负载测试

图 6-6　检测与剩余寿命评估

6) 再制造

依据零部件检测及剩余寿命评估结果,采取针对性再制造工艺对零部件进行再制造。目前采取的再制造工艺技术主要有增材再制造和减材后加工两大范畴,主要应用的技术包括切削加工技术、表面工程技术和焊接修复技术;采用的设备主要有数控车/铣/钻/磨/床、加工中心、全自动研磨球芯机、激光切割机、热喷涂机、激光焊接设备和激光熔覆设备等,如图6-7所示。

a) 中心回转接头转子磨损部位表面热喷涂　　　　b) 主轴承密封跑道磨损部位氩弧焊接

图6-7　零部件再制造

7) 组装、调试及验收

对完成再制造的全断面隧道掘进机各系统零部件(包括涂装和非涂装),按照图纸和装配方案进行工厂内整机组装,如图6-8所示。组装完成后,依据性能测试大纲对再制造全断面隧道掘进机实施各系统/部件的工作、性能测试,并模拟现场工况实施负载调试,确保再制造全断面隧道掘进机在始发掘进前各系统全部通过负载测试,如图6-9所示。调试工作完成后,组织相关方(包括建设单位、设计单位、监理单位、施工单位、设备监理单位和设备再制造单位)进行再制造全断面隧道掘进机出厂验收,检验与验收内容包括整机外观、加工和装配质量、主要技术参数、设备完整性、空载运转试验、重载试验及再制造竣工资料审查等,如图6-10所示。

a) 螺旋输送机安装过程　　　　b) 刀盘安装过程

图6-8　组装

a) 管片安装机负载调试

b) 电气控制系统调试

图 6-9　调试

a) 再制造盾构出厂验收

b) 再制造TBM出厂验收

图 6-10　验收

8）售后服务

再制造全断面隧道掘进机投入工程项目应用后,应由再制造主责单位按照新机标准提供再制造全断面隧道掘进机试掘进 200m/500m 的售后服务,派驻专业技术人员和技能人员进行工程项目现场跟机服务,为再制造全断面隧道掘进机试掘进期间顺利施工保驾护航。再制造全断面隧道掘进机产品只有通过工程实践检验,设备技术性能/参数、可靠性满足施工项目需求,才符合全断面隧道掘进机再制造的最终目标。

6.3　全断面隧道掘进机再制造质量管控措施

6.3.1　建立健全质量管理体系

质量管理是非常复杂与繁琐的动态管控过程,有其需遵循的管理规律,违背这些规律就有可能致使某些环节的质量管理失控进而导致质量事故产生,因此,质量管理应保证其系统性、严谨性、权威性，并不断创新且符合生产活动实际情况。做好全断面隧道掘进机质量管控必须从顶层、源头方面，自上而下地建立健全质量管理体系，建立完善的质量管理体系，通过第三方专业评审机构的审核与认证，在全断面隧道掘进机再制造方面，建立严密的组织结构并制定细致的管理制度，实施分级管控，多层次保障质量管理受控。

6.3.2 遵循再制造标准及工艺流程

俗话说"无规矩不成方圆"，全断面隧道掘进机再制造是一项系统工程，具有工序繁多、工艺种类复杂、系统集成与匹配度高、零部件检验及修复要求严苛等特点，必须严格遵照全断面隧道掘进机再制造标准和工艺要求进行实施，规范再制造全断面隧道掘进机产品质量管理要求、技术要求、试验方法和检验规则，使全断面隧道掘进机再制造工作有规可循。

6.3.3 注重再制造设计

全断面隧道掘进机再制造采用"量体裁衣"式的设计理念，根据后续应用工程项目的水文地质、工程设计及建设方需求等因素，结合全断面隧道掘进机本身设备参数、状态评估报告，有针对性地开展以适应性为根本的再制造设计计算，根据结果对全断面隧道掘进机各系统或部件进行重新设计制造、修复或者改造提升。全断面隧道掘进机整机或系统再制造设计内容主要包括功能调整、性能参数提升、安全性提高、延长使用寿命、维修保养简便化、精度提升、监控性增强、降低能耗及减少排污等，再制造设计应符合再制造产品生产、质量、检验、标识、安全及环保要求，确保再制造后的全断面隧道掘进机主驱动系统、推进系统、液压系统、电气系统、机械系统及辅助系统性能能够满足新工程项目的实际应用需求。

6.3.4 引入再制造过程第三方监理机制

全断面隧道掘进机作为大型成套设备，其再制造涉及的设计、改造、性能提升等各个环节均对工程的成败有决定性的影响，国家相关部委、协会、科研等机构应将其作为重大的风险点来进行管控。在全断面隧道掘进机再制造实施阶段引入具有相应资质的第三方监理，能够公平客观地对全断面隧道掘进机再制造策划至出厂验收阶段的再制造全过程（包括质量、工期、供货范围、技术方案、再制造主体单位及其分包单位的质量体系等）进行动态监督管控，是保证大型设备质量可靠性的强有力措施及关键手段。

通过引入资质不低于乙级的设备监理单位全程对再制造全断面隧道掘进机各系统的设计、再制造、检验、储运、安装、调试等过程的质量、进度和投资等实施第三方专业监督，实行再制造实施单位、监理单位和使用单位三层次检验验证，达到再制造设备质量满足要求的目标。

中铁隧道局监理中心，是国内专业从事全断面隧道掘进设备（全断面隧道掘进机）监理咨询的单位，2015 年取得了河南省质检局颁发的《乙级设备监理资质单位资格证书》；2021 年 5 月，该公司通过中国设备监理协会审核，成为全国首个在全断面隧道掘进设备专业领域符合甲级设备监理单位规范条件的企业，如图 6-11 所示。

a) 能力证书　　　　　　　　　　　b) 资质证书

图 6-11　设备监理单位资格证书

6.3.5　引入专业设备检测工作机制

为有效实施全断面隧道掘进机再制造质量管控,引入具有中国合格评定国家认可委员会(CNAS)认证资质的第三方检测与评估机构,在全断面隧道掘进机再制造策划阶段,实施再制造前设备全面状态评估,精准"诊断把脉",为再制造总体方案、各系统专项方案制定提供详实的数据与理论支撑;在全断面隧道掘进机再制造出厂验收阶段,实施再制造后设备全面状态评估,严格"出院检查",为制造后设备的整机质量提供定性结论。

中铁隧道局设备检测中心于 2014 年 10 月成立,为专业化分公司,是目前市场上专业服务于全断面隧道掘进机检测评估的公司,是中国工程机械工业协会/中国工程机械学会双认可的"全断面隧道掘进机状态监测与评估中心",是全球最早在全断面隧道掘进机检测与评估领域获得 CNAS 认可的单位。

CNAS 是由国家认证认可监督管理委员会(CNCA)批准设立并授权的国家认可机构,由全球 45 个国家和地区互认。中铁隧道局设备检测中心业务包括机况评估、状态监测、油液检测、液压部件检测与维修、故障诊断及技术培训等,配置有先进的油液检测、状态监测和液压部件检测仪器共 200 余套,设备总值 2000 多万元。能够对油液的理化指标、所含元素的种类及含量进行检测与分析;能够对全断面隧道掘进机中所有设备及部件运转状态进行监测;能够对液压泵、马达和阀的性能实施平台测试,如图 6-12 ~ 图 6-14 所示。

6.3.6　推行再制造高端咨询模式

依托再制造产业优势,联合协会、学会、院校、厂家等行业内专家,建立专家智库,在全断面隧道掘进机启用再制造关键节点(前期设计评估、核心部件再制造方案评审及出厂验收等阶段)专家研讨与评审机制,汇集众智,以高端咨询模式为再制造技术和质量控制保驾护航。

第6章　全断面隧道掘进机再制造先进管理模式

a) 液压检测实验室

b) 油液检测实验室

图 6-12　检测中心标准化实验室

a) 协会认可证书

b) 学会认可证书

图 6-13　协会/学会双认可"全断面隧道掘进状态监测与评估中心"

a) 实验室认可证书

b) 检验机构认可证书

图 6-14　CNAS 认可证书

6.3.7 强化合作方管理

刀盘螺栓、液压件、减速机、变频器、变压器等有相应国家标准或行业标准规定的零部件，应由具有相应资质的第三检测机构检测后判定其是否为可利用件；对采购的有相应国家标准或行业标准规定的更新件，合作方应提供相应的检测报告；对人舱等没有相应国家标准或行业标准规定的设备，应委托具有专业能力的机构或单位实施检测。所有协作配套厂家应具备相应的检测设备和检测能力，压力容器等特殊设备配套厂家还应具备相应的生产许可证。

全断面隧道掘进机再制造期间所需的零部件应在合格供应商范围内采购，定期对合作单位针对产品、服务质量进行考核和评价，并与评价不合格的合作单位取消合作。通过对合作方管理，实现对全断面隧道掘进机再制造产业链管控的目标，进而达到质量全过程管控的目的。

6.3.8 依托大数据实施实践检验

依托盾构及掘进技术国家重点实验室牵头搭建的"智慧全断面隧道掘进机大数据平台"（图6-15），在评估论证阶段，利用大数据系统研判、指导全断面隧道掘进机再制造设计、适应性分析；在再制造后工程项目实践检验阶段，统计分析再制造全断面隧道掘进机施工状况，对整机再制造过程质量管控效果进行评价。

a) 软件登录界面　　　　　　　　　　　　b) 软件内容界面

图6-15　智慧全断面隧道掘进机大数据平台

6.4　全断面隧道掘进机再制造产品认定

一件新产品的诞生必须经过"研究、设计、试制、试验、鉴定、型式试验、新产品认定、上目录"的严格程序，再制造机电产品是新产品，必须同样经过以上严格程序。实施再制造产品试点与再制造产品认定的目的是确认企业具有稳定生产再制造产品的资质与能力，同时对用户负责，避免伪劣再制造产品进入市场。本章将重点介绍机电产品再制造试点工作与再制造产品认定（以全断面隧道掘进机设备为例）的开展依据、申办流程与主要内容，为从事再制造工作的相关企业提供参考。

6.4.1 机电产品再制造试点工作

1）机电产品再制造试点开展

为贯彻落实科学发展观,推进循环经济发展,我国工业和信息化部(简称"工信部")于2009年首次组织开展了机电产品再制造试点工作。

(1)机电产品再制造试点开展范围

再制造是指以机电产品(装备)等旧工业制成品为原料,运用高科技的清洗工艺、修复技术或新材料、新技术,进行专业化、批量化修复或技术升级改造,使得再制造后产品(装备)在技术性能和安全质量等方面达到原同类新品的标准要求。

国家鼓励机电类产品开展再制造试点的领域有:①工程机械、大型工业机电设备、机床、农用机械、矿采机械、铁路机车装备、船舶装备、医疗及办公信息设备等整机及关键零部件;②盾构、燃气轮机、重型矿用载重车、专用生产装备等高附加值大型成套设备及关键零部件;③医疗影像设备、通用型复印机、打印机等电子信息产品整机及关键零部件;④石化化工等关键动力装备。为落实《电机能效提升计划(2013—2015年)》,实施电机高效再制造,再制造试点单位力求建成特色鲜明、公共服务体系完善、产业化基础较好、发展潜力较大的再制造产业集聚区,并建立再制造相关材料、装备制造与工艺技术研发部门,专业化再制造技术服务、物流体系及信息平台等,努力成为机电产品再制造产业链。

(2)机电产品再制造试点企业申报程序及相关要求

有意申报试点的单位可向所在地省级工业和信息化主管部门提出申请,填写《机电产品再制造试点单位基本信息表》,主要内容包括:试点企业的基本情况(包括现有装备、产品生产规模、保有量),再制造的工作基础(包括旧件回收情况),再制造发展潜力分析和发展目标(3年),再制造装备、产品范围,再制造装备、产品的用途和销售渠道,以及各说明项的相关证明材料和数据测算说明。

省级工业和信息化主管部门对申报单位的基本条件进行初审,对符合基本条件的单位指导其编制试点实施方案。试点实施方案主要内容包括:企业(或园区)的基本情况(包括现有装备、再制造产品生产规模、社会保有量),再制造的工作基础(包括旧件回收和产品销售渠道情况),再制造发展潜力、发展目标和重点任务,再制造保障措施等。省级工业和信息化主管部门对试点实施方案评审后出具推荐意见,按规定时间将企业基本情况表及其相关证明材料、试点实施方案和推荐意见报送工信部节能与综合利用司。

工信部组织对试点实施方案进行专家论证,对通过论证的单位,复函确认为机电产品再制造试点单位。

2）机电产品再制造试点验收

为发展工业循环经济,促进工业转型升级,工信部自2009年以来开展了推进机电产品再制造试点示范工作,取得了显著成效。为继续推进机电产品再制造产业朝规模化、规范化、专业化方向发展,充分发挥试点示范引领作用,需进一步提升机电产品再制造技术水平,结合再制造产业发展形势,做好机电产品再制造试点验收有关工作。

(1) 机电产品再制造试点验收范围

《工业和信息化部关于印发〈机电产品再制造试点单位名单(第一批)〉和〈机电产品再制造试点工作要求〉的通知》(工信部节〔2009〕663号)确定了第一批试点单位,且试点单位再制造试点实施方案已由工信部正式批复(工信部节函〔2010〕480号、528号,工信部节函〔2011〕41号)。

《工业和信息化部关于印发〈机电产品再制造试点单位名单(第二批)〉的通知》(工信部节函〔2016〕53号)确定了第二批试点单位(含纳入机电产品再制造试点单位管理的内燃机再制造推进计划实施单位)。

(2) 机电产品再制造试点验收内容

经确定的再制造试点实施方案组织实施情况汇报,主要内容包括:①主要目标和指标完成情况、重点任务完成情况、关键项目完成情况、保障措施落实情况;②试点工作取得的效果、存在的问题及相关政策建议等。此外,应说明再制造试点工作组织管理体系、检验检测体系、旧件逆向物流体系、产品销售和质量保证体系建设等情况。

(3) 机电产品再制造试点验收程序

① 开展自评估。

省级工业和信息化主管部门组织试点单位结合实施方案及有关要求,对试点目标任务完成情况进行全面对照检查和评估,指导试点单位围绕前述验收内容编写《机电产品再制造试点自评估报告》,填写《机电产品再制造试点单位基本信息表》。完成自评估的试点单位向省级工业和信息化主管部门提出验收申请。

② 验收评审。

省级工业和信息化主管部门(或中央企业)对试点单位提交《自评估报告》的真实性、可靠性进行现场核查,并组织相关咨询机构、行业及再制造专家等对试点工作实施情况及成效进行综合论证验收,出具验收意见。

③ 出具验收报告。

省级工业和信息化主管部门(或中央企业)汇总本地区试点单位的验收情况,形成验收报告。

④ 复核及公告。

省级工信部组织对验收材料进行复核,公示复核结果,对无异议的予以公告。复核期间,根据情况组织专家进行现场调研和抽查。

⑤ 典型推荐。

对试点实施效果较好的单位,省级工业和信息化主管部门可推荐其为机电产品再制造典型单位,随附相关推荐意见,按规定时间报工信部节能与综合利用司。

3) 全断面隧道掘进机领域再制造试点单位名录

截至目前,工信部正式公布了两批机电产品再制造试点单位名单,共计76家(含工程机械领域20家),其中铁建重工、中铁装备和中铁隧道局三家全断面隧道掘进机制造和施工单位以及安徽博一流体传动股份有限公司、蚌埠市行星工程机械有限公司等全断面隧道掘进机关键配套件单位于2016年被列入工信部机电产品第二批再制造试点单位,见表6-1。

机电产品再制造试点单位名单(第二批)　　　　　　　　　表 6-1

领　域	试　点　单　位	地区/央企
工程机械 (14 家)	山东临工工程机械有限公司	山东
	安徽博一流体传动股份有限公司	安徽
	芜湖鼎恒材料技术有限公司	安徽
	山河智能装备股份有限公司	湖南
	北京南车时代机车车辆机械有限公司	央企
	宁波广天塞克思液压有限公司	宁波
	中铁工程装备集团有限公司	央企
	中铁隧道集团有限公司	央企
	蚌埠市行星工程机械有限公司	安徽
	安徽省泰源工程机械有限责任公司	安徽
	中国铁建重工集团有限公司	湖南
	利星行机械(扬州)有限公司	江苏
	南京钢加工程机械科技发展有限公司	江苏
	青岛迈劲工程机械制造有限公司	青岛

4) 全断面隧道掘进机领域再制造试点单位验收通过名录

目前,根据《关于做好机电产品再制造试点验收工作的通知》(工信厅节〔2019〕51号)要求,工信部发布了拟通过验收的机电产品再制造试点单位名单(第二批),见表 6-2。

通过验收的机电产品再制造试点单位名单(第二批)　　　　　　　　　表 6-2

序　号	行业领域	单　位　名　称
1	工程机械	中国铁建重工集团有限公司 (现改名为中国铁建重工集团股份有限公司)
2		中铁工程装备集团有限公司
3		中铁隧道局集团有限公司
4		安徽博一流体传动股份有限公司
5		芜湖鼎恒材料技术有限公司
6		蚌埠市行星工程机械有限公司
7		山河智能装备股份有限公司

根据工信部发布的拟通过第二批再制造试点验收名单来看,工程机械领域再制造试点单位通过率占到全行业的 50%。

通过分析我们发现，在工程机械领域中，以"再制造"为企业核心竞争力优势逐步凸显，再制造已经成为工程机械产业链中的重要一环。在产品方面，土方机械、桩工机械、盾构等整机及零部件国产化和再制造也开始逐渐走出了中国特色。相信随着国家政策的不断完善，工程机械市场的拉动以及行业的自我提升和转型促进，工程机械再制造将迎来更美好的"春天"。

6.4.2 再制造产品认定

为进一步规范再制造生产行为和再制造产品品质，引导再制造产品的合理消费，我国工业和信息化部于2010年发布了《再制造产品认定管理暂行办法》（工信部节〔2010〕303号）和《再制造产品认定实施指南》（工信厅节〔2010〕192号），为再制造产品认定工作开展提供依据。

1) 再制造产品认定组织管理

(1) 工业和信息化部负责再制造产品认定工作的管理和监督，制定相关制度、标准及实施方案，组织开展认定工作，发布《再制造产品目录》。

(2) 省级工业和信息化主管部门负责认定申请的初始审查，向工业和信息化部推荐符合条件的认定申请。

(3) 工业和信息化部委托具有合格评定资质的机构具体承担认定评价工作，内容包括组织进行文件审查、现场评审、产品检验，以及出具认定报告等。

2) 再制造产品认定程序

再制造产品认定包括"申报、初审与推荐、认定评价、结果发布"等四个阶段，认定流程如图6-16所示。

3) 再制造产品认定标志与信息明示

(1) 认定标志

再制造产品标志样式如图6-17所示。

(2) 认定标志使用

通过认定的再制造产品，应在产品明显位置或包装上使用再制造产品标志；被取消认定资格的产品不得继续使用再制造产品标志。

使用认定标志时，应保证认定标志的完整，可按比例放大或缩小，但应确保认定标志的颜色一致且清晰。

(3) 信息明示

经认定的再制造产品应在产品明显位置或包装上明示再制造产品的生产厂名称、产品识别代码、执行标准等相关信息。

4) 全断面隧道掘进机再制造产品认定

2017年和2018年，中铁装备、秦皇岛天业通联重工股份有限公司、中铁隧道局的再制造全断面隧道掘进机经过现场审核、产品检验与综合技术评定、专家论证等程序，符合《再制造产品认定管理暂行办法》及《再制造产品认定实施指南》的要求，分别被工信部列入《中华人民共和国工业和信息化部公告——再制造产品目录（第七批）》（工信部节〔2018〕3号）、第六批和第七批《再制造产品目录》，见表6-3。

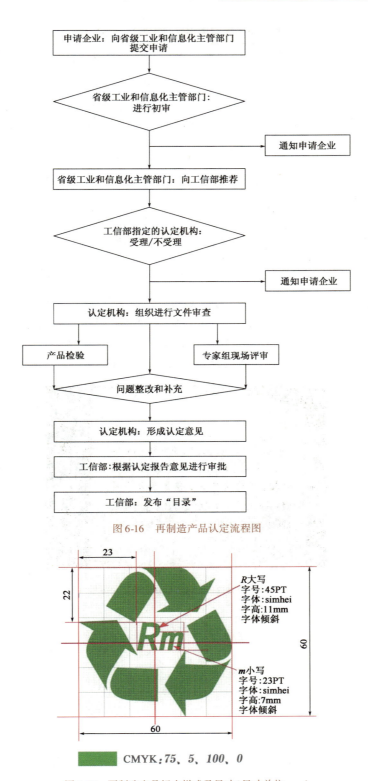

图 6-16　再制造产品认定流程图

图 6-17　再制造产品标志样式及尺寸(尺寸单位:mm)

工信部全断面隧道掘进机再制造产品目录　　表 6-3

再制造产品制造商	产品名称	产品型号	目录批次
中铁装备	土压平衡盾构	4m≤φ<6m	第六批
		6m≤φ<7m	
		9m≤φ<12m	
	泥水平衡盾构	6m≤φ<7m	
	TBM	6m≤φ<7m	
秦皇岛天业通联重工股份有限公司	土压平衡盾构	4m≤φ<6m	第七批
		6m≤φ<7m	
	泥水平衡盾构	6m≤φ<7m	
	TBM	4m≤φ<8m	
中铁隧道局	土压平衡盾构	6m≤φ<7m	

注：截至 2018 年 1 月。

中铁隧道局盾构再制造产品认定标志及其再制造产品编号如图 6-18 所示。其中针对每台再制造全断面隧道掘进机产品，在验收出厂前都按照中铁隧道局再制造设备编号规范进行统一编号，例如 CT006H 盾构，其中，"CT"为中铁隧道英文缩写，"006"为第 6 台再制造产品、"H"为原型机海瑞克英文缩写，并在盾构设备显著地方进行标识。

图 6-18　中铁隧道局盾构再制造产品认定标志及编号（CT006H）

第7章 全断面隧道掘进机再制造国内发展趋势及未来展望

随着新一轮科技革命和产业变革与我国加快转变经济发展方式形成历史性交汇,绿色化、智能化成为全断面隧道掘进机产业转型升级的必然趋势。以全断面隧道掘进机为代表的大型成套设备及关键零部件的高端再制造是典型的绿色制造,符合国家"绿色环保、循环经济"发展战略,具有显著的社会和经济效益。本章将介绍全断面隧道掘进机关键部件国产化研发及装备一体化研发应用情况,并对未来我国隧道及地下工程和全断面隧道掘进机再制造进行展望。

7.1 全断面隧道掘进机关键部件国产化研发

主轴承和主驱动减速机被称为全断面隧道掘进机的"心脏",承担着掘进机运转过程的主要载荷,是刀盘驱动系统的关键部件,目前市场上几乎全部依赖进口,每年仅主轴承的进口费用就要10亿元,成为隧道掘进机行业"卡脖子"技术。为推进全断面隧道掘进机核心部件的国产化试验和开发工作,近年来我国逐步开展了核心部件国产化替代及工业性应用,取得了一定成绩。本节主要介绍中铁隧道局再制造盾构主轴承和主驱动减速机国产化研发及应用案例。

7.1.1 主轴承国产化研发

1) 研发背景

盾构主轴承是盾构的关键部件。由于盾构地下施工的特殊性、地表条件的不确定性和其自身结构设计特性的限制,盾构主轴承不允许失效,一旦失效将给工程造成巨大损失,甚至影响整条地铁线路布局和规划,因此,盾构主轴承的寿命和可靠性直接影响盾构的施工安全。由于盾构主轴承的特殊性,其长期被国外少数轴承厂家垄断,价格昂贵、供货周期长、修理困难等因素长期限制国内盾构机械修造和施工领域中的发展。

随着国内机械制造行业的快速发展,国产大型转盘轴承在风电等领域技术、质量和市场占有率已走在世界前列,主轴承国产化研发也在此背景下逐步开展。

2)研发过程

(1)研发方法及历程

中铁隧道局联合洛阳 LYC 轴承有限公司于 2007 年参研的国家 863 计划先进制造技术领域"全断面掘进机关键技术"重点项目中突破了主轴承国产化设计分析、感应淬火等技术,并在小直径顶管机中进行了应用;2012 年在首台小松盾构再制造中从盾构主轴承检测与再制造做起,产学研结合积累盾构再制造应用基础数据,掌握多家国外公司盾构主轴承的产品结构、材料、精度、主参数、热处理指标等关键特性,分析了主轴承失效原因,从主轴承修复、部件替代到重新优化匹配设计,先后联合研制出 6m 级和 11m 级盾构国产化主轴承。

(2)原主轴承结构及参数(以首台 6m 级再制造盾构国产化主轴承为例)

该主轴承原是德国某公司的产品,采用三排滚子转盘轴承结构,由上下挡圈、主推力滚子、径向滚子、反推力滚子、滚子保持架和内圈组成。原主轴承结构及参数见表 7-1。

原主轴承基本参数表　　　　表 7-1

模数		18	齿数		101
内圈基准面跳动		0.04	主推力滚道	硬度(HRC)	58.5~60
				硬化层深度(mm)	7.0~8.1
内圈内径跳动		0.14	反推力滚道	硬度(HRC)	57.5~58.2
				硬化层深度(mm)	4.6~5.2
齿圈节圆跳动		0.4	径向滚道	硬度(HRC)	57.5~60
				硬化层深度(mm)	6.4~7.4
轴向游隙		0.22	主推力滚道	硬度(HRC)	58.5~60
				硬化层深度(mm)	7.0~8.1
径向游隙		0.16	反推力滚道	硬度(HRC)	57.5~58.2
				硬化层深度(mm)	4.6~5.2
齿面	硬度(HRC)	54.8~58.8	齿根	硬度(HRC)	48~55
	硬化层深度(mm)	4.0~5.2		硬化层深度(mm)	2.9~3.5

(3)产品设计方案

①产品结构及接口尺寸设计。

产品结构仍采用三排圆柱滚子组合结构,保持架采用青铜带支脚直兜孔结构,接口尺寸参考原尺寸。

②旋转精度及游隙设计。

旋转精度超过国内转盘轴承 P5 级标准,不低于国外检测值;游隙参考原设计,见表 7-2。

产品游隙对比　　　　表 7-2

序号	检测项目	国产化设计尺寸(mm)	原设计尺寸(mm)
1	内圈基准面跳动	≤0.05	0.04
2	内圈内径跳动	≤0.2	0.14
3	齿圈节圆跳动	≤0.28	—
4	轴向游隙	0.07~0.18	0.22
5	径向游隙	0.10~0.18	0.16

③产品主参数设计。

产品安全系数和工作寿命分别见表7-3～表7-5。

在极限载荷下的安全系数　　　　　　　　　　　　　　　表7-3

安全系数		主推力滚道	反推力滚道	径向滚道
f	原设计	1.29	>10	3.3
	国产化	1.31	>10	3.1

反推力滚道最大载荷下的安全系数　　　　　　　　　　　表7-4

安全系数	原设计	国产化设计
反推力滚道	4.9	4.82

工作寿命　　　　　　　　　　　　　　　　　　　　　　表7-5

工作寿命	原设计	国产化设计
寿命(h)	17301	17617

④滚子设计。

a. 滚子直径参考原设计。

b. 滚子精度符合《滚动轴承 圆柱滚子》(GB/T 4661—2015)的Ⅱ级滚子标准。

c. 采用凸度技术降低滚子边缘应力集中,凸度值按照以往国外轴承检测指标设计,其中,主推力滚子:0.09～0.11mm;反推力滚子:0.04～0.06mm;径向滚子:0.04～0.06mm。

d. 尺寸一致性控制:滚子批直径相互差不大于5μm。

⑤材料选择。

a. 套圈材料:42CrMoE特级优质钢,套圈材料化学成分对比见表7-6,套圈材料机械性能对比见表7-7。

b. 冶炼方式:带氩气保护的电渣重熔钢锭。

c. 滚子材料:主推力滚子为GCr18Mo;反推力及径向滚子为GCr15SiMn。

d. 保持架材料:铝青铜QAl9-4(板料)。

套圈材料化学成分对比　　　　　　　　　　　　　　　　表7-6

化学成分	C	S	P	Mn	Si	Ni	Cr	Mo
LYC套圈(%)	0.41～0.45	0.015	0.015	0.60～0.8	0.22～0.37	≤0.3	0.90～1.2	0.15～0.25
国外套圈(%)	0.40	0.005	0.011	0.82	0.33	0.28	1.08	0.24

套圈材料机械性能对比　　　　　　　　　　　　　　　　表7-7

机械性能	抗拉强度 σ_b (MPa)	屈服强度 σ_s (MPa)	断后伸长率 (%)	断面收缩率 (%)	硬度 (HBW)
LYC套圈	800～950	≥700	≥13	≥50	260～290
国外套圈	869.7	614.7	18	67	250左右

⑥齿轮设计。

a. 齿圈精度设计为7级齿,国外应为9级齿。

b. 要求齿面、齿根淬火。

c. 对齿廓修形，可以减轻齿轮的冲击振动和噪声，减小动载荷，改善齿面的润滑状态，减缓或防止胶合破坏。

⑦关键热处理参数设计。

a. 滚道、齿轮的淬火硬度及硬化层深度见表7-8。

滚道、齿面硬度及硬化层深度   表7-8

序号	检测项目	要求指标	实测值
1	滚道硬度（HRC）	57~62	57~62
2	主推力滚道硬化层深度（mm）	≥7	≥7
3	反推力滚道硬化层深度（mm）	≥5.5	≥5.5
4	径向滚道硬化层深度（mm）	≥6	≥5.5
5	齿面硬度（HRC）	52~60	54~58
6	齿面硬化层深度（mm）	≥4	≥4
7	齿根硬度（HRC）	52~60	48~52
8	齿根硬化层深度（mm）	≥3	≥3

b. 挡边硬度、滚子淬火硬度及挡边硬化层深度见表7-9。

挡边及滚子硬度   表7-9

序号	检测项目	要求指标	实测值
1	挡边硬度（HRC）	55~62	55~62（径向滚道挡边偏低48~59）
2	挡边硬化层深度（mm）	≥4	≥4
3	滚子硬度（HRC）	58~62	58~60

（4）套圈工艺设计方案

①按总体精度要求进行零件公差分配，见表7-10。

关键指标零件公差分配   表7-10

序号	检测项目	01件 要求指标	21件 要求指标	02件 要求指标
1	端面平行差	0.03	0.03	0.03
2	轴向滚道平行差	0.03	0.03	0.03
3	引导面椭圆度	0.08	0.08	0.08
4	径向滚道椭圆度	0.05	0.05	0.05
5	径向滚道对基准面跳动	0.015	0.015	0.015
6	引导面对基准面跳动	0.06	0.06	0.06

②热处理关键参数提前试验验证，试验数据见表7-11。

（5）相关分析计算

采用国际先进的分析软件，精确分析不同设计参数、使用条件下的轴承应力、寿命，优化滚子凸度设计，有效降低边缘应力水平，延长轴承寿命，如图7-1、图7-2所示。

试 验 数 据　　　　　　　　　　　表 7-11

零件	检测部位	硬化层深度（mm）			硬度（HRC）
02 件	主推力挡边	5.6	6.2	5.8	55～58
	主推力滚道	8.5	8.7	9	57～60
	径向滚道	7.2	7.5	7.8	
	反推力滚道	7.2	7.6	8.1	
	反推力挡边	6.1	6.2	6.5	55～58
01 件	径向滚道	7	7.2	7.5	57～61
	径向滚子端面挡边	6.2	6.1	6.1	55～59
	径向挡边	5.5	5.8	5.6	
	主推力挡边	6	6.2	6.4	
	主推力滚道	8.5	9.1	9.3	57～60
21 件	径向滚子端面挡边	6.2	6.3	6.3	55～59
	径向挡边	5.7	5.6	5.6	
	引导面	5.8	6	6.2	
	反推力滚道	7.3	7.5	8	57～60
02 件齿	齿面	4.5	4.7	4.7	52～58
	齿根	3.8	3.9	3.9	48～55

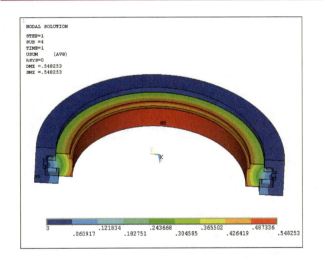

图 7-1　主轴承整体变形和应力应变分析

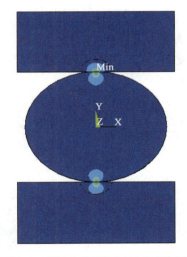

图 7-2　滚子凸度变形和应力应变分析

基于有限元仿真分析的盾构主轴承整体变形和零件的应力、应变计算，为保证盾构主轴承的设计质量和安全使用奠定坚实的理论基础。采用国际上最先进的计算标准 ISO/TS16281 和 VDI2230 的计算方法，对滚动体的负荷分布和螺栓受力等进行详细分析计算，如图 7-3、图 7-4 所示。

3）开发成果及改进措施

（1）轴承旋转精度达到国外产品水平，见表 7-12。

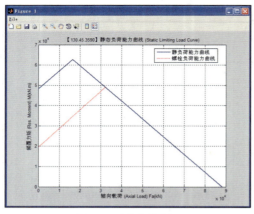

图 7-3　承载曲线分析　　　　　图 7-4　滚动体负荷分布分析

轴承旋转精度对比　　　　　　　　　　　　　　　　　表 7-12

序号	检测项目	原值（mm）	国产化值（mm）
1	内圈基准面跳动	0.04	0.03
2	内圈内径跳动	0.14	0.12
3	齿圈节圆跳动	0.4	0.07
4	轴向游隙	0.22	0.15
5	径向游隙	0.16	0.16

（2）轴承材料成分接近国外，有害元素含量 S、P 低于国外产品，氧含量达到国际先进水平，详见表 7-13 和图 7-5。

轴承化学成分对比　　　　　　　　　　　　　　　　　表 7-13

化学成分	C	S	P	Mn	Si	Ni	Cr	Mo	O
国产化值(%)	0.44	0.002	0.009	0.70	0.30	0.07	1.10	0.22	6.0
原值(%)	0.40	0.005	0.011	0.82	0.33	0.28	1.08	0.24	9.8

图 7-5　滚子晶粒度对比

（3）滚道硬度及硬化层深度指标达到国外产品水平，见表 7-14。

轴承滚道硬度及硬化层深度对比　　　　　　　　　　　表 7-14

序号	检 测 项 目		原　　值	国产化值
1	主推力滚道	硬度（HRC）	58.5～60	58.7～61
		硬化层深度（mm）	7.0～8.1	7.0～8.1
2	反推力滚道	硬度（HRC）	57.5～58.2	57.1～58.9
		硬化层深度（mm）	4.6～5.2	6.1～7.4
3	径向滚道	硬度（HRC）	57.5～60	57.1～58.8
		硬化层深度（mm）	6.4～7.4	6.0～6.8

（4）齿轮硬度及硬化层深度指标达到国外产品水平，见表 7-15。

轴承齿轮硬度及硬化层深度对比　　　　　　　　　　　表 7-15

序号	检 测 项 目		国 外 样 品	LYC 产品
1	齿面	硬度（HRC）	54.8～58.8	52.9～56.9
		硬化层深度（mm）	4.0～5.2	4.0～4.4
2	齿根	硬度（HRC）	48～55	49～53
		硬化层深度（mm）	2.9～3.5	3.0～3.3

4）工业试验

（1）工业试验应用情况

该国产主轴承安装于再制造盾构 CT006H（原型机：海瑞克 S261 土压平衡盾构，如图 7-6 所示），自 2016 年 11 月起投入合肥地铁 3 号线项目现场使用，于 2018 年 3 月完成施工任务，已连续工作 1300h，完成了预期目标，累计掘进 2369.65m，主轴承掘进期间月最高掘进 397.5m，日最高掘进 28.5m。施工过程中未发生任何异常，性能达到盾构新机水平，掘进期间主要掘进参数如图 7-7 所示。

图 7-6　国产主轴承再制造盾构下线

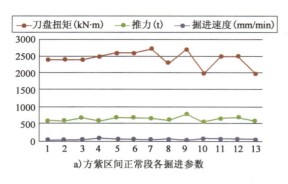
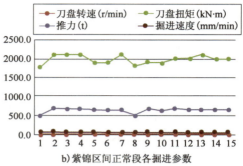

a) 方紫区间正常段各掘进参数　　b) 紫锦区间正常段各掘进参数

图 7-7　CT006H 盾构主要掘进参数

（2）掘进过程中的监控

区间掘进过程中，为确保国产主轴承运转良好，并及时了解主轴承运转状态，采用离线检测和在线监测两种方式对主轴承的运转情况进行跟踪。离线检测采用定期取样方式对盾构主轴承齿轮油的各项指标进行检测，判断、分析主轴承运转情况；在盾构上安装状态监测和油液在线监测设备，对主轴承进行实时监测，监测的参量主要有振动、温度、油液黏度、水分、介电常数等指标。

过程中各项监控数据表明，主轴承油液各项理化、磨损指标正常；对主轴径向和轴向共 8 个测点的振动和温度进行了监测，采集了约 20 万个数据，对各项数据进行汇总分析，振动和温度数据正常；监控结论为整体运行状态良好，各项指标正常。

（3）工业性试验收

2018 年 6 月，由中铁隧道局、洛阳 LYC 轴承有限公司联合研制的国内首台成功应用于施工的国产盾构主轴承在合肥通过专家组评估验收，如图 7-8 所示。通过对主轴承的制造、使用状况、监测情况进行论证，专家组成员一致认为：国产盾构主轴承在工程应用中运行平稳可靠、技术指标达到或部分超过了国外同类产品，能够满足工程使用要求，下一步可向行业内进行推广。

图 7-8　CT006H 盾构国产主轴承工业性验收评估

7.1.2 主驱动减速机国产化研发

1）研发背景

中铁隧道局使用的盾构曾于某一时期先后不同程度出现过主驱动减速机损坏的现象,这些减速机故障严重影响项目部的施工计划与安排,甚至制约整个工程的进度,设备存在安全隐患,对施工造成很大的影响。

中铁隧道局拥有市场上全部主流品牌盾构,主驱动减速机全部采用进口产品。成都地铁4号线一期工程使用的某品牌减速机掘进期间6台主驱动减速机先后损坏,而减速机发生故障时,进口减速机的供货周期长,价格昂贵,无法满足项目部及时、价廉的施工要求,在国内机械加工水平与日俱增的背景之下,以此为契机,进行了国产化盾构主驱动减速机研发。

2）研发过程

（1）研发方法

以成都地铁4号线一期工程使用的某品牌减速机为基础,研究分析减速机损坏原因,选用合适的材料和加工工艺,重新优化匹配减速机设计和制作方案。

（2）原主驱动减速机机构及参数

该减速机是日本某公司的产品,采用三级行星齿轮传动,输入轴位置采用循环水冷却,输出齿轮轴采用两个调心滚子轴承支承,密封采用浮动式,每级之间采用轴承限位,一、二级行星轮采用悬臂结构,三级采用双支承结构且行星架有深沟球轴承固定;一、二级模数4.5mm,三级模数6.5mm;一级三个行星轮,二级五个行星轮,三级四个行星轮。原主驱动减速机结构及参数详见图7-9和表7-16。

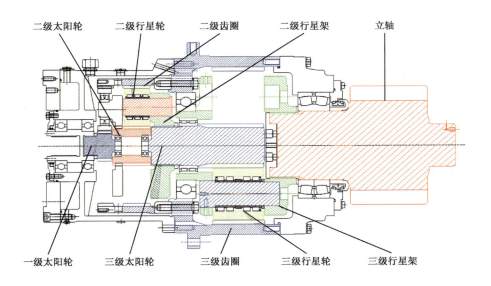

图7-9 原主驱动减速机结构

原减速机基本参数表　　　　　表7-16

小齿轮齿数	15个	推荐用油	Esso	Spartan SYNTH EP 320
模数	25mm		Shell	Omala HD 320
压力角	25°		Mobil	Mobil Gear SHC XMP 320
电机功率	200kW		减速比	1∶113.9
运行时间比	5%	74.5%	20%	0.5%
输入速度($\min^{-1}$)	2207	1333	1000	1.14
输出速度($\min^{-1}$)	19.38	11.7	8.78	0.01
输出扭矩(N·m)	79543	131724	175632	219540
刀盘驱动扭矩(N·m)	2386290	3951720	5268960	6586200
	2863548	4742064	6322752	7903440

(3) 原主驱动减速机损坏原因分析

① 减速机轴承品牌杂乱。

拆检过程中,发现在减速机的10个轴承来自5个不同厂家,分别为NTN、NSK、KOYO、ZWZ、HRW厂家。轴承厂家过于杂乱对于减速机正常使用会产生影响。

② 减速机三级机构无法彻底放油,属于重大设计缺陷。

拆检过程中,发现其所有齿面都有部分点蚀与压痕。经过检查,可能由于齿面剥落颗粒渗入轴承中,导致轴承损坏,引起齿圈磨损。

③ 减速机材质问题。

拆检过程中,对部分损坏减速机的齿圈以及齿轮进行硬度分析,发现其不能完全满足减速机所能承载的脱困扭矩要求,因此,在负荷较大的工程地质情况下会引起齿圈剥落。

④ 高扭矩冲击。

通过查看盾构上位机的刀盘扭矩历史数据,发现盾构在使用的过程中刀盘主驱动系统曾多次出现高扭矩冲击现象,但高扭矩冲击瞬间减速机扭矩限制器并未进行脱扣,无法发挥保护功能,导致减速机受到较大的冲击。

⑤ 减速机冷却问题。

拆检过程中,发现所有水冷却通道中,都有大量泥沙,导致无法完善地进行水冷却,导致轴承发热,引起所有轴承都有跑内外圈现象,严重影响减速机性能。

⑥ 减速机内部疲劳损伤。

在刀盘扭矩波动过大、刀盘跳停频繁的情况下,减速机的寿命会大幅度地降低,内部可能会出现不同程度的疲劳损伤,最终导致减速机的损坏。

⑦ 工厂组装时安装精度质量问题。

⑧ 主驱动与前盾连接面板相互转动产生冲击载荷。

(4) 国产化开发原则

减速机与主驱动箱的装备尺寸不能改变,以保证研发的减速机能顺利安装到原盾构机上;减速机的总减速比不能改变,以保证与原盾构参数相匹配;对主要零部件的材料和工艺进行优化,保证减速机的结构和部件寿命较原减速机有进一步提升。并通过对原减速机在使用过程中存在的问题进行分析,在研制中一并解决,使减速机的性能得到优化和提升。

(5) 总体设计方案

对样机各部件的原材料进行取样和理化分析,得到详细的材料理化指标,通过对比,选用指标相近、性能更优的材料;对原样机进行测绘,代入选择的新用材料对减速机的参数和结构进行验算,根据验算结果对设计进行优化;对原样机的损坏原因进行详细分析,优化设计通过专家审核后进行详细设计、出图、生产;减速机生产、装配后在工厂进行出厂试验,各项指标达标后再到施工现场进行工业性试验,对研发的减速机的整体性能进行实况验证。

(6) 研发过程

通过对减速机的参数化建模,进行模拟装配(图7-10)和干涉检查;对结构误差和传动精度建立等价模型分析;对减速机动力学建立模型分析,并对固有特性求解分析;对主要部件进行模态分析及应力分析(图7-11)。

图7-10 减速机装配效果图

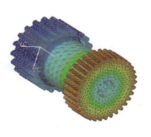

图7-11 太阳轮的变形效果图

3) 研发成果及改进措施

(1) 主要材料改进

通过对比分析,样机的太阳轮和行星轮材料趋于30CrMo或35CrMo,更接近于30CrMo,根据样机损坏程度初步判断,样机主要是因为弯曲疲劳强度差,造成损坏;故选用改进新型复合材料,增强齿轮的弯曲和接触疲劳强度。

(2) 优化匹配设计

由拆检情况发现,所有损坏都是从三级减速机构开始,进而引起二级减速机构损坏;因此为了改进这种情况,把花键套处设计为机械机构最薄弱处,如若发生故障,花键套会先行损坏,更方便更换,有利于设备性能恢复。

(3) 重新设计出合理的齿轮模数与尺寸

设计优化后的齿轮模数与尺寸,与原样机对比见表7-17。

原样机与国产化新机减速机参数对比表　　　　　　表 7-17

对比机型		原样机		国产化新机		备　注
对比部位	对比参数	模数（mm）	有效长度（mm）	模数（mm）	有效长度（mm）	
一级机构	太阳轮	4.5	45	5	50	原一级行星架和行星轮轴采用分体结构,设计为整体锻造
	行星轮	4.5	42	5	46	
	行星架内齿	4.5	—	5	—	
二级机构	太阳轮	4.5	75	5	89	原二级行星架和行星轮轴采用分体结构,设计为整体锻造
	行星轮	4.5	72	5	86	
	行星架内花键	4	58	4	63	
三级机构	太阳轮	6.5		7		原三级行星轮轴径 65mm 改为 90mm 轴径,行星架整体加长 20mm,输出侧加厚 15mm
	行星轮	6.5	125	7	167	
	行星架内花键	5($Z=42$)	83	5($Z=48$)	85	
整机长度（mm）		1292		1354.5		加长 62.5

4）工业试验

（1）工业试验整体情况

新制国产减速机安装于盾构 2 号减速机位置,第一个区间完成 382 环后,为检查国产减速机的使用情况,对减速机进行返厂检查;返厂检查完成后继续掘进 378 环,平均月掘进 189 环,最高日掘进 20 环。

（2）掘进过程中的监控

区间掘进过程中,需切实加强对该新制减速机及其余检修减速机的监控,通过每天对六台减速机（2 号新制国产减速机尤为重要）的振动情况及温度进行检测,并与之前数据对比分析发现,其振动与噪声较检修过的进口减速机略大,但随着机器的磨合,渐渐趋于平稳;区间掘进过程中,项目定期对减速机的油样进行检测,由于减速机为新制试用机,存在一定的磨合期,其内部构件的摩擦导致在油样的检测中难免存在少量杂质等异常现象,经检测发现有水分或杂质等超标现象,项目及时进行了更换,共先后换油 3 次,确保掘进过程中减速机的顺利运转;成草区间结束后,通过对上位机的刀盘扭矩、电机电流参数进行分析发现,本区间刀盘扭矩并无异常情况,相对平稳,电机电流也相对平稳,说明新制国产减速机与整机磨合较好。

2014 年国产化主驱动减速机通过专家组工业性试验验收,专家认定为国产化主驱动减速机达到同类进口设备性能。

7.2　全断面隧道掘进机装备一体化研发

目前国内盾构施工中通常使用单一模式的土压平衡盾构、泥水平衡盾构或者敞开式 TBM,这三者均有较大的局限性。土压平衡盾构在掘进效率、排渣能力方面优于泥水平衡盾构,但对其施工后产生的地表沉降控制难度高,且其沉降控制功能相对薄弱,容易出现沉降过大等问题；泥水平衡盾构对地层的扰动小，能把地表沉降控制在较小的范围内，在地面沉降控制方面有较大的优势，对土仓内压力的平衡控制更为稳定，但在灰岩地层中，由于裂隙发育、岩石强度不均，盾构推进时切削下来的石块大小不一，容易造成排浆管堵塞、排渣不畅，在土仓内堆积亦会对刀具造成破坏等；敞开式 TBM 常用于硬岩，在敞开式 TBM 上配置了钢拱架安装器和喷锚等辅助设备，以适应地质的变化，当采取有效支护手段后，也可以用于软岩隧道。

通常在项目策划时，根据工程项目地层的特点，选择泥水或者土压盾构施工。但很多时候工程项目的地层有突变情况，即某一段适合泥水平衡盾构，其余地段又适合土压平衡盾构机，可能又会遇到硬岩地层，这样就使得难以抉择。因此，针对其复杂地质情况，提供一种能够根据不同地层条件和施工需要，进行多模式快速一键转换，集土压平衡盾构、泥水平衡盾构与敞开式 TBM 于一体的盾构将成为必然方向。

7.2.1 双模式盾构原理及应用

1）双模式盾构原理

"双模式盾构"同时具备泥水平衡掘进模式和土压平衡掘进模式，且渣土排出配备了螺旋输送机和泥浆管路。双模式盾构适用大多数地层中的掘进，可根据不同的地质及地面沉降控制要求，在泥水平衡掘进模式和土压平衡掘进模式中切换。技术设计上，集成了土压平衡盾构、泥水平衡盾构的设计理念与功能，将土压和泥水两套系统和设备安装在一台盾构上，可根据不同地质、地层的变化，利用可拆卸的刮料装置和互换型承压隔板，实现土压平衡模式开挖和泥水平衡模式开挖两种不同掘进模式之间的快捷切换，既保证工程优质高效，又确保隧道施工的质量安全。在转换模式时，不需要拆装任何东西，只要通过控制系统就可以实现土压平衡盾构和泥水平衡盾构之间的转换，以实现在两种模式情况下的正常掘进。由于双模式盾构具有两套系统，需要合理布局盾构机头和后配套台车，做到最大限度地节省空间并妥善安置两套系统。在部件兼容性上，因盾构是集光、机、电、液、传感、信息技术于一体，具有开挖切削土体、输送土渣、拼装隧道衬砌、测量导向纠偏等功能，加之工作环境恶劣，对配件的性能和可靠性要求非常高，所需配件安装在一起时需要考虑其兼容性。

这种双模式盾构既有螺旋输送机和皮带输送机，又配备了泥水循环系统，如图 7-12 所示。因此这种盾构可根据掘进地层进行盾构掘进模式的切换。在相对稳定的地层，可以选用土压平衡盾构模式掘进，使用螺旋输送机快速出土，实现快速掘进，提高效率、减少施工成本；在富水砂层及其他软弱地层中，可以选用泥水平衡盾构模式掘进，有效控制掌子面压力，防止地面沉降。总之，这种双模式盾构可以适应复杂多变的复合地层和市区环境，可根据地层变化快捷地在土压平衡盾构和泥水盾构两种不同掘进模式之间实现相互切换，能在最大程度地控制工程风险的同时实现优质高效掘进。

2）双模式盾构特点及切换步骤

双模式盾构融合了单一模式的土压平衡盾构和泥水平衡盾构，实现泥水与土压两种模式的兼容和便利切换，可以在两种模式情况下正常掘进，能减少施工过程中的地表沉降，保持工作面稳定。当土体自稳性较强时，可采用土压模式，以降低施工成本，提高工效；当土体自稳性较差时，可采用泥水模式，以有效控制地表沉降，确保隧道施工的质量、安全。双模式盾构既具备土压平衡盾构掘进高效的特点,又能达到泥水平衡盾构沉降控制好的标准。双模式盾构在广州地铁岩溶地区已成功应用,这表明了双模式盾构在模式快速切换、掘进模式功能互补及对复杂地层的适应性等方面,具有很好的经济效益和社会效益,而且可以有效降低施工中的风险,保证在复杂地层中盾构施工的安全、施工质量及施工进度满足要求。

a) 实物图

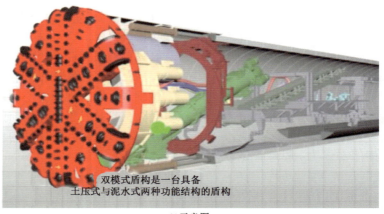

b) 示意图

图 7-12 双模式盾构

双模式盾构具有以下特点:

(1) 技术先进,融合泥水、土压两种模式,最广泛地适应复杂多变的复合地层和市区环境,能在最大程度地控制工程风险的同时,实现优质高效掘进。

(2) 功能齐全,双模式盾构配备有复合式刀盘、大功率的主驱动和推进系统、大扭矩的螺旋输送机、单管单泵的泡沫系统、单双液两套注浆系统、P0 泵小循环系统,具备逆循环掘进功能、顶置人闸等,且两个模式可独立运行又可互相支持。

(3) 切换便捷,两种模式切换不需拆装任何部件,只需按规定程序进行操作,便能根据地层、地质、环境变化的需要,随时实现安全、快速地切换。

(4)适应性强,特别适合于上软下硬和软硬交替的复合地层、卵石地层及对沉降控制严格的地面环境作业,可实现在复杂条件下沉降小、掘进快、综合成本低的盾构施工效果。

在模式转换时,无论是从泥水切换土压模式进行施工,还是从土压切换泥水模式进行施工,均需做好以下两个方面的工作:第一,做好施工前的准备工作,主要包括地面临建工作、设备材料装备工作以及人员配置工作等。以泥水切换土压模式施工为例,在地面临建工作中,应做好渣坑临建、顶板支撑加固工作;在设备材料准备方面,应在膨润土罐内加入制好指标的膨润土备用,在泡沫罐内调整好泡沫,并做好膨润土和泡沫管路的提前疏通工作等,以保证系统运转处于正常状态;在人员配置方面,应确保持证上岗。第二,明确各个模式的具体施工步骤,并明确岗位负责人,以促使施工能够顺利推进。以土压转泥水模式为例,在施工中,其共分为六个步骤:第一步,盾构土压模式推进至转换里程停止掘进、做好渣土改良;第二步,通过顶部进浆管向土仓注入泥浆以保持土仓压力;第三步,转动螺旋输送机出渣,同时向螺旋输送机前部注入惰性浆液,采取双闸门交替控制喷涌;第四步,转动刀盘,继续螺旋输送机出渣直至喷涌不可控;第五步,收回螺旋输送机关闭前闸门,疏通所有管路,出浆管路堵塞时可通过逆循环模式疏通;第六步,关闭气垫仓门,打开保压系统及联通管通道后采用泥水模式正常掘进。

7.2.2 三模式盾构原理及应用

三种掘进模式盾构是一种具有土压、泥水和 TBM 三种掘进模式,并能实现三种模式之间的一键式切换的盾构,模式转换安全、快速、劳动强度低,适用于城市结构建筑物复杂地层施工,如图 7-13 所示。

图 7-13 三模式盾构示意图

其主要优势有：

（1）刀盘结构进行加强设计，比常规刀盘重 10t 左右，刀盘刚度、强度足够，适用于各种复杂地层工况需求。

（2）刀盘采用小刀间距（75mm 刀间距）设计，以保证 TBM 模式下的切削能力。

（3）主驱动驱动功率 1500kW，最大转速 5.02r/min，满足 TBM 模式下的高转速要求。

（4）泥水平衡模式掘进时的泥膜和压力平衡方式有利于上软下硬地层中施工时保持掌子面稳定，适应该地层缓慢掘进的需求。

（5）进浆口分别设置在开挖仓顶部、开挖仓底部和刀盘背部，根据不同地层、不同模式下冲刷需求切换使用。

（6）TBM 模式下的排渣系统采用快速排渣泥浆循环系统，开挖仓泥浆只有整仓的 1/3，开挖的渣块可快速输送出开挖仓。

（7）开挖仓内的泥浆可以冷却刀盘刀具，提高刀具使用寿命。

（8）开挖仓采用封闭设计，减少粉尘影响隧道环境。

（9）刀盘上设计开挖直径测量装置，可在停机时检测实际开挖直径。

三种掘进模式的应用情况：

（1）土压平衡式在孤石预处理（爆破）达到预想效果、孤石预处理（爆破）处理达不到预想效果或预处理时遗留孤石的情况下，使用土压平衡模式掘进：由刀盘切削土层，切削后的泥土进入土仓，土仓内的泥土与开挖面压力取得平衡的同时，由土仓内的螺旋输送机出土，螺旋输送机出土口在出土量与推进量取得平衡的状态下，进行连续出土。

（2）泥水平衡式在孤石预处理不能实施的情况下，或在上软下硬地层区段，使用泥水平衡模式掘进：在盾构正面与支承环前面装置隔板的密封仓中，注入适当压力的泥浆使其在开挖面形成泥膜，支承正面土体，保证开挖面稳定；并使安装在正面的刀盘切削土体，渣土与泥浆混合后形成高密度泥浆，用排泥泵及管道将其输送至地面或台车进行渣浆分离处理。

（3）泥水式 TBM 是为了满足盾构能在全断面硬岩地层的掘进，在其中加入一种泥水 TBM 掘进模式，颠覆性地改变了常规 TBM 掘进模式的排渣方式，利用泥浆挟带渣土实现了渣土无级连续排出，减少了开挖仓渣土堆积对刀盘的磨损；开挖仓内的泥浆能够快速冷却刀具、减少刀具磨损；开挖仓采用封闭性设计，保证了工作区域无粉尘，工作环境优良；在地下水丰富地层采用 TBM 掘进模式既能保证正常的开挖又具备排水功能。

泥水模式下，利用开挖仓泥浆压力平衡掌子面水土压力，通过泥浆管道输送渣土（上部进浆口进浆），使用大循环系统进行掘进（地面泥浆循环系统），如图 7-14 所示。在全断面硬岩中，使用 TBM 模式，利用掌子面及围岩自身稳定性掘进，通过泥浆管道输送渣土（下部进浆口进浆），保证土仓不积渣及连续冲刷效果，并且在后配套 6~8 号拖车设置一个小体积筛分设备，使用小循环系统进行掘进（后配套泥浆循环系统），这样能更好地缩短循环距离，提高掘进效率，如图 7-15 所示。

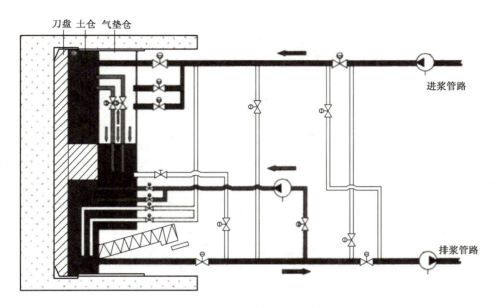

图 7-14　三模式盾构—泥水模式下泥浆循环系统示意图

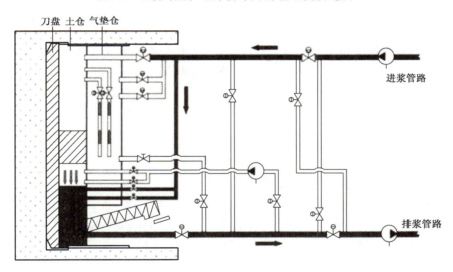

图 7-15　三模式盾构—TBM 模式下泥浆循环系统示意图

7.3　全断面隧道掘进机再制造未来展望

近年来,随着我国隧道及地下工程领域的快速发展,在政策支持与市场发展的双重推动下,我国再制造产业取得了很大进展,以全断面隧道掘进机为代表的高端智能装备再制造产业也纳入了工信部《高端智能再制造行动计划(2018—2020 年)》,在建设节约友好型社会和发展循环经济的主旋律下,全断面隧道掘进机再制造必将成为我国高端智能再制造产业的发展重点之一,具有非常好的市场前景。

7.3.1　我国隧道及地下工程发展与展望

　　进入 21 世纪以来,随着经济的持续发展、综合国力的不断提升及高新技术的不断应用,我国隧道及地下工程得到了前所未有的发展。我国已是世界上隧道及地下工程规模最大、数量最多、地质条件和结构形式最复杂、修建技术发展速度最快的国家。随着各大城市地铁建设力度的不断加大,跨江越海隧道工程数量不断增加,国家的重点建设项目,如长距离供水、水下交通、西气东输等工程都将涉及穿越江河的问题;铁路、公路、市政、供水、供气、防洪、水电等隧道工程的建设都会使隧道的数量不断增多。

　　当前,我国在隧道建设技术上,高速铁路隧道技术体系已基本形成;艰险山区复杂地质条件长大隧道建造技术、大断面软弱围岩隧道建设技术均取得了很大进展;城市大跨浅埋隧道、越江跨河水下隧道的建造技术都已取得突破;隧道掘进机研发与制造取得了很大进步,这些都标志着我国隧道建设技术达到了一个新的发展水平。城市地下空间的开发利用近年来也呈现出快速发展的势头,城市地下轨道、地下管廊、地下商业、地下公路交通、地下停车场、地下交通枢纽以及城市地下防灾工程等建设工程越来越多;城市地下空间的开发利用已经由原来的"单点建设、单一功能、单独运转"逐步向"多功能集成、规模化建设"转变。

　　21 世纪是大力开发利用地下空间资源的世纪,也是隧道与地下工程大发展的世纪。随着隧道与地下工程建设难度越来越大,建设技术标准要求也越来越高,机械化施工配套已然成为未来隧道施工的大趋势,这也为未来全断面隧道掘进机产业的可持续发展提供了广阔平台。

7.3.2　全断面隧道掘进机再制造未来展望

　　经过 40 余年的改革开放,我国经济发展取得了举世瞩目的成就,经济总估量已跃居全球第二位,成为世界制造大国。但是我国的制造业产品物耗、能耗、排放强度较高,信息化、智能化水平较低,仍然处于全球制造业产业链的中低端。

　　《中国制造 2025》提出要坚持创新驱动、智能转型、绿色发展,其中,绿色制造、智能制造是制造业的发展方向,也是战略性新兴产业的重要支柱。高端智能再制造工程是绿色制造、智能制造的重要组成,符合"科技含量高、经济效益好、资源消耗低、环境污染少"的新型工业化特点,必将成为制造业转型升级的重要突破。

　　近年来,在政策支持与市场发展的双重推动下,我国再制造产业得到了快速发展,以"尺寸恢复和性能提升"为主要特征的中国特色再制造关键技术研发取得重要突破。目前,国内从事再制造的企业达几百家,涉及汽车、工程机械、机床、矿采设备、化工设备、冶金装备、船舶、铁路、办公设备等多个行业,再制造产业示范基地与技术研发中心已建成发展。但是与再制造产业发达国家相比,我国再制造产业还处于起步阶段,骨干企业数量较少,行业规模效应尚未形成,且我国再制造产品以传统的性能修复为主,对高端再制造、智能再制造的关键技术研究与产业化应用亟待突破。进入"十三五"时期,需要以再制造全产业链建设为核心,探索建立上下游链条相协调、逆向物流顺畅的再制造生态圈;以信息化、互联网技术应用为突破,构建新型高端智能再制造技术、管理与服务体系;以产业创新为内涵,开拓再制造新领域,推进高端智能再制造的生产、使用、回收、经营的商业模式；以政策引导为手段，在市场准入、进出口、财税、金融和知识产权等方面加大支持力度。

为深入落实党的十九大提出的"加快生态文明体制改革，建设美丽中国"的重要举措，工业和信息化部组织出台了文件《高端智能再制造行动计划（2018—2020年）》（工信部节〔2017〕265号），其内容聚焦全断面隧道掘进机、航空发动机与燃气轮机、医疗影像设备、重型机床及油气田等高端智能装备，目标是通过创新增材制造、特种材料、智能加工、无损检测等高端智能共性技术的产业化应用，实施高端智能再制造示范工程，培育高端智能再制造产业协同体系，加快高端智能再制造产业标准研制，探索、建设高端智能再制造产品推广应用新机制，建设高端智能再制造产业公共信息服务平台，构建高端智能再制造金融服务新模式等八大主要任务，探索符合中国国情的高端智能再制造产业发展新模式，推动我国再制造产业发展。

未来5~10年将是我国再制造业依靠科技、体制和管理创新，走绿色智能之路，调整产业结构，转变发展方式，实现再制造产业由大变强的关键时期。我国再制造技术和产业正面临着前所未有的新挑战和难得的发展机遇，希望尽快建立起有利于高端智能再制造产业发展的政策环境，促进产业健康有序发展，加快引领我国再制造技术的创新突破和再制造产业的快速发展！

References 参考文献

[1] 洪开荣.近2年我国隧道及地下工程发展的思考(2017—2018年)[J].隧道建设(中英文),2019,39(5):710-723.

[2] 徐滨士,夏丹,谭君洋,等.中国智能再制造的现状与发展[J].中国表面工程,2018,31(5):1-13.

[3] 洪开荣,等.盾构与掘进关键技术[M].北京:人民交通出版社股份有限公司,2018.

[4] 张宗言,陈馈,等.盾构施工关键技术[M].北京:中国铁道出版社有限公司,2020.

[5] 蒙先君,刘瑞庆,陈义得,等.全断面隧道掘进机操作技术及应用[M].北京:人民交通出版社股份有限公司,2020.

[6] 易新乾.盾构/工程机械再制造推进中14个问题探讨[J].隧道建设(中英文),2018,38(7):1079-1086.

[7] 蒙先君,陈义得.盾构再制造技术探析[J].建筑机械化,2019(3):64-66.

[8] 康宝生.绿色环保经济发展与隧道掘进机再制造探析[J].隧道建设,2013(4):259-265.

[9] 周新远,李恩重,张伟,等.我国盾构机再制造产业现状及发展对策研究[J].现代制造工程,2019,8:157-161.

[10] 孙海波.再制造TBM主驱动装配关键工艺及齿轮副啮合质量检验技术[J].隧道建设(中英文),2020,40(6):890-897.

[11] 孙海波.敞开式TBM再制造关键技术与实践[J].建筑机械化,2017(12):41-46.

[12] 张阐娟,蒙先君,李大伟.盾构振动在线自动监控系统的设计与研究[J].隧道建设(中英文),2018,38(2):321-328.

[13] 蒙先君,刘瑞庆,吴朝来.基于传感技术的盾构在线状态检测系统[J].隧道建设(中英文),2018,38(12):2058-2062.

[14] 马龙飞.土压平衡盾构机主驱动系统再制造重点分析[J].机电工程技术,2020,49(9):216-218.

[15] 李大伟,周远航,葛宜元.盾构在线监测系统[J].机电工程技术,2020,49(2):106-108.

[16] 李广旭.土压平衡盾构螺旋输送机再制造技术探讨[J].建筑机械化,2018(11):56-59.

[17] 张佳兴,张晓杨,周琳.盾构主轴承内齿圈工作表面损伤缺陷分析[J].轴承,2020(4):35-37.

[18] 揭丽霞.基于PLC系统的盾构机电气调试技术[J].装备技术,2019(4):133-134.

[19] 李磊.大直径土压平衡盾构的组装技术[J].建筑机械化,2019(5):39-41.

[20] 曹征科.盾构机环流系统专用控制系统设计[D].武汉:武汉科技大学,2008.

[21] 国家市场监督管理总局.全断面隧道掘进机再制造:GB/T 37432—2019[S].北京:中国标准出版社,2019.

[22] 中国工程机械工业协会.全断面隧道掘进机状态检测与评估:T/CCMA 0087—2020[S].北京:中国标准出版社,2020.

[23] 冯志杰.盾构关重件激光熔覆精准再制造熔池监测系统研究[D].徐州:中国矿业大学,2019.

[24] 刘帆.盾构机再制造监理过程质量控制探讨[J].建筑机械化,2021(2):54-56.

[25] 缪楠.全断面隧道掘进机设备监理技术探讨[J].设备监理,2021(2):16-20.

[26] 吴伟才,潘真.盾构机主轴承检测分析与再制造技术探讨[J].轴承,2020(6):13-17.

[27] 杨其明,康宝生,易新乾.盾构主轴承齿轮箱应用参数监测技术的可行性研究[J].隧道建设,2017,37(5):637-640.

[28] 刘金祥,陈馈,孙尚贞,等.盾构主驱动减速机国产化开发研究[J].隧道建设,2014,34(8):790-796.

[29] 肖正明,秦大同,武文辉,等.盾构机多级行星减速器箱体模态分析与试验[J].重庆大学学报:自然科学版,2012(7):37-42.

[30] 宋法亮,刘捷,杨新举,等.主驱动双速减速机在高黎贡山隧道再制造TBM中的施工应用[J].隧道建设(中英文),2021,41(3):467.

[31] 李方义,戚小霞,李燕乐,等.盾构机关键零部件再制造修复技术综述[J].2021,32(7):820-831.

[32] 张友功,吴伟才.盾构机主轴承检测与再制造分析[J].设备管理与维修,2019(23):43-46.

[33] 乔路卫.盾构机主轴承再制造案例分析[J].机电工程技术,2019,48(9):235-236.

[34] 付琴.激光熔覆高耐蚀耐磨纳米晶涂层的制备与性能研究[D].武汉:华中科技大学,2015.

[35] 肖洁,丁涛.基于激光熔覆的采煤机高速轴耐蚀性能研究[J].激光杂志,2020,41(4):130-135.

[36] 王义猛.液压油缸活柱表面激光熔覆技术研究[J].热加工工艺,2018,47(18):137-140.

[37] 乔治.盾构再制造研究与实施[J].中国设备工程,2019(8):145-147.

[38] 叶晓平,冯爱军.中国城市轨道交通2020年数据统计与发展分析[J].隧道建设(中英文),2021,41(5):871-876.

[39] 宋振华.中国掘进机械行业2019年度数据统计[J].隧道建设(中英文),2020,40(7):1098-1100.

[40] 刘东.TBM&EPB双模式盾构复合地层施工关键技术研究[D].成都:西南交通大学.

[41] 叶蕾.气垫式泥水/土压双模式盾构选型及快速换模研究[J].建筑机械化,2021(3):34-40.

[42] 中国设备监理协会. 全断面隧道掘进机 监理技术要求：T/CAPEC 10—2020[S]. 北京：中国标准出版社，2020.

[43] 中国设备监理协会. 全断面隧道掘进机 再制造监理技术要求：T/CAPEC 11—2020[S]. 北京：中国标准出版社，2020.

[44] 国家市场监督管理总局. 全断面隧道掘进机再制造：GB/T 37432—2019[S]. 北京：中国标准出版社，2019.

[45] 中国工程机械工业协会. 全断面隧道掘进机状态监测与评估：T/CCMA 0087—2020[S]. 北京：中国标准出版社，2020.

[46] 北京盾构工程协会. 全断面隧道掘进机再制造检测与评估：T/DGGC 005—2020[S]. 北京：中国标准出版社，2020.